本書出版得到國家古籍整理出版專項經費資助

宋元珍稀地方志叢刊

李勇先　王會豪　周　斌等　點校

乙編

（四）

四川大學出版社

宋元珍稀地方志叢刊

四川大學歷史地理研究所學術叢書

至正金陵新志

(元)張鉉 纂修

王會豪 郭建強 吴豔 付天星 胡堯 梁欣 校點

前言

《至正金陵新志》，十五卷，元張鉉纂修，元至正四年成書。鉉字用鼎，陝西人，《至正志》中稱爲「浮光士」，則其祖籍或在浮光（今河南光山）。據《至正志·修志始末》可知，鉉嘗授徒於金陵，「從諸縉紳先生遊覽商略」，後任奉元路三原縣（今陝西三原）學古書院山長，其「學問老成，詞章典雅」，爲時名儒。

金陵爲華夏名邑，自古爲龍蟠虎踞之地，風流繁盛之區。春秋戰國時期，其地先後爲吳、越、楚所有。秦統一中國後，於其地置鄣郡。漢屬丹陽郡。從三國孫吳開始，金陵六朝古都肇基於此。隋唐時期，其地或改蔣州，或丹陽，或潤州，或昇州，廢置無常。五代時期，南唐李氏嘗建都於此。北宋滅南唐，復於其地置昇州，後陞爲江寧府。南宋建炎三年，改稱建康府，爲南宋軍事重鎮。宋亡，元朝先後於此設江東路宣撫司、建康路總管府。至順元年，改爲集慶路，下轄在城錄事司，溧水、溧陽二州，江寧、上元、句容三縣。此爲沿革之大略。

南京最早志書可上溯至南朝時宋人山謙之所撰《丹陽記》，此后有《京都記》、《丹陽郡圖經》諸書，惜均亡佚。現存最早地方文獻爲唐人許嵩所著《建康實錄》，記載從三國孫吴至南朝末年六朝事蹟，其中多有涉及地方史實者。到了宋代，南京地方文獻有石邁《金陵古蹟編》、張敦頤《六朝事蹟編類》等。宋代各地修志之風很盛，建康府也出現了歷史上的第一次修志高峰，其中著名的方志如史正志《乾道建康志》，朱舜庸、吴琚《慶元建康志》，周應合《景定建康志》，張侃《句曲志》，周成之、方遜《咸淳溧水志》，趙廓夫《溧陽志》等，除《景定建康志》而外，其餘諸志皆已亡佚。元至順年間，郡人戚光嘗以《景定志》過於繁雜，遂著《集慶續志》，然戚氏志亦不傳於世。至至正四年，張鉉遂重修《至正金陵新志》。從今天看來，《至正志》有以下三個方面的特點：

第一，在編纂體例方面有所創新和突破。《景定志》作爲宋代名志，它採用了史志體的編纂體例，首以圖、表綜領全志，次以「疆域、山川、城闕、官守」等十數類目加以分述，最後以「拾遺」綴綴全篇，從而使全書層次清晰、條理綜貫、繁而不冗，故《四庫全書總目》稱它爲「地志之有體要者也」。元至順間，郡人戚光私修郡志，認爲《景定志》體例繁雜，遂一改舊志之例，爲時人所詬。張鉉纂修《至正志》時，吸取了前人教訓，「今志略依景定辛酉周應合所修凡例，首爲圖，以著山川郡邑形勢所存；次述通紀，以見歷代因革、古今大要；中爲表、志、譜、傳，所以極天人之際，究典章文物之歸；終以摭遺、論辨，所以綜言行得失之[illegible]，而備一書之旨」（《至正志·修志本末》）。張氏對《景定志》并沒有亦步亦趨，而是纂體例做了重大調整。《景定志》所涉及的類目除了錄、图、表之外，還有疆域、山川、城闕、官守、儒學、文籍、武衛、田賦、風土、祠祀、列傳、拾遺；除[illegible]外，其他各類目之下又細分爲若干子目，以致細目之下內容過於簡略。如「貞[illegible]條目所收人物只有一人，從而使類目大而無當，顯得瑣細。張鉉對此重新做了調整如刪去「留都錄」，增加「古蹟」類目，並將「城闕」納入「古蹟」類目之下，另增加了「第宅」、「碑碣」諸目，將原來屬於「風土」類的「陵墓」細目也移至「古蹟」類下，從而使形式與內容得到了有機統一。

第二，在方志編纂理論方面，《至正志》也有所突破。中國古代方志學理論，在清人章學誠之前并沒有形成系統理論。宋元時期的方志理論，更多地體現在修志者具體的纂修過程中，或偶有論及，吉光片羽，彌足珍貴。張鉉修志理論主要體現在其具有凡例性質的《修志本末》一文中，張氏對修志的目的、志書的體例、編纂原則等皆提出了自己獨到的見解。古人修志，往往隱惡揚善，而張鉉則提出「是非善惡」具錄於書，很好地秉承了我國古代「信史」一派的傳統，做到不虛美，不隱惡，這與那種隱惡揚善的做法完全不同。「極天人之際，通古今之變」是司馬遷在《史記》中所提出的修史主旨，被歷代史家奉爲圭臬。張鉉在編修方志過程中，也提出「極天人之際，究典章文物之歸」，認爲修志不只是堆砌史料，而是要窮究歷代制因革之由，探討歷史發展之勢。此外，張鉉還提出「文摭其實」，「信以傳信，傳疑」，並在具體編纂過程中充分體現了這一點。

第三，《至正志》具有很高的史料價值。作爲南京地區流傳下來的唯一[illegible]元代志書，其內容相當豐富，涉及地理、古蹟、城市、民俗、軍事等諸多方面，在舊志的基礎上作了大量的補充。即使對同一個條目的敘述，《至正志》往往[illegible]《景定志》更爲詳細，因而具有很高的史料價值，是研究元代南京歷史地理不可或缺的重要文獻。

現存最早的《至正志》刻本爲元至正四年集慶路刻本，由當時路學、明道書院、溧水和溧陽州學共同負責并分卷付梓，遂致錯刻、漏刻之處尚多。明正德十五年，曾補版重印，即明補刻本。清修《四庫全書》時，兩江總督嘗以元刻本進呈。清中後期，江寧甘文煥傳抄四庫本，並在此基礎上做了校補，稱甘氏抄本。此外又有上元孫文川抄至正四年本，田崇先生一九九〇年《至正金陵新志》校本前言所言甚詳。一九四七年，南京通志館創辦《南京文獻》，集印了一批南京地方文獻，《至正志》亦在其中，並予以圈斷，稱南京文獻本。由於印行倉促，校對不精，以致出現大量錯字。一九九〇年，南京出版社出版了由南京地方志編纂委員會田崇先生負責校勘的整理本，該本以南京文獻本爲底本，並參校其他版本，成爲《至正志》第一個整理本。二十世紀九十年代，中華書局影印《宋元方志叢刊》，據四庫本影印該部方志。本世紀初，《再造中華善本》叢書收入了中國國家圖書館所藏至正四年刻本。此亦值四川大學出版社出版整理點校《宋元珍稀地方志叢刊》之際，《至正金陵新志》亦被納入其中。此次整理，以四庫本爲底本，參校至正本以及其他相關文獻，並吸收了一九九〇年田崇先生相關整理校點成果，在此，特向田崇先生表示衷心感謝。在整理過程中，得到了四川大學徐亮工先生、彭邦本先生，河南大學張保見師兄的悉心指點，在此一並表示感謝。在整理過程中，校勘不當之處在所避免，尚請各位專家不吝指正。

整理者

二〇〇九年三月

目錄

至正金陵新志卷五下 九〇七

獻。

現存最早的《至正志》刻本爲元至正四年集慶路刻本，由當時路學、明道書院、溧水和溧陽州學共同負責并分卷付梓，遂致錯刻、漏刻之處尚多。明正德十五年，曾補版重印，即明補刻本。清修《四庫全書》時，兩江總督嘗以元刻本進呈。清中後期，江寧甘文煥傳抄四庫本，並在此基礎上做了校補，稱甘氏抄本。此外又有上元孫文川抄至正四年本，田崇先生一九九〇年《至正金陵新志》校本前言所言甚詳。一九四七年，南京通志館創辦《南京文獻》，集印了一批南京地方文獻，《至正志》亦在其中，並予以圈斷，稱南京文獻本。由於印行倉促，校對不精，以致出現大量錯字。一九九〇年，南京出版社出版了由南京地方志編纂委員會田崇先生負責校勘的整理本，該本以南京文獻本爲底本，並參校其他版本，成爲《至正志》第一個整理本。二十世紀九十年代，中華書局影印《宋元方志叢刊》，據四庫本影印該部方志。本世紀初，《再造中華善本》叢書收入了中國國家圖書館所藏至正四年刻本。此值四川大學出版社出版整理點校《宋元珍稀地方志叢刊》之際，《至正金陵新志》亦被納入其中。此次整理，以四庫本爲底本，參校至正本以及其他相關文獻，並吸收了一九九〇年田崇先生相關整理校點成果，在此，特向田崇先生表示衷心感謝。在整理過程中，得到了四川大學徐亮工先生、彭邦本先生，河南大學張保見師兄的悉心指點，在此一並表示感謝。在整理過程中，校勘不當之處在所避免，尚請各位專家不吝指正。

整理者

二〇〇九年三月

目録

至正金陵新志卷四上……七五一

至正金陵新志卷七……一一一三

至正金陵新志卷十……一二一七

至正金陵新志卷首

至正金陵新志原序

郡志之見於世者多矣，其間名是而實非、語此遺彼者比比皆是。求其紀載有法、序事詳密、使人如身履其地而目擊其事者，則百不一二見焉。豈以其陵谷之變遷，事文之繁縟，故紀述有難詳與？不然，何其可觀者鮮若是哉！甲申春，浮光士張君鉉以其所撰《金陵新志》首藁見示，其修志本末略曰：「首爲圖考，以著山川、郡邑形勢所存；次述通紀，以見歷代因革、古今大要；中爲表、志、譜、傳，所以極天人之際，究典章文物之歸；終以摭遺、論辨，所以綜言行得失之微，備一書之旨。」至其終，又曰：「文摭其實，事從其綱。」亦詳矣哉！是年夏，集慶路將以是編鋟諸梓，上之臺，僉曰：「善！」且以序見屬。辭不獲命，應之曰：是編首藁固嘗見之，而有以知其敘事之詳也。使其中皆然，豈不能使覽者如身履其地而目擊其事哉！予聞張君博物洽聞，而作事不苟，於是編也，容有始詳而終略者乎？是夏四月初吉，奉直大夫、江南諸道行御史臺都事索元岱序。

四庫全書總目提要

謹案《至大金陵新志》十五卷，元張鉉撰。鉉字用鼎，陝西人。嘗為奉元路學古書院山長。至正初，江南諸道行御史臺諸臣將重刊宋周應合所撰《建康志》，而其書終于景定中。嗣後七八十年，紀載缺略，雖郡人戚光於至順間嘗修有《集慶續志》，而任意改竄，多變舊例，未為詳審。復議增輯，以繼《景定志》之後。因聘鉉主其事，凡六閲月而書成。首為圖考，次通紀，次世表代表，次志譜列傳，而以摭遺、論辨終焉，令本路儒學雕本印行。至明嘉靖中，黄佐修《南雍志》，尚載有此書板一千一百六十四面，是今所流傳印本猶出自原刻也。其書略依周志凡例，而元代故實則本之戚光《續志》及路州司縣報至事蹟。其間如官屬姓名已入前志者，不復具録，而世譜列傳，則前志所有者，仍裾載無遺，體例殊自相矛盾。又其凡例中以戚志刪去地圖，不合古義，譏之良是。至於世表、年表，則地志事殊，國史原不必仿旁行斜上之法，轉使氾濫無稽，戚志刪除，深合體例，鉉乃一概訾之，亦為寡識。然其學問博雅，故薈萃損益，本末燦然，無後來地志家附會叢雜之病。其古蹟門中所載梁始興忠武王、安成康王二碑，朱彝尊皆嘗為之跋，不引是書為證，豈其偶未見與？乾隆四十六年十二月恭校上。

修志文移

集慶路總管府承奉江南諸道行御史臺劄付，據監察御史索奉直呈：「嘗謂陵谷之在霄壤，猶有變遷；州郡之閱古今，豈無因革！倘遺文之或泯，奚往跡之能明？切觀《景定建康志》者，地理有圖，人物有傳，溪山之勝靡不載〔一〕，風土之宜罔或遺〔二〕，可以知羣賢出處之機，可以見六朝興亡之跡。爰稽故實，殊廣見聞。惜故板之不存，幸殘編之僅在。今不印證，久必陸沉。如蒙將見在全書責付集慶路，令儒學從新繡梓，以廣其傳，不特可備觀覽於邦人，亦足以垂鑑誡於天下，其於風化不爲無補。」呈乞，照詳施行。得此施行間，又據集慶路申據儒學申准本學周教授關：「嘗謂郡有志書，所以考古今之沿革，政具方策，所以驗風俗之盛衰。此季札過魯，得以考歷代之禮樂爲喜；夫子言夏殷之禮，亦以文獻不足爲恨。切見集慶一路，舊稱三吳都會，實爲名勝之邦，古今紀載山川景物、英雄忠義之士不一而足，至於志書，歷宋景定年，至馬裕齋方行修輯完備，惜其舊板已經燒毁不存。而日近郡士戚光妄更舊志，率意塗竄，遂使名跡埋沒無聞，志士莫不惋惜。今次莫若因舊志之已成，增本朝之新創，重新繡梓印行，亦爲一代盛典，豈不韙與！」然此未敢擅便，申乞照詳。得此申乞，照驗施行。憲臺依准所言，合下仰照驗，委官提調，於本路儒學錢糧内支撥刊板〔三〕。先具委定職名，依准申臺。奉此，又准本路判官周奉訓牒呈，該准來牒，備奉憲臺劄付：「委自當職提調，重刊建康志書等事，除依准外，切謂古者諸侯置史以紀國政，采詩以觀民風，此國有《史》、《記》，詩有《國風》之所由也。後世州郡各爲志書，亦此之遺意。如欲述方冊之舊聞，所合著朝廷之盛治，照得集慶爲江南要郡，自我朝混一，迨今六十八年，中間恩命之所加，風化之所被，臺察之設置，州郡之沿革，名宦之政績，人才之賢否，山川之變遷，風俗之移易，與夫忠臣孝子、義夫節婦，俱有關於政教甚大。苟不廣其見聞，考之事實，裒集成編，以續前志，歲月既久，漸致煙沉。如蒙以禮敦請名儒，赴學討論編輯，以成其書，庶見國家政化之隆、臺察紀綱之重然。」此牒請施行。准此。行據本路儒學申，准本學周教授、明道書院房山長關「照得景定舊志已行刊雕在手，所有續纂新志，非仗大手筆未易成就。近聞陜西儒官張用鼎，名鉉，學問老成，詞章典雅，必得其人，事能就緒。然非致禮幣，詣門敦請，豈肯俯臨修纂？關請詳酌合用禮物，以憑敦請」施行，准此。議備禮幣，移委本路判官周奉訓、周教授、房山長等親詣寓所敦請。於至正三年五月初十日到局修纂，十月望成書，計壹拾伍卷，重行點校繕寫。當年十二月十二日，本路帥府判劉知事、王教授同於本局關領呈臺。至正四年三月内，本路照得近奉憲臺劄付爲刊修郡志事，行下各州司縣儒學院，務會集耆舊儒職人等，講論搜集申到置立衙門〔四〕、經理田土各各事蹟，移委判官周堯親賫禮幣，禮請到奉元路學古書院山長張鉉，纂成《金陵新志》壹拾伍卷，計壹拾叁冊，發下本路儒學校正。去後回據狀申：「本學王教授與學正方自謙、訓導陳顯曾等校正相同。如將前項新志刊板緣實在學糧銷用，不敷，宜從總府從長規畫，分派刊造便益。」申乞照詳。得此，行下本路儒學與錄判王淵重行計料板、物工價參詳。張山長纂撰《金陵新志》壹拾叁冊，儒學會集儒職校正相同，誠爲有補於將來，擬合刊板印行，以廣其傳。分派溧陽州學刊雕五卷，溧水州學、明道書院各刊三卷，本路儒學刊造二卷及序文、圖本。照依原料工物合用價錢，於各學、院錢糧内除破。移委判官師珍、知事劉伯貞，司吏朱謙監督，並工刊雕，申覆憲臺照驗。當年五月内，承奉江南諸道行御史臺令史孔淮承行劄付，該來申爲刊雕《金陵新志》板物價錢，共中統鈔壹佰肆拾叁定貳拾玖兩捌錢玖分玖厘。送據照磨，所呈照算相同。憲臺合下仰照驗，依上施行。承此。

職名一臺府提調官掾

江南諸道行御史臺

御史中丞董守簡資善

都事樊執敬朝散　　索元岱奉直

石思讓奉議　蔡茂正

令史艾宗勉

劉孟琛　孔淮

督工校勘典吏陳以咸

集慶路總管府

府判周堯奉訓　師珍承直

知事劉伯貞

職名二臺府官掾

江南諸道行御史臺

御史大夫托歡〔五〕

御史中丞巴延　董守簡

任擇善

侍御史實保〔六〕　馮思溫

王　紳

治書侍御史順昌　秦從德

經歷道拉實〔七〕　納蘇羅丹〔八〕

都事樊執敬　索元岱

石思讓

照磨趙儼　默好古

管勾郭汝能　盖繼祖

監察御史阿爾斯蘭布哈〔九〕　實巴爾圖〔一〇〕

托　歡〔一一〕　僧　努〔一二〕

達實密〔一三〕　茂巴爾〔一四〕

太　平　諤勒哲特穆爾〔一五〕

默爾吉濟特〔一六〕　瑪　魯〔一七〕

諤勒哲特穆爾〔一八〕　張思誠

王武　楊秩
張珪　王多羅岱〔一九〕
李貞一　石思讓
王時可　噶海齊〔二〇〕
壽昌　趙翔
常有恒　王永澄
丁好禮　楊惠
令史蔡茂正　費詵
房圭　趙瑄
任性善　蘇德信
劉孟琛　薩題勒密實〔二一〕
孔淮　王鵬
額森特穆爾〔二二〕　李忠
梅友賢　艾宗勉

趙　範　　諤勒哲布哈〔二三〕

通事巴延〔二四〕

譯史阿克實〔二五〕　　喜　山

安　珠〔二六〕

知印寶柱　　巴　延〔二七〕

宣使段汝舟　　德　壽

和　尚　　吳　謙

布延特穆爾〔二八〕　　錫沙布哈〔二九〕

大悲努〔三〇〕　　烏呼訥〔三一〕

典吏張梓　　吳允恭

許　鎬　　欒敬直

庫子劉允　　郝元良

薩都拉〔三二〕

察院書吏順僧〔三三〕　　陳仲信

呂嗣祖

周宗魯

楊　旭

劉　偉

張　弘

高守中

石允中

邵　忠

許　瑞

苑天常

邵處義

慕　完

朱明實

達　實〔三四〕

武　瑛

耿權道

額森呼圖克〔三五〕

程伯榮

呂　謙

集慶路總管府

達嚕噶齊特哩〔三六〕

總管張塔海特穆爾〔三七〕

同知羅　壘〔三八〕

治中廉青山　　師　珍
府判周　堯　　劉　忠
推官高仲榮
經歷牛明善
知事劉伯貞

修志本末

一、古者九州有志尚矣，《書》存《禹貢》，《周》紀《職方》，春秋諸侯有國史，漢以來郡國有圖志。圖志兼記事、記言之體，自山川物産、民俗政教、沿革廢置、是非善惡、災祥禍福無不當載。載而上之王朝，修爲通史，著爲經典，則褒貶之義見焉。金陵在《禹貢》爲揚州，歷代爲都、爲國、爲州、爲府，典章文物，宜可考徵，而陵谷變遷，事文散逸，自宋以來病之。今志略依景定辛酉周應合所修凡例，首爲圖考，以著山川郡邑形勢所存；次述通紀，以見歷代因革、古今大要；中爲表、志、譜、傳，所以極天人之際，究典章文物之歸；終以摭遺論辨，所以綜言行得失之微，備一書之旨。文摭其實，事從其綱，總爲一十五卷。卷各有類，類例繁者析爲上、中、下卷，具如後錄。如其筆削，以俟君子。

一、金陵得名，自楚威王築城石頭，因山立號，始見史傳，而山川形勢表然爲東南重鎮，則其來遠矣。上古帝王有建國朝會於斯，若雲陽氏之居雲陽，建康、丹徒接界有雲陽嶺，詳見《通紀》。夏禹之會羣神茅山，詳見後《山川志》。周初太伯之國勾吳，茅山古名勾曲，形如「勾」、「己」，勾轉爲句，句容以是得名。地近延陵〔三九〕、瀨渚，皆吳境也。春秋楚靈王之築城瀨渚，見後古蹟固城下。皆見史傳，而年世悠邈，事難詳究。今依《景定志》，以周元王四年己巳越相范蠡築城長干爲金陵城邑之始，斷自是年，表其行事，迄今至正癸未，凡一千八百一十五年。損益舊聞，附著時事，首尾該涉，粗爲詳備，而春秋以前事蹟散見諸篇。文有錯互，覽者詳焉。

一、金陵圖志，存者惟唐許嵩《建康實錄》、宋史正志《乾道志》、吳琚《慶元志》、周應合《景定志》，而刻板已亡，所見卷帙類多訛缺。惟《景定志》五十卷用史例編纂，事類粲然。今志用爲準式，參以諸志異同之論，間附所聞，折衷其後。至於事文重泛，非關義例者，本志既已刊行，不復詳載。

一、古之學者，左圖右書，況郡國輿地之書，非圖何以審訂？至順初元，郡士戚光纂修《續志》，屏卻舊例，並去其圖，覽者病焉。今志一依舊例，以山川、城邑、官署、古蹟次第爲圖，冠於卷首，而考其沿革大要，各附圖左，以便觀覽。

一、晉之《乘》，楚之《檮杌》，魯之《春秋》，皆諸侯史也。《乘》、《檮杌》缺亡，不可復知，以《春秋》經傳考之，諸所記載，或承赴告，或述見聞，其事有關天下之故者，雖與魯無預，皆書於冊。若蔡、鄭會鄧，齊、鄭如紀，鷁退石隕，沙麓崩，郭亡之類，於魯無預，或非赴告，亦書。其非義之所存及聞見所不逮者，雖本國事，亦或棄而不錄。若隱公元年，《傳》舉不書之例，及隱、桓、莊、閔之《春秋》，其詞略，《傳》稱定、哀之世多微辭之類。疑此皆非聖人筆削新意，史策舊章，固存斯義。修《景定志》者，用《春秋》、《史記》法，述世、年二表，經以帝代，緯以時地、人事，開卷瞭然，與《建康實錄》相爲表裏，可謂良史。而戚氏譏其年世徒繁，封畫鮮述，所作《續志》悉芟去之，以論他郡邑可也，而非所以言建康。豈惟前代事蹟漫無統紀，亦將使昭代之典闕而不彰！今不敢從，述世、年表，悉依前例。

一、建康自至元丙子歸附，至今至正癸未六十八年，典章沿革，民俗得失，視他郡宜多可紀。而官府文案，兩經焚燬，故老晨星，無從詢訪。古云「堂上遠於百里，堂下遠於千里」，言相去益遠，則見聞乖謬，情志益難遽通。況士民殊習，朝野異趨，偏辭隅論，故難據依。今自丙子前雜稽史傳，歸附後用戚氏《續志》及路州司縣報至事跡，附以見聞可徵者，輯爲斯志。信以傳信，疑以傳疑，所謂埤毫芒於泰山，存十一於千百。篇帙既繁，不無缺謬，與我同志者考訂而附益之，深所願焉。

一、除圖考、通紀外，表、志諸篇各有敘，敘所以爲作之意。人物志析爲世譜、列傳，皆據前史，纂其名實，鉅細兼該，善惡畢著。傳末例有論贊，不敢僭越，惟《范蠡傳》前志用《吳越春秋》及《史記》傳，文辭頗蕪類，今略加潤色，明李綱所以說高宗之意。「蠡非王者之佐也，然金陵城邑經始於蠡，六代建都，因其遺跡，故論者謂江左形勝，古今一也。范蠡用之佐勾踐，稱伯江淮，由微弱以致富強；孫皓、陳叔寶用之，則由強大而致覆亡，易於反掌，所謂『無競維人，在德不在險』者著矣。」李綱說見末卷奏議。

一、歷代以來，碑銘、記頌、詩賦、論辨、樂府、敘贊諸作已具周氏、戚氏二志，不復詳載，今輯其篇第，志於古跡卷中。其關涉考證者，隨事附見。自餘文記，郡、州、司、縣采錄未完，郡庠續爲編輯，附於志末。

一、溪園先生周應合，宋末名儒，其修郡志，以馬制置光祖供給搜訪之勤，帥憲、運漕、諸府幕官論辨考訂之助，數月成書，猶多訛謬。鉉也曩因授徒，來往是邦十五餘年，雖嘗從諸箳紳先生遊覽商略，得其大概，而憂患之餘，學荒辭陋，誤膺郡聘，無能爲役。始自夏五入局編纂，疲罄心思，凡六閱月，以仲冬朔旦繕寫成編。不敢上之太史，列於掌故，施之承學，或可資披證之萬一云。

新舊志引用古今書目

尚書今文《禹貢》　汲冢周書

春秋左氏傳周左丘明　春秋外傳周左丘明

史記西漢司馬遷　戰國策漢劉向

吳越春秋晉趙曄、楊方
東漢書吳謝承，宋范曄、劉昭
三國志晉陳壽
晉書唐太宗
晉紀晉徐廣
漢晉春秋晉習鑿齒
齊書陳許亨
齊書梁蕭子顯
續晉陽秋齊檀道鸞
隋書唐魏徵
五代史宋歐陽修
資治通鑑宋司馬光
宋鑑長編宋李燾
宋季三朝政要

西漢書漢班固
後漢紀魏荀悅
吳書吳韋昭
晉陽秋晉孫盛
晉記宋裴松之
宋紀齊王智深
宋書梁沈約
梁書、陳書陳姚察
南、北史唐李延壽
唐書宋歐陽修、宋祁
南唐書宋胡恢、陸游〔四〇〕
通鑑綱目宋朱熹
金國志〔四一〕
二王本末宋陳仲微

水經漢桑欽撰，魏酈道元注　　丹陽記齊山謙之
京都記齊陶季直　　建康實錄唐許嵩
金陵古迹編宋石邁　　六朝事類宋張敦頤
六朝事類別集宋吳彥夔　　六朝進取事類宋王漻
乾道建康志宋史正志　　慶元建康志宋朱舜庸、吳琚
景定建康志宋周應合　　句曲志宋張侃
咸淳溧水志宋周成之、方遊　　溧陽志宋趙廓夫
古今州郡記梁陶弘景　　帝代年歷梁陶弘景
風土記晉周處　　揚都賦晉庾闡、曹毗
揚州記晉曹憲　　搜神記晉干寶
齊史十志齊江淹　　世說宋臨川王劉義慶
吳地記齊任昉　　三吳決錄齊孔逭
淮海亂離志梁蕭圓肅〔四二〕　　梁舊事梁蕭大圜
輿地志陳顧野王　　地形志隋庾季才

古今帝代記後周明克讓
梁實録梁周興嗣
通典唐杜佑
方輿記、古今國典、歲時廣記南唐徐鍇
寰宇記宋樂史
祥符圖經
山川地理圖宋程大昌
路史宋羅泌
吳録唐張勃
六朝宫苑記
苑城記
秣陵記
江表志
宋朝事實
區宇圖志唐姚思廉
三十國春秋梁蕭方等
元和郡國志唐李吉甫
南唐近事宋鄭文寶
輿地廣記宋歐陽忞
方輿勝覽宋祝穆
通志宋鄭樵
江表傳
江乘記
丹陽尹録
金陵六朝記
建康宫闕簿
唐十道四蕃志
宋會要

【校勘記】

〔一〕靡不載： 南京市地方志編纂委員會辦公室整理所據本（以下簡稱南京本）作「靡不盡載」。

〔二〕罔： 原作「罒」，據南京本改。

〔三〕撥： 原作「掇」，據北京圖書館《中華再造善本叢書》影印元至正四年集慶路儒學刻本（以下簡稱至正本）改。

〔四〕搜集： 「集」字原闕，據至正本補。

〔五〕托歡： 至正本作「脱歡」。

〔六〕實保： 至正本作「沙班」。

〔七〕道拉實： 至正本作「高剌沙」。

〔八〕納蘇羅丹： 至正本作「納速而丁」。

〔九〕阿爾斯蘭布哈： 至正本作「阿思蘭不哈」。

〔一〇〕實巴爾圖： 至正本作「撒八兒禿」。

〔一一〕托歡： 至正本作「脱歡」。

〔一二〕僧努：至正本作「僧奴」。
〔一三〕達實密：至正本作「答失蠻」。
〔一四〕茂巴爾：至正本作「木八剌」。
〔一五〕諤勒哲特穆爾：至正本作「完者帖木兒」。
〔一六〕默爾吉濟特：至正本作「美里吉歹」。
〔一七〕瑪魯：至正本作「買閭」。
〔一八〕諤勒哲特穆爾：至正本作「完澤帖木兒」。
〔一九〕王多羅岱：至正本作「王朵羅歹」。
〔二〇〕噶海齊：至正本作「哈海赤」。
〔二一〕薩題勒密實：至正本作「薩德彌實」。
〔二二〕額森特穆爾：至正本作「也先帖木兒」。
〔二三〕諤勒哲布哈：至正本作「完者不花」。
〔二四〕巴延：至正本作「巴顔」。
〔二五〕阿克實：至正本作「阿克沙」。

〔二六〕安珠：　至正本作「安住」。
〔二七〕巴延：　至正本作「伯顔」。
〔二八〕布延特穆爾：　至正本作「普顔帖木兒」。
〔二九〕錫沙布哈：　至正本作「僧三不花」。
〔三〇〕大悲努：　至正本作「大悲奴」。
〔三一〕烏呼訥：　至正本作「月忽難」。
〔三二〕薩都拉：　至正本作「薩都剌」。
〔三三〕順僧：　原闕，據至正本補。
〔三四〕達實：　至正本作「闥術」。
〔三五〕額森呼圖克：　至正本作「野仙忽都魯」。
〔三六〕達嚕噶齊特哩：　至正本作「達魯花赤帖兒」。
〔三七〕張塔海特穆爾：　至正本作「張塔海帖木兒」。
〔三八〕羅壘：　至正本作「羅里」。
〔三九〕地：　原作「也」，據至正本改。

〔四〇〕按：宋人撰《南唐書》者有三家，分別爲馬令、胡恢、陸游。胡氏書今已不傳。

〔四一〕金國志：南京本作「金國史」。按：金國史書以「史」名者，首當爲《金史》，餘則未詳。以「志」名者則有兩種：其一爲《大金國志》，宋人宇文懋昭著，共四十餘卷；另一爲《金國志》，宋人張棣著，二卷，宋陳振孫《直齋書錄解題》卷五著錄此書。此處諸本或稱「史」，或稱「志」，未知其所指爲何種史籍。

〔四二〕蕭圓肅：「圓」原作「圖」，據《周書》卷四二《蕭圓肅傳》及至正本改。按：《淮海亂離志》作者，亦有稱蕭大圓者。

〔四三〕洪邁：原作「洪遵」，據《郡齋讀書志》卷五下、《宋史》卷三七三《洪邁傳》改。按：遵爲邁兄，邁著有《夷堅志》一書。

至正金陵新志卷一

地理圖 考各附圖後

金陵山川封域總圖

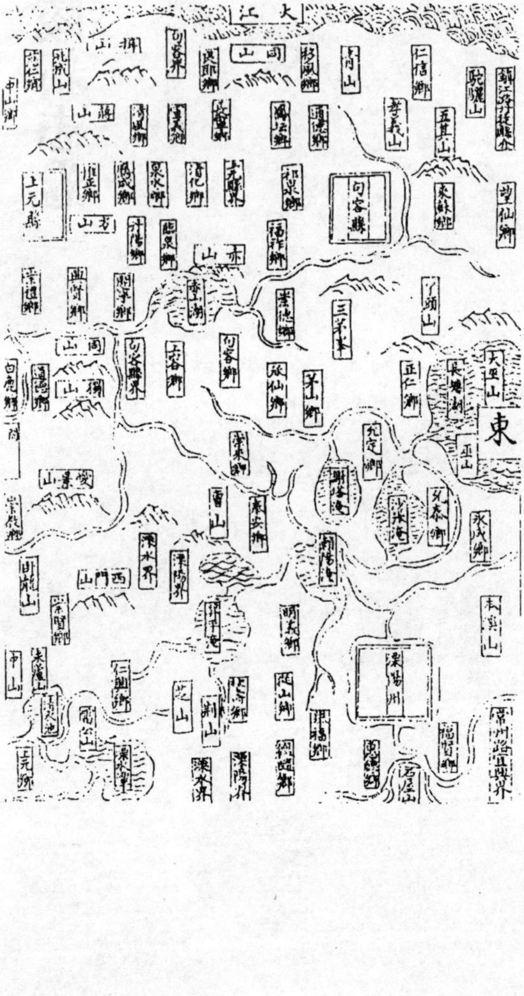
大江
句容縣
溧陽州
東
西門山
上元縣
赤山
三茅峯
仁信鄉
望仙鄉
茅山鄉
句容鄉
香山
芝山
永成鄉
溧水界
溧陽界
中山
上元鄉
常州路宜興界

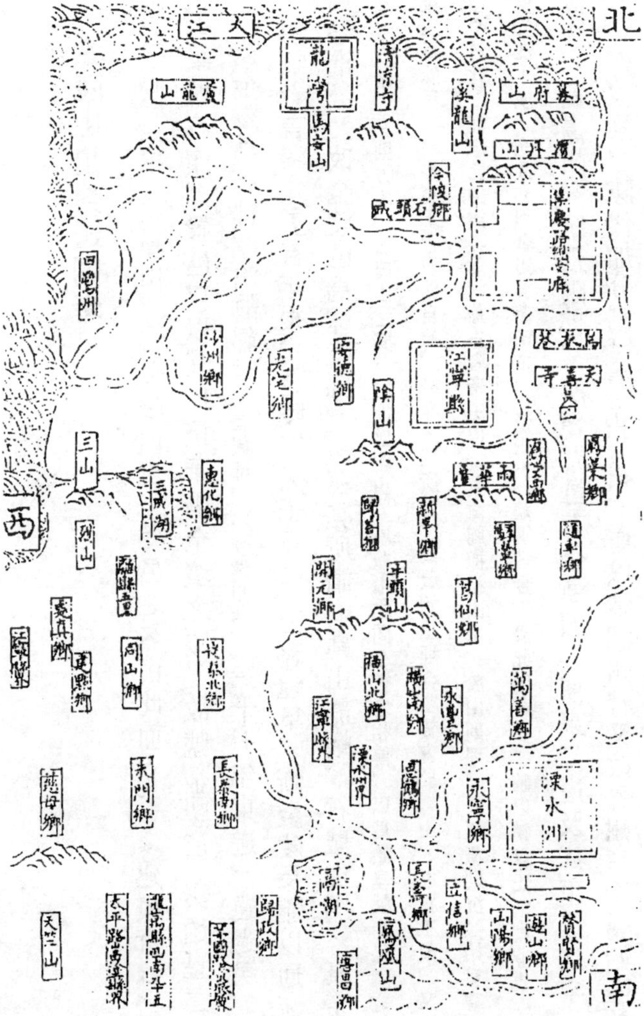
大江
北
西
南
清涼寺
三山
江寧縣
溧水州
慈母鄉
惠化鄉
開元鄉
天竺山

金陵山川封域圖考

《輿地志》云：「鍾山，古金陵山也，縣邑之名由此而立。」《建康實錄》云：「楚威王築城石頭，置邑，以其地接華陽金壇之陵，故號金陵。」秦始皇二十六年〔一〕，以金陵爲鄣郡，治故鄣。屬吴興郡，即今湖州路。三十七年東遊，還過吴，從江乘渡。望氣者言：「五百年後，金陵有天子氣。」因鑿鍾阜，斷金陵長隴以通流，至今呼爲秦淮。乃改金陵邑爲秣陵縣，諸葛亮所謂「鍾山龍蟠，石城虎踞，真帝王之宅」。今考故蹟，左則方山、石硊山之間，右則盧龍山、馬鞍山之間，耆老相傳，以爲始皇鑿斷長隴之所。其秦淮經流三百餘里，地勢高下，屈曲自然，必非人工所爲。或云始皇埋金玉雜寶於鍾山，以厭王氣，又云楚威王亦嘗埋金於此，前志已力辨其非。蓋古者帝王以金璧之屬禮祀山川，於山則埋，於川瀆則沉。始皇嘗埋璧茅山，沉璧於江、漢，光武亦埋金玉於茅山頂，故謂秦、楚嘗埋金玉於此則或然，謂以銷厭王氣則非也。漢承三代舊制，置揚州，統丹陽郡，所領縣邑有今浙西、浙東二道及江東道之半。吴、晉、宋、齊、梁、陳代加分割。隋立蔣州。唐以隸潤州，又改昇州，管屬始隘於舊。

南唐建金陵府，縣邑猶更屬不常。沿革見後疆域志。迨宋爲江寧府，改建康府，始定有今江寧、上元、句容、溧水、溧陽之地。東西二百三十五里，南北四百六十里。東抵鎮江，東南抵常州，南抵寧國，西南抵太平，西抵和州，西北抵真州，以大江中流爲界。山川有蔣山〔二〕，即鍾山、金陵；在府城東北。茅山；在句容縣。夏禹嘗登以朝羣臣，見《吳越春秋》。或謂在會稽。絳巖山，一名赭山，乃丹陽郡所以得名；在句容縣。華山；秦淮所出，在句容縣。東廬山；嚴子陵所居，在溧水州。長塘湖，一名洮湖；在溧陽州。五湖之一。丹陽湖；在溧水州。中江、九陽江，《禹貢》載「三江既入」，中江其一，在溧陽州界。皆江南道名山巨浸，在郡境中。詳見後疆域山川志。

南臺按治三省十道圖

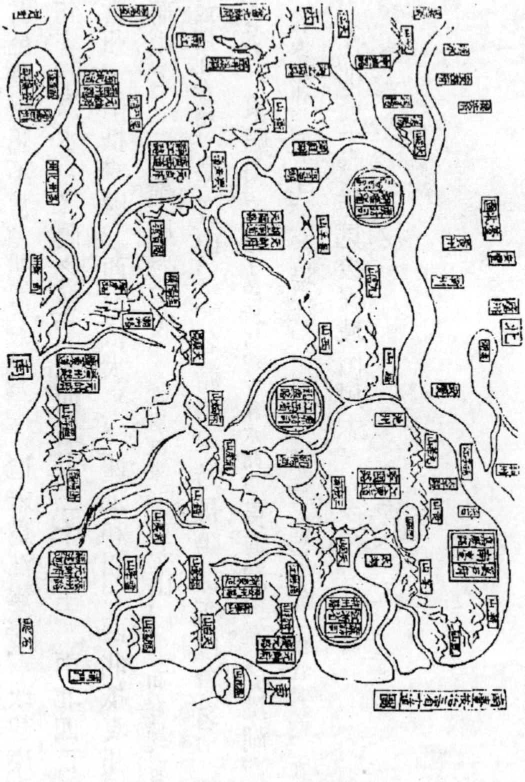

南臺按治三省十道圖考

行御史臺，至元十四年，御史大夫相威於揚州創立，統淮東、淮西、山南及江南十道提刑按察司，江淮諸行省、各道宣慰司皆隸按治。二十八年，按察司改名肅政廉訪司。二十九年，因立河南行省，以兩淮、山南三道隨省徑隸御史臺，而行臺遷治建康，始名江南諸道行御史臺，按治江浙行省、先治揚州，後移杭州。江西行省、先治吉安，後移龍興。湖廣行省。先治潭州，後移武昌。逐年以監察御史守省〔三〕，照刷文卷，糾察官吏不公不法，按行體覆各道廉訪司官吏聲蹟〔四〕。江東建康道廉訪司治寧國、太平、池州、廣德、徽州、饒州、信州諸路及鉛山州，置司寧國；江南浙西道治杭州、平江、湖州、常州、鎮江、建德、嘉興諸路並松江府、江陰州，置司杭州；浙東海右道按治浙東宣慰司都元帥府及婺州、紹興、處、衢、溫、台、慶元諸路，置司婺州；福建閩海道按治福建宣慰司都元帥府及福州、建寧、興化、延平、邵武、泉、漳、汀諸路，置司福州。以上係江浙行省地面。江西湖東道治龍興、瑞、撫、建昌、臨江、袁、吉安、贛、南安、南康、江州諸路及南豐州，置司龍興；海北廣東道按治廣東宣慰司都元帥府及廣、韶、南雄、肇慶、德慶、潮州諸路，南恩、新封、桂陽、連、循、梅諸州，置司廣州。以上係江西行省地面。江南湖北道治武昌、興國、岳、常德、澧、辰、沅、靖州諸路及漢陽府，置司武昌；嶺北湖南道按治湖南宣慰司都元帥府及天臨、衡、永、全、武岡、寶慶、郴、道、桂陽諸路，茶陵、常寧、耒陽三州，置司天臨；嶺南廣西道按治廣西、兩江宣慰司都元帥府及靜江、柳、梧、潯、南寧、慶遠諸路，平樂府，融、賀、桂、容、藤、橫、欝林、賓諸州，置司靜江；海北海南道按治海北宣慰司都元帥府及雷、高、化、欽、廉、乾寧諸路，南寧、萬安、吉陽軍，置司雷州；其八番順元宣尉司都元帥府新添葛蠻、都雲、定雲等處新得州軍民安撫司，思州、播州軍民宣撫司，管鎋金竹、鎮遠諸府，隷西臺。四川廉訪司按治左、右兩江，來安、思明、太平、鎮安、田州五路及沿邊溪硐州縣不屬廉訪司。以上係湖廣行省地面。蓋今行臺所統得《禹貢》、《職方》揚州全境，西南割荆州之半，在唐爲江南道，而今州司縣屬羈縻之地視舊尤加廣焉。《唐書・地理志》：「江南道蓋古揚州南境，漢丹陽、會稽、豫章、廬江、零陵、桂陽等郡，長沙國及牂柯、江夏、南郡地。潤、昇、常、蘇、湖、杭、睦、越、明、衢、處、婺、溫、台、宣、歙、池、洪、江、饒、虔、吉、袁、信、撫、福、建、泉、汀、漳爲星紀分〔五〕，岳、鄂、潭、衡、永、道、郴、邵、黔、辰、錦、施、敘、獎、夷、播、思、費、南溪、溱爲鶉尾分，爲州五十一，縣二百四十七。其名山衡、廬、茅、蔣、天目、天台、會稽、四明、括蒼、簹雲、金華、大庾、武夷。」今江陵、南郡地屬山南，八番地在唐爲徼外，其他州郡名改易不同。

行臺察院公署圖

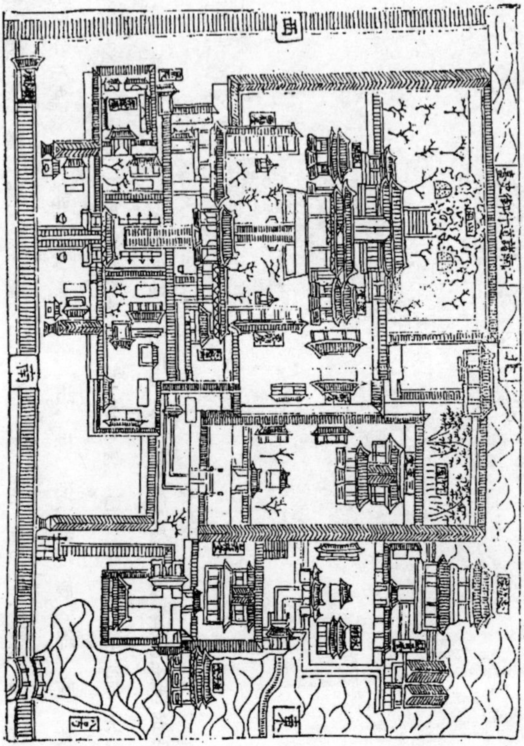

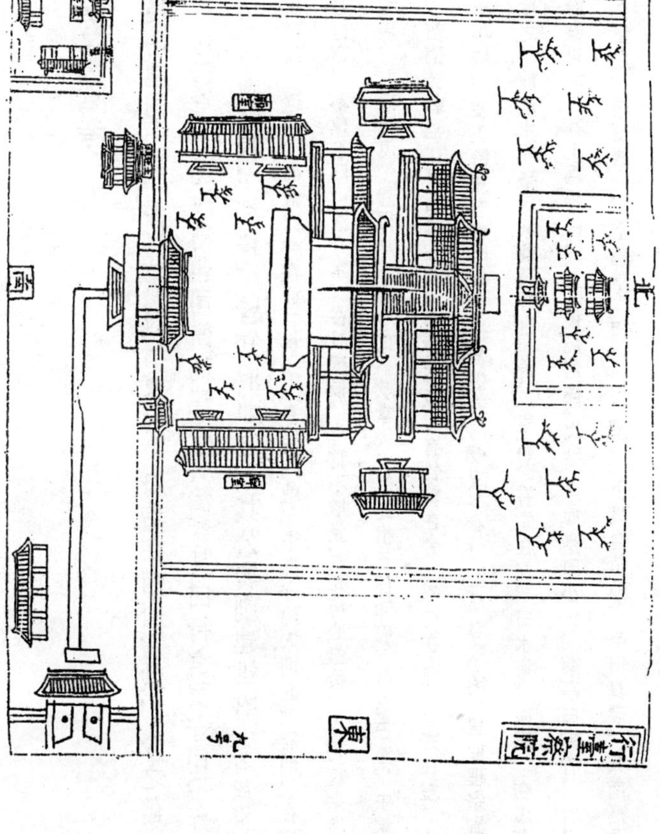
西
東
行臺察院

行臺、察院公署圖考

行臺公署，宋初爲轉運司〔六〕，在江寧府治東南。府治在南唐宫城，今之舊内。高宗紹興三年，以府治建行宫，遂改轉運司衙爲建康府治。凡曰行宫留守司、江東安撫司、沿江制置司、兵馬總管、都督，皆知府兼之，其公署創建雄盛。有設廳，居中，左右修廊。戒石亭，在設廳前。儀門，即戟門，在戒石亭南，左右列戟，惟郡守出入則開。府門，在儀門南。鼓角樓，在府門左。時避行宫，不建譙門。清心堂，在設廳後。忠實不欺堂，在清心堂後，扁乃理宗所書，賜馬光祖。前有二齋，左曰雲瑞，右曰日思。靜得堂，在忠實不欺堂後，以光祖三任知府，改名三至。玉麟堂，在忠實不欺堂左，後瞰清溪，前臨芙蓉池，喜雨軒在前，恕齋在後，有竹軒在旁，靜齋在右，學齋在左。錦繡堂，在玉麟堂左，本紹興三十年樞密使王綸知府事所建，初名畫錦，後改今名，上爲忠勤樓，扁皆理宗御書。庭中左右植金華二石，以屋覆之。前爲木犀臺，又前爲碑亭，有三段石。有堂在左，曰水鄉。西廳，在忠實不欺堂之右。別有鎮青堂，在府廨東北，其上爲鍾山樓，其後爲清溪道院。木犀亭曰小山，菊亭曰晚香，牡丹亭曰錦堆，芍藥亭曰駐春，皆在堂左。壘石成山，上爲亭，曰一丘一壑；下爲金魚池，亭曰真愛。其南爲曲水池，亭曰觴詠。又其西爲杏花村、桃李蹊，亭曰種春。竹亭曰深淨，梅亭曰雪香，海棠亭曰嫁梅，皆在堂右。清溪一曲環其前，左有橋通水鄉，名小垂虹；右有橋通錦繡堂，榜曰藕花多處，皆郡圃也。其堂之奥，榜曰紬書，景定修志其中，故名。堂之東便門通清溪道中。西花園在安撫司僉廳西，馬光祖改爲惠民藥局。看窻二所，一在西花園東南，臨御街，榜曰近民〔七〕，後改爲軍裝局；一在嫁梅亭後，臨東虹橋。安撫司僉廳，在西廳西。其後有芙蓉堂，西爲三聖祠。制置司僉廳，在儀門東，有籌勝堂、君子堂，南通清溪，又有集思堂及便廳。建康府都僉廳，在儀門西〔八〕，西廳之前。通判有三廳，東廳在儀門左，有朝陽亭；西廳在儀門右，有思政堂；南廳在府門西南〔九〕，僉書節度判官廳，在府門内之左，通判東廳南〔一〇〕。節度推官廳，在府門内右，通判西廳之左〔一一〕。添差節度推官廳，在西夾道，買民屋所改。觀察推官廳〔一二〕，在府門内左，僉判廨舍南。錄事參軍廳，在節推廳南。司理廳有二，左院在節推廳後，有式敬齋；右院在西通判廳後。司戶廳，在府門外東南。司法廳，在府西南。以上並據《景定志》所記，與《乾道志》不同。蓋自乾道至景定數十年間更易多矣，今集慶舊規大抵皆馬制置光祖所記。至元十二年二月，左丞相、淮安忠武王巴延〔一三〕，平章、河南王阿珠於府治開省〔一四〕。冬十月，行省起兵〔一五〕，屯駐瓜州，宣撫司於内治事。十四年，宣撫司罷，就爲建康路治，尋爲江東宣慰司治所。至元二十二年，江淮等處行樞密院即宣慰司開院，即宣慰司移治西錦繡坊大軍庫内。其明年，行御史臺移治建康，即樞密行院置臺，而密院徙於宋轉運司置院。二十六年，行臺徙移揚州。二十九年，立名江南諸道行御史臺，自揚州復還建康，仍以前治爲行臺公署。察院在臺右，即宋制置司西廳後。至元二年重建正廳，仍用「忠實不欺」舊扁，中丞、資善張公起巖作記。《記》曰：「洪惟聖元，撫有方夏。世祖皇帝混一區宇，建行御史臺，以奠南服。肇治惟揚，最後移治建業，綜臨憲司、十道、行省、行院之在江表者，咸屬按劾。其治所即勝國安撫、留守舊署，緜歷歲久，棟宇摧腐，凜焉懼其將壓，御史大夫伊實通幹圖惟載新〔一六〕，咨於中臺丞相、駙馬都尉達實特穆爾〔一七〕。繼爲大夫，復以言，臺議是之，得請於上。乃以治書侍御史圖嚕綱維是役〔一八〕，撤舊起廢，搆材庀工，爲堂於中，複屋前連，宏敞清邃；爲廳於後，一如堂制，高朗靖深，恢拓有加。旁翼以室，以爲廳事之所，爽密異致〔一九〕，暑寒攸宜；中爲長廊，接棟旅楹，子午貫達。爲經歷司於堂之左，爲燕息之齋於堂之右，揭以忠實不欺之扁，示存舊也。咸謂宜有紀述，今御史大夫巴爾噶齊屬予記之〔二〇〕。惟太微執法，垂象昊穹；臺諫職司，準茲星躔，繩愆糾繆，公論攸在。皇朝疆域之廣，度越前代，聲教所曁，無間遠邇。天子耳目之寄，屬之憲臺。南臺所控臨，地曠事繁，荆、吳、百粵，迨於要荒，民隱披露，罔或壅遏；公方材諝，罔或滯淹；贓私殘暴，罔或蔽匿。舉揚搜擿，剖析釐正，公道廓清，紀綱振肅，是則委任責成之意。矧茲臺治，輪奐一新，衆庶所瞻，於以聳動，於以矜式，凡涖是者，盍思稱副而無愧負也哉！必也貪夫掊利，有以治之；酷吏戕民，有以詰之；濫官敗俗，有以糾之；邪人蠹政，有以去之。使循良者得以成其治，抑屈者得以申其情，困乏者得以休其力，耕鑿者得以安其生。長民之官，一以承流宣化爲務，而無虐無擾；有位之士，一以清心潔己爲先，而無怠無縱。吏之昏塞疲懦，一皆警發振厲，而無廢其事；民之林林總總，一皆成德嚮風，而無麗於刑，斯謂能舉其職而無忝矣！其或倚法作威以陷善良，黨惡植私以專報復，恥過遂非以欺單弱，彊辨矯誣以紊條格，斁滅典常曾不顧省，則貽伊戚鬼得而誅矣。敢以斯言爲告，以儆居是職者。而是役之經始落成年月與夫財用之給於官，木石、瓦甓、匠夫之數不著，著其切於風紀之大者。是爲記。通奉大夫、江南諸道行御史臺侍御史張起巖記，中議大夫、江南諸道行御史臺經歷廉惠山凱雅書，承德郎、江南諸道行御史臺監察御史孔思立篆額。至正二年，建察院及儀門兩廊，曹幕規制，視舊有加。錦繡堂、忠勤樓及制置僉廳皆爲臺官廨宇，左司理院爲司獄司，右司理院爲永豐庫，餘皆廢易，不可詳考。

舊建康府城形勢圖

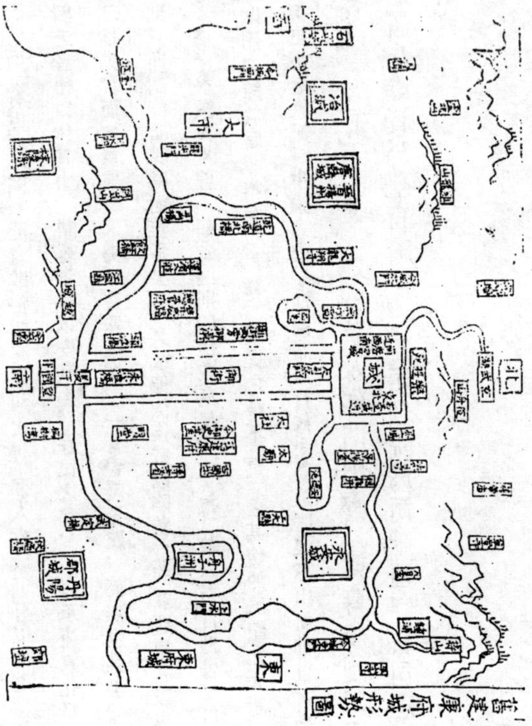

舊建康府城形勢圖考

建康舊府城周二十五里四十四步，上闊二丈五尺，下闊三丈五尺，高十丈五尺〔二一〕，內卧羊城，闊四丈一尺，皆楊吴順義中所築也。六朝舊城在北，去秦淮五里，故淮上皆列浮航，緩急則撤航爲備。孫吴沿淮立柵，前史所謂柵塘是也。至吴王楊溥時，徐溫改築，稍遷近南，夾淮帶江，以盡地利。城西隅據石頭岡阜之脊，其南接長干山勢。又有伏龜樓，在城上東南隅。宋開寶以來，城皆因舊，凡八門。由尊賢坊東出曰東門，由鎮淮橋南出曰南門，由武衛橋西出曰西門，由清化市而北曰北門，由武定橋泝秦淮而東曰上水門，由飲虹橋沿秦淮而西出折柳亭之前曰下水門，由斗門橋西出曰龍光門，由崇道橋西出曰柵寨門。紹興後，守臣史正志修築，加女牆。馬光祖浚濠增築，創硬樓四，屋百七十餘間，柵寨門創硬樓七間，及武臺、鐵門、鐵水牕等。浚濠遶城四千六百七十有五丈，深丈有五尺，闊三十丈，濠之内築羊馬牆。《乾道志》云：「柵寨門在城西門近南，鑿城立柵，通古運瀆，不詳其始。後置閘以泄城内水，入於江，俗呼爲濟秦門〔二二〕，今呼鐵牕子是也。」城内之北有舊子城，宋初爲府治，後改爲行宫，亦始築於南唐也。詳見古蹟志及後路治圖考。

集慶路治圖

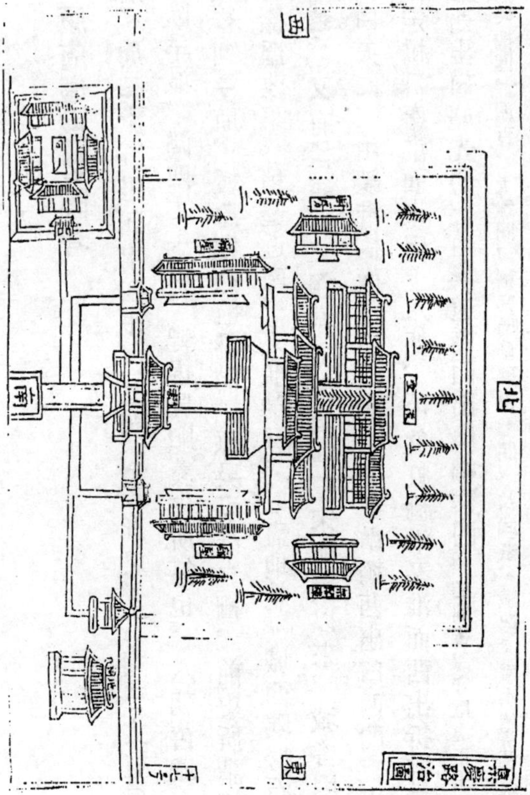

集慶路治圖考 司屬諸衙門及新創祠宇寺觀附見

臺察公署見前圖考。至元十二年二月，立建康宣撫司，就行省所居前宋府治及舊行宮直廳內置司，兼管軍民。十四年，設江東道宣慰司，改宣撫司爲建康路總管府，宣撫廉希愿陞宣慰使，仍兼本路達嚕噶齊〔一三〕，府治就僉廳君子堂內署事。至元十六年，廉宣慰陞行中書省左丞，不兼路事，總管府始於西錦繡坊舊大軍庫內置府。今御史大夫廨舍。至元二十二年，以宣慰司爲樞密行院宣慰司，遷居總管府治，府遂遷徙不常，亦於今上元縣治及軍器庫內置府。元貞二年，總管廉希哲到任，請於上司，以西南隅銀行街舊東南佳麗樓爲府治。舊爲賞心樓基，景定元年馬光祖改建今樓。大德二年，徙路治其中。撤亭爲廳，揭堂曰公明，名軒曰悅恕，設鼓角樓，置按牘架閣庫。大德四年，又遷治於舊轉運司。今龍翔寺基。大德十年，本路治中楊翼稟於行臺廉中丞，復以佳麗樓建治，與總管岳天禎等僉議興役，以濟饑民。重葺廳舍堂宇，又修倉廩，金陵水、馬二驛，平準行用庫，東西織染兩局，廣惠祠，武定、飲虹二橋，教授游鄭良撰記。天曆二年，改集慶路。至正二年三月一日遺漏，府譙樓及兩廊架閣庫文卷一空，達嚕噶齊特哩〔二四〕、總管張塔海特穆爾〔二五〕、同知羅壘〔二六〕、府判周堯、推官高仲榮、劉鍾、經歷崔勤、知事劉伯貞協力重建門樓廊廡，是冬落成，仍以舊層樓爲更鼓樓。在西南隅，宋制置黃萬石所建。在城錄事司，舊遞鋪營。司獄司，舊左司理院。永豐庫，舊右司理院，今遷建鄴坊舊財賦司資用庫內〔二七〕。軍器雜造局，舊都作院及雜造局。都税使司，舊都統司都錢庫。平準行用庫，舊東助糴庫。本路架閣庫，舊廣濟倉。大軍倉，舊平糴倉。萬戶府公廨，舊遊擊軍寨。龍灣軍營，舊遊擊水軍寨。益都新軍營，舊東北隅戎司左軍寨。北門軍營，舊淮捷寨。翔鸞坊軍營，舊小馬司寨。養濟院、安懷院，舊遊擊右軍寨。教場，舊御教場。金陵水、馬二驛，舊制司二參謀、二參議廨宇。西織染局，舊侍衛馬軍司。東織染局，舊宋貢院。江寧縣治，舊縣尉司。上元縣治，路學，明道書院，二縣學，各仍舊所。南軒書院，舊儀賓館。江東書院，舊呂平章宅。陰陽教授司，西南隅機行街，係官房舍。三皇廟，在舊永寧驛基址。蒙古字學，行街內〔二八〕，公廨新創。社稷風雷雨師壇，舊在水西門裏繡春園西，今遷南門外越城後。大龍翔集慶寺，前宋轉運司治所，舊爲行樞密院按察司、廉訪司、財賦提舉司公廨，又爲潛邸，改創今寺。帝師寺，保寧寺西北。永壽宮，舊天慶觀，又名玄妙。昇龍觀，舊三茅冲虛庵。河南王宅，舊總領所。在城養濟新院，在乾道北橋。江寧養濟新院。南門外破街口。其餘宫府、臺榭、庵觀、寺院、廟宇，詳見古蹟及祠祀志。

益都新軍萬戶府鎮守地界圖

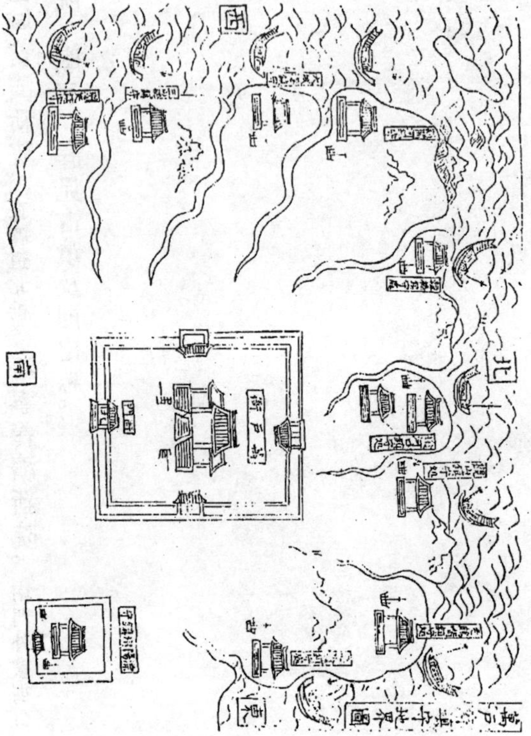

益都新軍萬戶府鎮守地界圖考

建康府，前宋屯駐水陸馬步兵通十五萬餘人，營寨參錯。府城内外，於管屬沿江要害去處設八屯，曰下蜀，曰馬家步，曰沙河，曰韓橋，曰王家沙，曰新開河，曰下三山，曰汪蔡港。句容、溧水、溧陽復各有管界，巡檢下蜀、東陽、山前舊縣諸寨。詳見後兵防志。國朝初下江南，凡襄陽南伐之兵多留建康。福建廉萬戶、保定張萬戶、泰州孟萬戶、常州宋萬戶、寧國喬萬戶統諸奕軍，相繼鎮守。江淮行樞密院復於河南省管下蘄、黄、鄧、新等奕撥軍二千餘人，於龍灣屯駐教習。大德元年，益都新軍萬戶府全奕自寧國遷鎮建康，於前宋遊擊軍營内置司，逐年差千戶、百戶鎮守溧陽等處，及守把江面要害。詳見後兵防志。巡檢設司一十二處，州捕盗司、縣尉司各有弓兵、巡防、警捕，隸有皆管領。

江寧縣圖

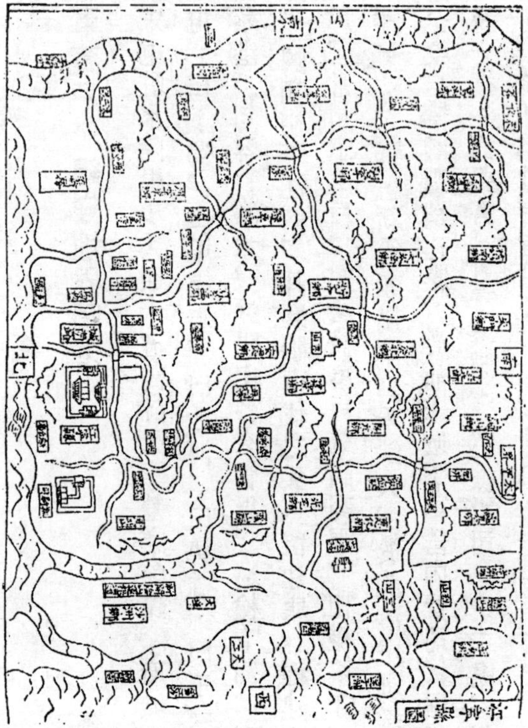

江寧縣圖考

江寧縣歷代沿革見後疆域志。古城在今城西南七十里，南臨江寧浦，周六里四十步，其地仍在縣境。江寧名本在上元之先，今縣則南唐割上元南十九鄉所置。新志以古蹟爲據〔二九〕，故以江寧居諸縣之首。宋因唐舊，治在今城北門壽寧寺北。有縣丞廨，縣衙西。主簿廨，丞廨東。尉司。南門外西街越臺南。至元十四年，城内置錄事司，乃撤舊縣廨〔三〇〕，於尉司建今縣治。東西八十五里，南北九十八里〔三一〕，東至上元縣界，舊以御街中分，今抵錄事司〔三二〕、城門爲界；西至和州烏江縣界四十里，以鰻鱺洲大江中流爲界；南至溧水州界九十三里〔三三〕，以烏刹橋爲界；北至上元縣界五里，以金陵鄉爲界〔三四〕。所管二十三鄉，八十六里。湖山：車府山，祖堂山，皆在縣南。銅山，縣東南。鼓吹山，在縣南。龍山，當塗縣界。横山，接太平州界。牛頭山，即天闕山，縣南，山有石窟，辟支佛所出。山南有大石鼓，天欲雨則鳴，上有宋南郊壇。大青山，縣南。陰山，縣西南。三山〔三五〕，西南臨大江。西北抵江，婁湖、高亭湖、劉陽湖、石坳湖〔三六〕、銀湖、河湖、三城湖，皆在縣境。詳見後諸志。

上元縣圖

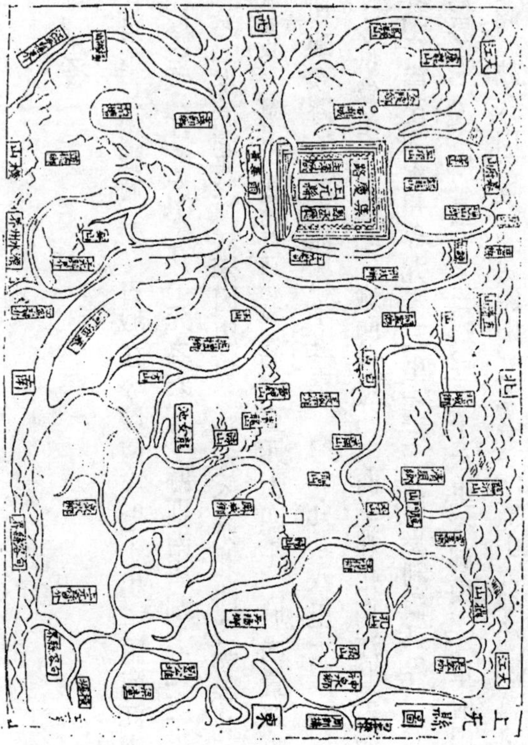

上元縣圖考

上元縣置於唐上元年間。舊建康附郭止設一縣，名稱數有更易，爲江寧，爲白石，爲歸化，詳見年表。治亦屢遷，最後名上元，其境即今上元舊地。唐治所在今永壽宫之東〔三七〕，臨運瀆，雖莫詳其所，遠近尚可約知。光啓中，復徙於鳳臺山西。宋初，遷於南唐司會府，在今臺治東後軍營内。建炎中，徙今治所。歸附後，因宋舊治。《乾道志》：「知縣廨舍在城東門内。」有存愛堂，在西偏，以明道先生曰：「一命之士，苟存心於愛物，於人必有所濟。」先生嘗爲上元主簿，故摘「存」「愛」二字名堂，後更名存心。姚希得記。縣丞廨，縣衙東南。主簿廨，縣衙東，明道書院左，主簿巷内。尉司廨。東門外南路北，今尉司。地東西九十五里，南北八十五里。東至句容縣界八十里，以周郎橋中分界；西至江寧縣界，舊以御街中分，今抵錄事司、城門爲界；南至江寧縣界七十里，以永豐鄉白米湖爲界；北至真州六合縣界四十九里，以瓜步大江中流爲界。所管十八鄉，五十二里。詳見疆域志。石頭山，在府城西。蔣山，府城東北。盧山〔三八〕，馬鞍山，縣西北〔三九〕。二山間，秦鑿爲二。有都船場、聖妃廟。至今溝内石骨相連。臨沂山，縣東北。攝山，縣東北。方山，一名天印山，縣東南，即秦所鑿長壠之所。今有直瀆，接石硊山。鴈門山。縣東南。秦淮水西北貫城中，北抵大江，中有玄武湖，亦通秦淮，皆在縣境。詳見後諸志。

句容縣圖

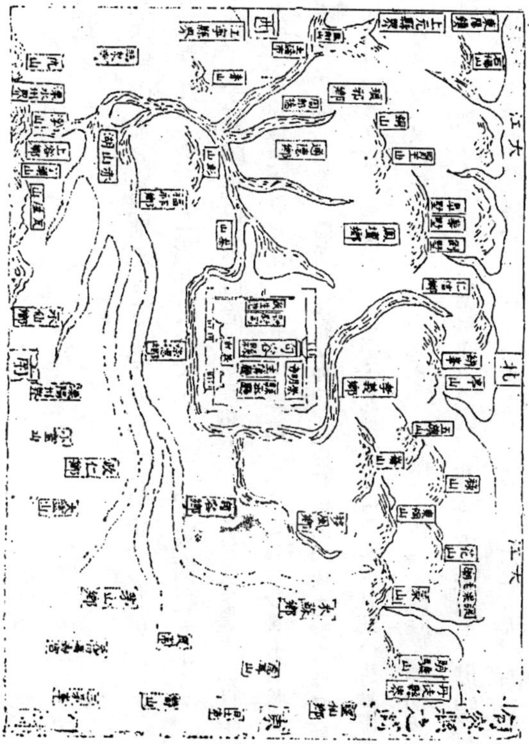

句容縣圖考

句容縣，自漢晉以來，名稱不易。今城不知所始，有東、西、南、北、白羊、上羊六門。城周三百九十丈，上闊九尺，下丈二尺，東西長九十丈，南北八十五丈，舊志以爲縣之子城。今縣廨宇仍宋舊治。唐天祐六年，知縣邵全遺造。有華陽道院。《縣志》：縣衙在縣城正北。嘉定間，重建樓門，有宣詔、頒春亭，琴堂，華陽道院。後圃有秀陰堂，改名愛山。又有平易堂，晝簾、拙逸、不欺、讀書、林卷、雨淨、友省〔四〇〕，皆軒齋名，冰玉軒、琴月軒，張槼有記。東軒，有騎省石。主簿廳在縣治東，有喜齋。縣丞廳又在東，有簡靖、真清等堂，其地今併爲際留倉、土地廟。尉司在縣治西，有宣威堂、蘭菊軒，又清佐、閱武二亭，今廢。大德十年，監縣達勒達〔四一〕、縣尹趙靖因前令田郁舊規，改創今治，尉司廨亦改創，縣治東縣學、城隍祠仍舊。有梁昭明文孝皇帝廟、在縣治東。達奚將軍廟。縣治東南。地東西七十里，南北一百二十里。東至鎮江路丹徒縣界五十里，以山口爲界；西至上元縣界二十里，以周郎橋中分爲界；南至溧水州界六十里，以丁塘村爲界；北至真州揚子縣界七十里，以下蜀大江中流爲界。所管十六鄉，五十八里。茅山大茅、中茅、小茅諸峰、良常山，秦望山，青龍山，周迴一百五十餘里，在縣東南。絳巖山，縣西南。銅山，竹里山，皆在縣北。華山，竹山，吳山。皆在縣界〔四二〕。赤山湖，在縣西南。出絳巖山，周一百二十里，下通秦淮。皆在縣境。詳見本縣志及後山川諸志。

溧水州圖

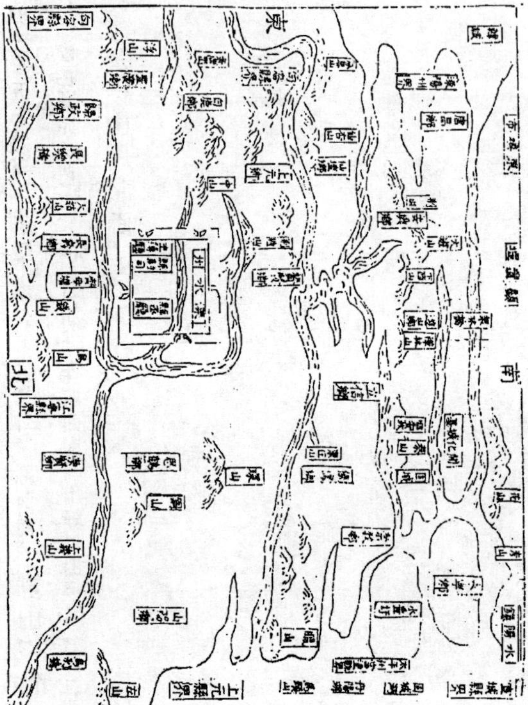

溧水州圖考

溧水州，元貞以前爲縣，自隋開皇十一年，割溧陽縣之西置溧水縣。今城疑自隋築，周五里七步；子城周一里一百一十四步，上闊五尺，下八尺。縣城五門，東曰愛景，南永安，西臨淮，北望京，東南尋仙。縣治在秦淮北，舊有鼓樓、正廳、東廳、極高明樓、蕭閒堂、正靜堂、君子堂。東廳有校官碑及劉漫塘縣箴，有佇益、得初二齋，弦歌堂、姑射亭、月臺，隔浦〔四三〕、深窈、仰高三亭。縣丞廳在縣北仁和坊街西，廳事有山谷《四民帖》，周美成題名石刻。有共濟堂，簡靖、聽松、種學、南漪四軒。主簿廨在縣治内，今爲捕盜司。尉廳在惠政橋北，有二李亭，後名雙玉，廬山李公擇父爲尉時，與兄野夫讀書之所。廨後有鸂鶒灘，今爲中山馬驛。凡舊官廨兵火皆廢不存。國初，縣陞爲州。元貞二年，知州儀叔安重創今治，後又建中正堂、惠民局、在州治東。際留倉、在幕廳南。架閣庫、幕廳東。稅務、在惠政橋南。州學、即舊縣學。社稷壇、州南。三皇廟、州西表孝坊，宋永豐倉。嶽廟、州治東北。城隍廟，州治東。劉府君、張將軍、承烈廣福王各有祠宇。地東西八十二里一百三步，南北一百五十五里三十八步。東至句容縣界三十七里，以浮山頂爲界；西至上元縣界三十五里，以烏石橋爲界；南至寧國路宣城縣一百一十里，以四牌岡爲界；北至江寧縣界四十五里，以上義山爲界。所管十七鄉，四十七里。溧陽山，州東南。濁山，州東南。秦淮之源。東廬山，在州東南，丹陽分界。水源有三，西流者入秦淮，東北流者入馬沈港，東南流者入丹陽湖。杜城山，在州南。石城山，州東南。稟丘山，在州西。石羊山，鳳栖山，澳洞山，皆州西南。游子山，州南。回峰山，官塘山，荆山，仙杏山，皆州東南。銅山，州西。芝山，上有李洞、燕洞，在州東南。丹陽湖，州西八十里。周百九十五里，中流與太平當塗縣分界。此水本由五堰自常州、宜興入太湖，今已堙塞。固城湖，州西南九十里。周百里，南北三十里，東西二十五里，環楚王故城。有水四派，湖中流與太平分界，與丹陽、石臼號三湖，相連接。石臼湖，州西南四十里。縱五十里，衡四十里，西連丹陽湖。湖中有軍山、塔子、馬頭、雀壘四山。皆在州境。詳見本州志及後山川諸志。

溧陽州圖

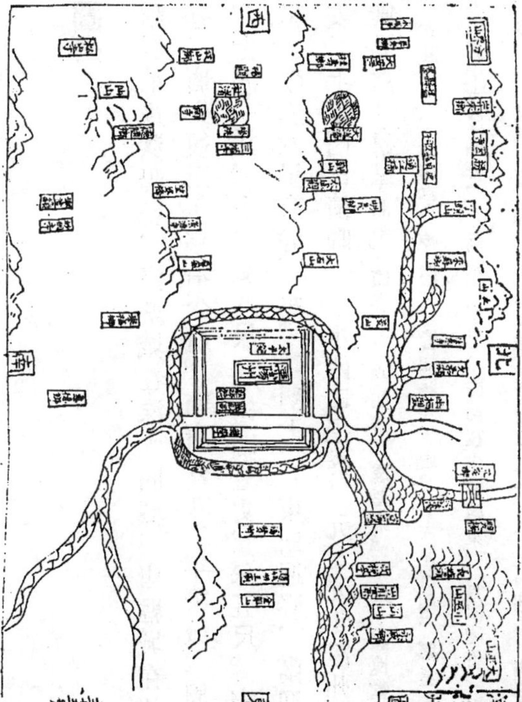

溧陽州圖考

溧陽州，歸附以前爲溧陽縣，漢縣城在溧水固城，唐縣城在州西北四十五里，即舊縣村巡檢寨基，唐天復三年移治今所。南唐昇元二年築城，周四里二百九十四步，高一丈一尺，上闊一丈，下二丈八尺；壕闊五丈，深五尺。宋建炎中，展入青安草市，增廣二里，今周六里有餘。水、陸門七：東曰迎春，南迎夏，西迎秋，北迎冬，西北曰青安，上水門曰清暉，下水門曰挹秀。元貞元年陞州，州治仍宋縣治，在城內市心，有無倦堂。舊有手詔亭、頒春亭、八如齋、透迤齋、西齋、無愧堂、請書堂、清閒堂、煙艇室（四四）、閬風臺、大圓鏡亭、滌淨亭、煙波亭，皆知縣陸子適、李大原所創。縣丞廨在州治東，有來月堂，今爲郵亭。主簿廨在丞廨東，有鳳栖軒，今爲蒙古字學。尉司在主簿廨東，有懷曜軒，以孟東野諡貞曜也。凡官廨損益改創，皆非舊制。州學即舊縣學，有織染局、稅務、館驛、捕盜司、皆在州永定坊。城隍廟、在州登俊坊。祠山真君廟、在州招遠坊。武烈大帝廟、在東門外。顯惠即史祖侯廟、在永成鄉。史貞義女廟、在明義鄉中江橋。五顯廟、在州招遠坊。趙城明王廟、福賢鄉下橋里。東嶽廟、在福賢鄉下橋〔四五〕。赤鄒將軍廟、在福賢鄉屠塘。茅司徒廟，在福賢鄉馬店。社稷風雷雨師壇。在州西門外。地東西一百五十里，南北一百六十里。東至宜興州界一十五里，以葑埭牌爲界；西至溧水州界八十五里，以三塔墩爲界；南至廣德路界七十里，以石屋山分流爲界；北至金壇縣界八十里，以長塘湖港荻場爲界。所管十三鄉，十八里。桂林山、盤白山、伍牙山、荆山、鐵冶山、皆州西南。龍潭山、懸鼓山、皆在州南。鐵山、銅官山、皆州東南。瓦屋山、丫頭山、皆州西北。曹姥山、州西北。有聖姥廟。呂長山、州西。有呂將軍廟。芝山，州西。舊傳梅福隱此。長塘湖，在州北五十三里。周百五十里，接金壇、宜興二界。舊名洮湖，中有大巫、小巫山。虞翻曰：「滆湖、洮湖、射湖、貴湖及太湖爲五湖，並太湖之小支，俱連太湖，故太湖兼得五湖之名。」千里湖，在州東南十五里。陸機云：「千里蓴羹，末下鹽豉。」至今產蓴。俗呼「千里湇」，與故縣湇相連。或說「千」當作「芊」，「末」作「秣」，抹下即抹陵，從省文耳。昇平湖，州西七十里。水自溧水州五堰東流入湖，連入震澤，即古中江所逕。有溪自建平縣來會。三塔湖，一名梁城湖，在州西七十里。周十八里，西南與昇平湖相接。瀨陽衍，在州西三十六里。「衍」即「湇」字，吳音訛耳。西接三塔衍，北接新昌衍，連永陽江、葛涪衍，出州西北，東流入湖。今衍地多成圩田，僅存一派。皆在州境。詳見本州志及後山川諸志。

集慶路學圖

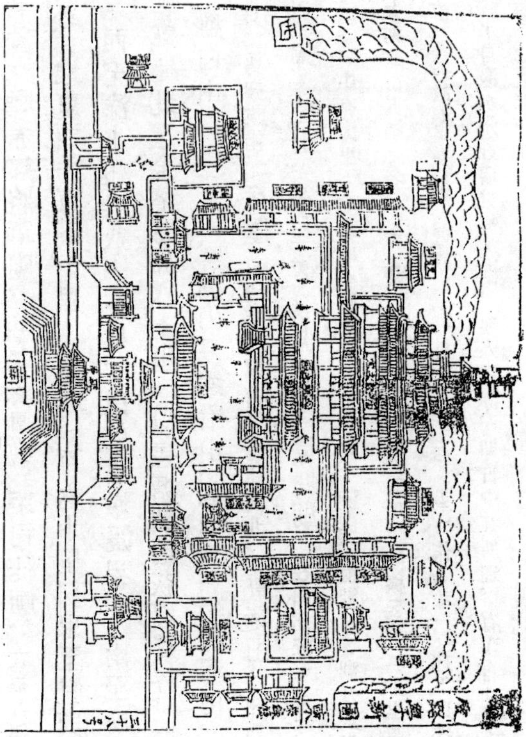

路學新圖考

南唐都建康，濱秦淮開國子監。今鎮淮橋北御街東，舊比較務即其地，里俗呼爲國子監巷。宋雍熙中，有文宣王廟，在府西北三里治城故基。天聖七年，丞相張士遜出爲太守，奏徙廟於浮橋東北，建府學，給田十頃，賜書一監。景祐中，陳執中又徙於府治之東南。即今學基。建炎兵燬。紹興九年，葉夢得更造學，援西京例，奏增置教官一員。見後年表。淳熙四年，劉珙重修。慶元二年，張杓建閣〔四六〕，以奉御書，閣下建議道堂。淳祐初年，別之傑增修學宇。六年，趙以夫即命教堂更名明德，增造兩廊，以妥從祀。十年，吳淵列祠先賢，增學廩，創義莊。寶祐中，馬光祖興學校，集周、漢以來名賢贊而祠之。大成殿在靈星門北戟門内，從祀位在兩廊。御書閣在明德堂後。講堂即今明德堂，議道堂在御書閣下。齋舍東序三，曰守中，曰進德，曰說禮；西序三，曰常德，曰育材，曰興賢。祭器庫二，一在大成殿前東廊之南，一在御書閣東偏。公廚在東序後，射圃在義莊倉之西，有亭名繹志，後改正己堂。大德四年秋八月，廟學災，惟存尊經閣及二教授廳。七年，總管陳元凱重建今學。

臺城古蹟圖

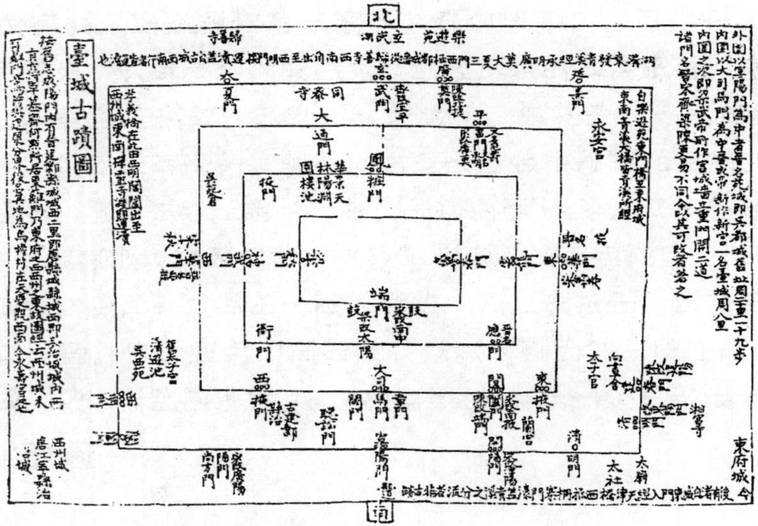

外圍以宣陽門爲中者，晉名苑城，即吳都城舊趾，周二十里一十九步；内圍以大司馬門爲中，晉成帝新作新宫，一名臺城，周八里。内圍之次即梁武帝所作宫城，牆立重門，開二道。諸門名晉、宋、齊、梁、陳更易不同，今以其可考者道之。按舊志，成陽門内有晉建鄴縣城，城西二里即唐縣城，縣城西即吳冶城。城内西則有卞將軍墓，齊何點所居東籬門乃東府之西，西州之東，故《圖經》云：「西州城未有籬門，立烏榜與建康分界，後名其地爲烏榜村，在天慶觀西南，今永壽宫是也〔四七〕。」

臺城古蹟圖考

古都城。《宫苑記》：「吳大帝所築，周迴二十里一十九步，在淮水北五里。黄龍元年，自武昌徙都。晉元帝初過江，不改其舊。宋、齊、梁、陳皆都之。宋世宫門外六城門設竹籬。至齊高帝建元元年，有發白武樽言：『白門三重門〔四八〕，竹籬穿不全〔四九〕。』上感其言，改立都牆。」《本紀》「建元二年立六門都牆」是也，其後增立爲十二門云。

臺城。一曰苑城，本吳後苑城。晉成帝咸和中新宮成，名建康宮，即世所謂臺城也。在上元縣東北五里，周八里，濠闊五丈，深七尺。今胭脂井南至高陽樓基二里即古臺城之地，盡爲軍營及居民蔬圃。《實錄》注：「苑城即建康宮城，吳之後苑地，一名建平園，又云臺城。南正中大司馬門，南對宣陽門，相去二里，宣陽即苑城門。」則臺城在苑城内明矣。《宮苑記》云：「古臺城即建康宮城，本吳後苑城，晉咸和中修繕爲宮。」《輿地志》云都城南正中宣陽門對苑城門，其南直朱雀門，正北面宮城無別門。乃知苑城即宮城，在都城内近北明矣。臺城南面開四門，北面二門，東、西面各一門。宮城内有二重宮牆，周迴五百七十八丈。南面開二門，北面二門，東、西面各一門。第三重宮牆南面一門，東、西面各一門。又云同泰寺與臺城隔路。今法寶寺及圓寂寺即古同泰寺基，故法寶亦名臺城院。以此考之，法寶、圓寂寺之南蓋古臺城也。《晉書》：成帝時，蘇峻作亂，焚燒宮室，溫嶠以下咸議遷都，惟王導固爭不許。咸和五年作新宮，始繕苑城。六年，遷於新宮，即此城也。《唐史》：「張雄使別將趙暉據上元，暉展其才，欲治臺城爲府。」是此城唐末尚存。至楊吳時改築，而城遂廢矣。

古都城門。《晉書》：「成帝作新宮，繕苑城，修六門。」《實錄》注云：「六門，都城門也。晉初但有陵陽門，後改爲廣陽門。内有右尚方，世謂尚方門。次正中曰宣陽門，本吳所開，對苑城門，世謂之白門，晉爲宣陽門。門三道，上起重樓，懸楣上刻木爲龍虎相對，皆繡栭藻井。南對朱雀門，相去五里餘。

次最東曰開陽門，宋元嘉二十五年改開陽曰津陽。東面最南曰清明門，門三道，對今相宮巷。門東出青溪橋巷，尚書下舍在此門內。正東曰建春門，後改爲建陽門，門三道。正西曰西明門，門三道。東對建春門，即宮城大司馬門，前横街也。正北面即宮城，無別門。又按《宮苑記》，凡十有二門，南面最西曰陵陽門，後改爲廣陽門。正門曰宣陽門。次東曰開陽門，後改爲津陽門，門三道，直北對端門。最東曰清明門，直北對延熹門，當二宮中大路。東面最南曰東陽門，直青溪橋巷，即今湘宮寺門路。最北曰建春門，陳改爲建陽門，西對西明門，即臺城前衡街。北面最東曰延熹門，南直對清明門，當二宮中大路。次西曰廣莫門，門三道，陳改名北捷門，北直對樂遊苑南門。次西曰玄武門，門三道，齊改名宣平門，北直趣玄武湖大路。最西曰大夏門，南直對廣陽門，北對歸善寺門。西面最北曰西明門，直對建陽門，即大司馬門，前横街是。最南曰閶闔門，西直對東陽門。詳考《宮苑記》，陵陽、宣陽、開陽三門與《實錄》所嚮皆同，唯清明門在南面最東，而《實錄》乃在東面最南。今以《宮苑記》北對延熹門證之，即《實錄》誤矣。又《實錄》云正東曰建春，正西曰西明，《宮苑記》乃在東、西面之最北，其最南又有東陽、閶闔二門，蓋《實錄》都城止六門，而《宮苑記》之門乃十有二。《宋紀》獨載元嘉二十五年新作閶闔、廣莫二門，其餘延熹、玄武、大夏、東陽四門不見建立之始。《實錄》：元嘉二十五年四月新作閶闔、廣莫等門，改先廣莫曰承明，然則此六門皆同時作，史略之爾。然東、西二門相對，《實錄》、《宮苑記》皆云大司馬門前横街，則知東、西舊止二門，各正所嚮，後又增立二門，故以南、北別之也。又按宋元凶劭作亂，閉守六門，於門内鑿塹立柵；齊建元中，始立六門都牆；梁侯景濟江，韋黯屯六門，皆止言六門。而元凶劭傳又云同逆先屯閶闔門外，臧質從廣莫門入，乃知六門爲正門。後所立六門皆便門也，故史不載。閶闔、廣莫等門作於元嘉二十五年，元凶劭之亂乃三十年云。

古建康宫門。晉成帝咸和七年新宫成，名曰建康宫。開五門，南面二門，東、西、北各一門。宋文帝元嘉二年，於臺城東、西開萬春、千秋二門。陳宣帝太建二年，改作雲龍、神武二門。按《建康實錄》注，南面二門正中曰大司馬門，世所謂章門，拜章者伏於此門待報。南對宣陽門，相去二里。夾道開御溝，植槐柳，世或名爲闕門。近東曰閶闔門，後改爲南掖門，門三道，世謂之天門，南直蘭宫西大路，出都城開陽門。其北面平昌門，則上有爵絡，世謂之冠爵門，南對南掖門。宋永初中，改宫城北平昌門爲廣莫門。至元嘉二十五年，改先廣莫門曰承明門。又云，南面端門夾門南大鼓在兩塾之南，並三丈八尺圍，用開閉城門，日中、晡時及晚並擊以爲節，夜又擊之以持更。《宫苑記》：「南掖門，宋改閶闔門，陳改端門。」東、西二門，考之《實錄》，已不可見，可見者唯南面二門與北面一門而已。又按《宫苑記》，晉成帝修新宫，南面開四門：最西曰西掖門，門三道，起重樓〔五〇〕。正中曰大司馬門，門三道，起三重樓，直對宣陽門；次東曰南掖門，宋改閶闔門，陳改端門，南直對津陽門，北對應門；最東曰東掖門，門三道，南直對蘭臺路。東面正中曰東華門，門三道，晉本名東掖門，宋改萬春門，梁改東華門。北面最東曰承明門，門三重，本晉平昌門，南直對東掖門。東掖疑即南掖。最西曰大通門，門三重。西面正中曰西華門，晉本名西掖門，宋改千秋門，梁改西華門。凡八門，比《建康實錄》所載多五門。梁天監十年，初作宮城，門三重樓，及開二道。又按《宮苑記》，建康宮城内有兩重宮牆，南面開二門，西曰衡門，隱不見，南西掖門。東曰應門，晉改名止車門，南直對端門，即晉南掖門也。東面正中曰雲龍門，北面正中曰鳳粧門，近西曰鸞掖門，西面正中曰神武門，凡六門。第三重宮牆東直對牆，南面正門曰太陽，晉本名端門，宋改爲南中華門。東面正中曰萬春門，直東對雲龍門，西對千秋門。西面正中曰千秋門，西對神武門，東對萬春門，凡三門。《建康實錄》皆不載，以宮殿證之，雲龍門是二重宮牆東面門，對第三重宮牆萬春門，神武門是第二重宮牆西面門，對第三重宮牆千秋門。東西相望，按圖可考，足以想見臺城門闕之盛。然晉成帝時已有雲龍門，蘇峻作亂，羊曼爲前將軍，率文武守此門是也。以上宮城諸門考證詳見古蹟志。

冶城古蹟圖

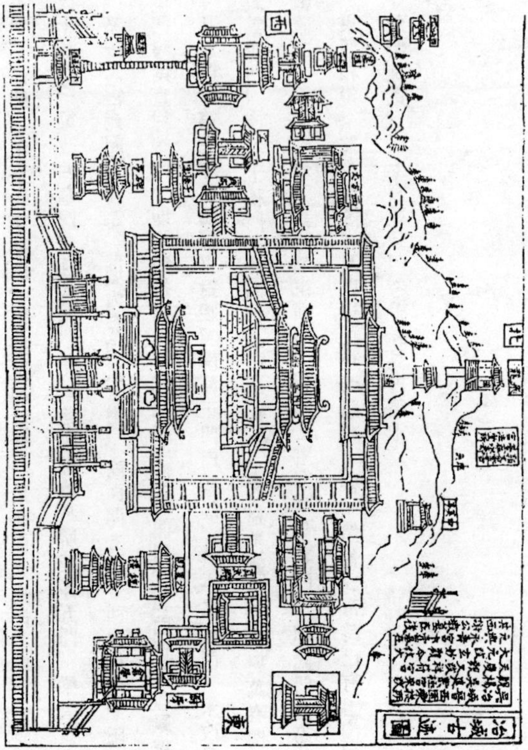

冶城圖考〔五一〕

金陵有古冶城，本吴冶鑄之地。《世説》敘錄云：丹陽冶城，去宫三里。晉元帝太興初，以王導疾久，方士戴洋云：「君本命在申，而申地有冶，金火相爍，不利。」遂移冶城於石頭城東，以其地爲西園。晉成帝幸司徒府，游觀西園，徐廣謂之冶城園是也。孝武帝太元十五年，於城中立寺，以冶城爲名。安帝元興三年，以寺爲苑，廣起樓榭，飛閣複道，延屬宫城。《金陵故事》：王導疾，遷冶於縣東七里。六朝有東西冶，每遇警急，出二冶囚徒。又有東冶亭，晉太元七年，置於縣東八里，爲士大夫餞别之所。疑導疾時，以古冶遷東西爲二，故王荆公詩云：「欲望鍾山岑，因知冶城路。」此謂東冶城也。《金陵故事》又有南冶六所、少府一、司徒二、揚州二、鎮軍一。《晉史》：庾公權重，足傾三公。庾公在石頭，王公在冶城坐，大風揚塵，王公以扇拂塵曰：「元規塵汙人。」梁紹泰元年，陳霸先使合州刺史徐度立柵於冶城。齊徐嗣徽等攻冶城柵，霸先將精甲自西明門出擊之，嗣徽大敗。楊吴於冶城建紫極宫，宋改天慶觀，今爲大元興永壽宫。《慶元志》：天慶觀，本唐紫極宫，紫極宫新建司命真君殿。徐鉉《記續事始》曰：宋廢國學，置總明觀，疑自是以來，道家者流擬之以名其所居也。陳軒《金陵集》載：富臨、狄咸、郭祥正同游紫極宫竹軒，觀王相國舊題蘇子瞻書，子由詩，祥正和之，有「老鶴唳風」之句，寫之壁間。未竟，有白鶴數十翔舞北極壇上，徘徊而去。東坡有《題天慶觀薛師房》詩。《景定志》：大中祥符間，嘗賜額曰祥符宮。至元歸附初，文丞相天祥、鄧侍郎光薦嘗留宿觀中，有詩。後改玄妙觀。至順二年，特改今額。詳見祠祀志。**內有郭文舉讀書臺**、天慶太一殿即此臺基。《晉書》：郭文，字文舉。王導築台於冶城以處之。文舉嘗手探虎鯁，人問之，文舉曰：「人無殺虎之心，虎無害人之意。」詳見本傳。**謝安墩**。謝靈運撰《征賦》：「視冶城而北屬，懷文獻之悠揚。」李白有《登金陵冶城西北謝安墩》詩，序云：「此墩即晉太傅謝安與右軍王羲之同登，超然有高世之志，予將營園其上，故作是詩。」詩云：「冶城訪古迹，猶有謝安墩。平覽周地險，高標絕人喧。想像東山姿，緬懷右軍言。白鷺映春洲，青龍見朝墩。地古云物在，臺傾禾黍繁。我來酌清波，於此樹名園。」城東半山寺後別有謝安墩，見後康樂坊注。**晉卞忠貞公墓側有忠孝亭，今爲祠堂**。在永壽宮西。壼與二子同死蘇峻之難，其墓在冶城。南唐於此建忠貞亭，穿地得斷碑，徐鍇爲之識。宋慶曆三年，葉清臣取父爲忠臣，子爲孝子之言，改名忠孝。元祐八年，曾肇即爲亭堂，繪壼像其中，列諸祀典，而爲之記。建炎間，堂廢。紹興八年，葉夢得即亭南爲廟，請額曰忠烈，像公及二子眕、盱，以嵇侍中紹配食於左。紹興十五年，晁謙之復爲亭，胡銓撰記。乾道四年，史正志與轉運判官韓元吉新之，取曾公所爲記重刻之石，立於亭左。嘉定四年，留守黃度修廟，以紹於公，爲先輩，配以劉超、鍾雅，堂上爲冶城樓。後姚希得復加修葺，以公之夫人裴氏與范滂母同祀於後堂。至元歸附後，樓廢祠存。至正二年，以監察御史許儒林言，重建祠宇。晉有西州城，與東府城相望，臺城居中。《寰宇記》：東府城中有揚州刺史廨，而揚州在府西，故人號東府西州。舊天慶觀東有西州橋，即城所置。治城在西州城內西南。今東府城蕩無遺蹟，而冶城在今永壽宮所。宮之東北抵舊江寧縣治，西州城遺蹟尚可考也。

茅山圖〔五二〕

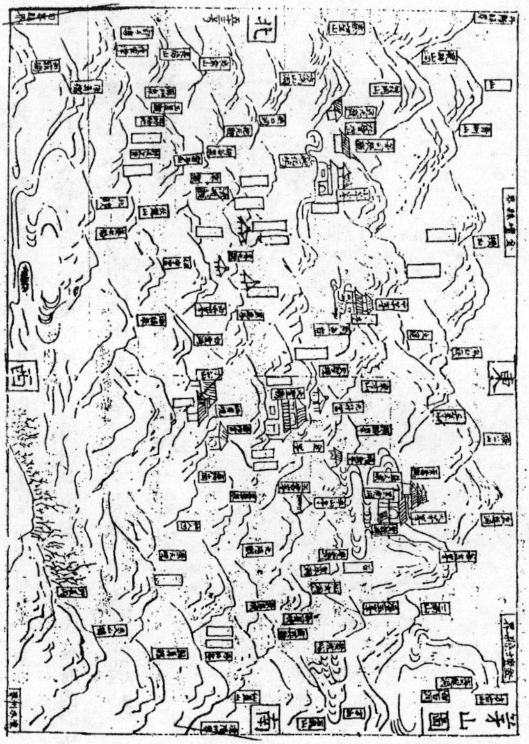

茅山圖考

茅山在句容縣東南四十五里，周迴一百五十里。初名句曲山，像其形也。茅君得道，更名曰茅山。三十六洞天之數，第八曰金壇華陽之天，此山是也。《史記》：「禹封泰山，禪會稽。」晉灼曰：「本名茅山。」《吴越春秋》云：「禹巡天下，登茅山以朝羣臣，更名茅山爲會稽，亦曰苗山。」《茅山記》曰：「大茅山獨高處，黑帝命東海神埋大銅鼎於山頂〔五三〕，深八尺，上有盤石鎮之。黑帝即顓頊也。」又曰：「秦始皇帝三十七年遊會稽，還，登句曲北垂山，埋白璧一雙，深七尺。李斯篆刻文云：『始皇聖德，平章江山〔五四〕。巡狩蒼川〔五五〕，勒銘素璧。』」又曰：「王莽地皇三年七月，遣使者章邕無齎黃金、白玉、銅鐘五口贈三茅君。光武建武七年三月，遣使者吴倫齎黃金五十斤、玉帛獻三茅君。今山頂有埋金處，上有聚石。」又曰：「中茅山獨高處，司命君埋西胡玉門丹砂六千斤，深二丈，上有盤石鎮之。其山左右泉流下皆小赤色，飲之延年益壽。左真人就司命君乞得一十二斤，以合九華丹。山頂石壇、石案、香爐今存。今三陽百姓多長壽者，蓋太陽、北陽、朱陽三村耳。」《茅君内傳》：「句曲山，秦時華陽之天。漢宣帝時，三茅君居之，遂名茅山。内有積金山，因以金爲壇號。周時名其源澤爲曲水之穴，秦時名句金之壇，似【已】字，故以句曲名焉。」《真誥》曰：「金陵句容之句曲洞爲第八洞天。」又曰：「句曲地肺，土良水清，可以度世種民，是處五災不干。」又曰：「金陵者，洞虚之膏腴，句曲之地肺。履之者萬萬，知之者無一。」按《茅山志》，茅濛，字初成，華陽人也〔五六〕。隱華山修道，秦始皇三十一年白日上昇。是時有民謠曰：「神仙得者茅初成，駕龍上昇入太清。時下玄洲戲赤城，繼世而往在我盈。」始皇聞之，問故老，答曰：「此仙謠也。」於是有尋仙之意。濛之玄孫盈得道於金陵句曲山，上昇爲東嶽上卿司命真君、太元真人，居赤城，時來句曲。弟茅固、茅衷皆得道於此。邦人改句曲爲茅君山。《洞天福地記》：「福地七十二，地肺爲第一。」即金陵是也。金陵之地，水至即浮，故比之於肺。《抱朴子・内篇》別有地肺山，乃玉留嶼。又商山，亦名地肺。今以《内傳》爲正。

山中有大茅峰，山頂有聖祐觀，奉大茅君真應真君。峰北華陽洞之東有崇禧萬壽宮，東南有崇壽、華陽二觀。中茅峰，山頂有德祐觀，奉中茅君妙應真君。西有昇元觀，舊爲白鶴廟，與祠宇宮相鄰。清真觀在大羅源。小茅峰，山頂有仁祐觀，奉小茅君神應真君，與德祐、聖祐二觀皆延祐三年定額。抱朴峰，大茅峰北。白雲峰，中茅峰西，有白雲、崇福觀。五雲峰，小茅峰側。有五雲觀。積金峰，大茅、中茅二峰間。陶隱居弘景所住，有元符萬寧宮、華陽宮、天聖觀、栖真觀。疊玉峰，大茅東南。有藏真觀。華蓋峰，在崇壽觀東南。四平山，大茅西南。俗稱方山。良常山，茅山北垂。華姥山，大茅崇禧宮南。

鬱岡山，小茅峰東北。有乾元觀。龍尾山，大茅東。東方山，東連仙几山。伏龍山，在柳汧之間。

有抱元觀。雷平山，伏龍山東。有玉晨觀。方隅山，雷平山東北。有燕洞宮。秦望山，良常山東北。丁公山，積金山西。有紫陽觀。自大茅山南後韮山、竹山、吳山，連峰疊嶂，達乎吳興天目諸山。許邁所謂「洞庭西門，潛通五嶽」，洞庭，即今太湖。陶弘景亦云「三茅山東通王屋，西達峨嵋，南接羅浮，北連岱嶽」，朱文公謂「岷山之脈，由衡山南出而東度大庾嶺者，包彭蠡之源，而北盡乎建康」。然則茅山形勢，實與西蜀岷山、峨嵋相爲首尾，蔣山、金陵特其脈之盡者。其爲揚州之鎮山，爲江南之名藩會府，豈不宜哉！詳見後山川志。

蔣山圖

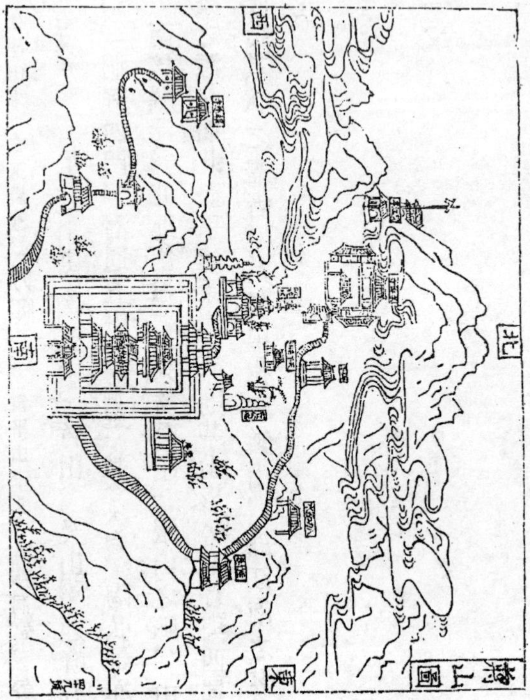

蔣山圖考

鍾山，一名蔣山，在城東北一十五里，周迴六十里，高一百五十八丈。東連青龍山，西接青溪，南有鍾浦，下入秦淮，北接雉亭山。漢末，有秣陵尉蔣子文逐盜，死事於此。吳大帝爲立廟，封曰蔣侯。大帝祖諱鍾，因改曰蔣山。《唐·地理志》：「江南道其名山衡、廬、茅、蔣。」《輿地志》：「古金陵山也，縣邑之名由此而立。」《金陵地記》云：「秦始皇時，望氣者云金陵有天子氣，乃埋金玉雜寶於鍾山。」又云：「蔣山本少林木，東晉令刺史罷還，都種松百株。宋時，諸州刺史罷職還者栽松三千株，下至郡守各有差。」山之最高峰北有五碩樹〔五七〕，乃柞木也。庾闡《揚都賦》：「元帝渡江，望氣者云蔣山上紫氣時時晨見。」宋散騎常侍劉勔經始鍾嶺之南〔五八〕，以爲棲息，聚石蓄水，朝士雅素者多從之游。又雷次宗元嘉中開館雞籠山，文帝爲築室於鍾山西巖下，謂之招隱館。齊周顒於鍾山西造草堂寺，以處僧慧約，寺即顒所居。梁武帝於鍾山西置大愛敬寺，江表上巳多游於此。侯景反，邵陵王綸率西豐公大春等馬步三萬發自京口，直據鍾山，景黨大駭，具舟欲逃。阮孝緒因母疾用藥，須得生人薓，舊傳鍾山所出，孝緒躬歷幽險，累日不獲。忽一白鹿導前，行至一所不見，就求之，果得。陳大寶元年，齊軍潛至鍾山龍尾，進至幕府山。唐大曆中，處士韋渠牟亦隱於此，號遺名子，顏真卿題其所隱之堂曰「遺名先生三教會宗堂」。山内舊有定林庵，宋王荆公安石嘗讀書於此，米元章榜曰「昭文齋」，李伯時寫荆公真像於壁，楊次公爲之贊。霜筠、雪竹二庵，皆在蔣山寺左。《寰宇記》云：「自梁以前，立佛寺七十所。」今山南有太平興國禪寺。梁武帝天監十三年，以定林寺前岡獨龍阜葬誌公，永定公主以湯沐之資造浮圖五級於其上。前記云塔名玩珠，取龍玩珠之義。十四年，即塔前建開善寺，今寺乃其地也。唐乾符中，改爲寶公院。南唐昇元中，徐德裕重修，後主又改爲開善道塲。至宋太平興國五年，改賜今額。慶曆二年，葉清臣奏爲十方禪院。王荆公安石爲相，退居鍾山，爲帥守者多其門人，寺宇益增大。後屢經火，泰定二年正月再燬。今重建，特盛。有翰林學士虞集撰記。詳見祠祀志。新建大崇禧萬壽寺。泰定四年潛邸創建。近有望江亭，御史中丞趙世延撰記。詳見祠祀志。其山峰秀者有屏風嶺，巧石青林，幽邃如畫，在古明慶寺前。山之東八功德水，在悟真庵後。梅摯《記》云：「梁天監中，有胡僧寓錫山中，乏水。時有龐眉叟謂曰：「余山龍也，知師渴飲，措之無難。」俄而一沼沸出。後西僧繼至，云本域中八池，已失其一。自梁以來，嘗取給御府，云飲之可以愈疾。」道卿巖。在八功德水後半嶺間。宋太守葉清臣字道卿，嘗游其間，因以其字名巖。寶公塔西二里有洗鉢池，興國寺西有道光泉，熙寧八年，僧道光所斸，得名。在梁靈曜寺前，其深五尺。宋熙泉。近宋熙寺基之左。今蔣山興國寺日用此泉。其東山巔有定心石，下臨峭壁。寺西百餘步有白蓮庵。庵前有白蓮池，乃策禪師退居之所。北高峰絕頂有一人泉、僅容一勺，多挹之不竭。桂嶺、《六朝事類》云，在山南明慶寺後。楊梅峴、栽松峴，皆以其樹得名。猿驚、鶴怨二谷。好事者所加。道家八洞天之外有三十六洞天，其一朱湖洞天，在鍾山。又有太子巖。梁昭明太子嘗讀書於此，又名昭明書臺〔五九〕，今爲七佛庵，一人泉在其東。梁侍中周捨立靜壇，與道士塢相對。武帝問其壇如何，對曰：「風不鳴條，雲無膚寸。鹿巾黃帔甚多，白簡朱衣罕至。」因名靜壇。道士塢在古明慶寺前，與八功德水相近，則靜壇當在其處。《乾道志》：「壇在鍾山南巖上。」《慶元志》：「梁天監十三年，築西靜壇於鍾山下。」《事迹》曰：「道士塢在明慶寺前，有道觀，即陳宣帝禮玄靖、臧兢處，在寶公塔東。」桃花塢在寶公塔西北，舊有桃花甚盛，今不復存矣。茱萸塢在蔣山南平坡中，舊有茱萸園，宋道士陸修靜餌茱萸於此。此皆山之勝處也。

大龍翔集慶寺圖

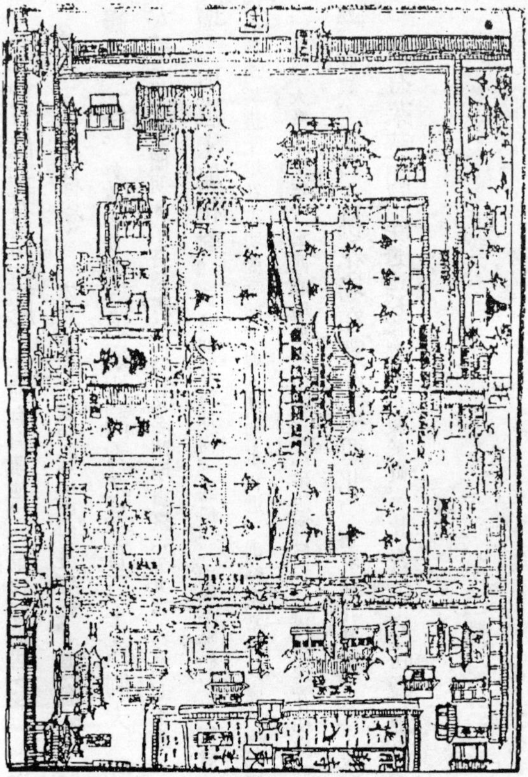

抄白

長生天氣力裏大福廕護助裏皇帝聖旨：行中書省、行御史臺、行宣政院官人每根底！宣慰司廉訪司官人每根底！軍官每根底！軍人每根底！管城子底達嚕噶齊官人每根底！來往的使臣每根底！衆百姓每根底！衆和尚每根底！宣諭的聖旨青吉斯皇帝〔六〇〕、諤格德依皇帝〔六一〕、色辰皇帝〔六二〕、諤勒哲圖皇帝〔六三〕、庫魯克皇帝〔六四〕、布延圖皇帝〔六五〕、格根皇帝〔六六〕、呼圖克圖皇帝〔六七〕、濟雅圖皇帝、伊呼哲伯皇帝，聖旨裏和尚每，伊囉勒昆先生〔六八〕，每教不揀甚麼差發休當者〔六九〕，告天祝壽者，麽道有來，如今依在先底聖旨體例裏，不揀甚麼差發休當者，告天與咱每祝壽者，麽道濟雅圖皇帝〔七〇〕，為報祖宗，教萬民得濟的。上頭集慶路裏起蓋了大龍翔集慶寺，教廣智全悟大禪師笑隱長老做住持，委付了選有本事的好和尚住坐。依著百丈清規體例裏，交海會雲堂裏、坐禪旃檀林裏早晚念經者，依著釋迦牟尼佛的體例行者，祝壽者。麽道咱每這大龍翔集慶寺，江南田地裏有的五山教，這寺在五山之上者。這寺裏首座藏主等頭首〔七一〕，委付來的和尚每，提調的官人每，依著五山體例裏，各路分裏，有的寺院闕住持呵，資次裏住持委付者。不揀是誰，休將別箇和尚説好，這寺裏休分付者。麼道聖旨行了，有來至今，他每五山寺不曾定體。麼道聽得來，如今笑隱長老根底，加與釋教宗主的名分，兼領五山寺者。今後這寺裏住持，於五山寺本宗派住時長老内選揀委付者。濟雅圖皇帝潛邸時分坐地的房子裏蓋來的寺院〔七二〕，比別箇寺不同。奉聖旨官錢内，這寺裏與來做常住的田土稅糧休納者，雜泛差發休當者，麼道不揀甚麼勾當，依著濟雅圖皇帝已了的聖旨定例行者，執把的聖旨與了也。這寺家房舍裏，使臣每休安下者，鋪馬祇應休與者，休斷公事者，俗人每休爭競者。但屬這寺裏的田土、碾磨、店鋪、解典庫、浴堂、人口、頭足、河泊、船隻、蘆場等〔七三〕，不揀甚麼他每的，不揀是誰休奪要者，休倚氣力者。這寺裏辦常住，其間廉訪司、有司添氣力成就者，休沮壞者。這般宣諭了呵！別了的人每有罪過者，這廣智全悟大禪師、釋教宗主笑隱長老等和尚每有聖旨，麼道不干礙自己的勾當做主呵！沒體例的勾當行呵！他每更不怕那聖旨。

至元元年閏十二月十五日大都有時分寫來。

曹南王祠堂圖（七四）

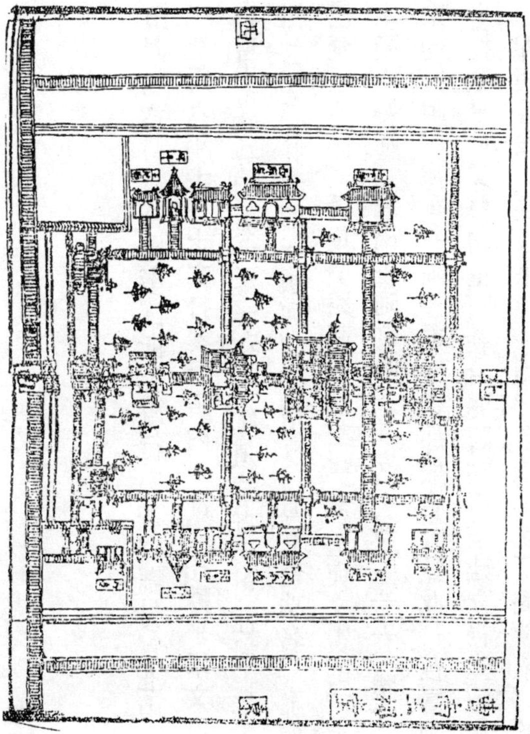

抄白

至正元年閏五月初六日，本路奉江浙等處行中書省劄付，准中書省咨禮部呈，承奉中書省判送，至元六年十月十二日奏過事内一件，托歡平章文書裏説：「有父阿勒哈〔七五〕，世祖皇帝時分，與巴延丞相等統領蒙古兵馬征討亡宋〔七六〕。既而歸還，復平額呼布格〔七七〕，并河西叛賊阿蘭岱爾等，屢立奇功名。上頭賜與曹南王名分來，如蒙照依巴延丞相例，於集慶路起蓋祠堂。」麽道與文書的，上頭交禮部官與大常禮儀院官，一同定擬呵。曹南王阿勒哈與淮安、河南二王一體，有功立祠堂的。説有依部家定擬來的行呵，怎生奏呵，奉聖旨那般者。欽此。覆奉都堂鈞旨，連送禮部。議得中書省托歡平章父曹南王阿勒哈開國功臣，建立祠堂致祀。既太常禮儀院檢照集議明白，即與淮安忠武王事係一體，合依本院所擬欽依，於集慶路官為起蓋祠堂。所據供祭田土，比依前例，量擬減半，於本路係官田内撥賜一十頃，以酬勲節。如蒙准呈，宜從都省詳酌聞奏，相應具呈，照詳得此。至正元年二月初八日，伊克集賽第二日，興聖殿裏後寢殿東耳房裏，有時分舒庫爾齊曼濟〔七八〕、畢舍哩道拉實〔七九〕、院使伊勒都齊〔八〇〕、巴延特穆爾〔八一〕、殿中哈瑪爾〔八二〕、給事中特穆爾布哈等〔八三〕，有來衆省官每商量了，畢爾齊巴哈平章〔八四〕、阿嚕參政、蒙古畢舍哩哈喇特穆爾等〔八五〕，奏過事内一件，昨前托歡平章父曹南王阿勒哈根底，起蓋祠堂者。麽道有聖旨，來交禮部定擬呵，與淮安忠武王事係一體。如今教集慶路官不以是何係官錢内起蓋與祠堂，於本路官田地内撥賜與一十頃，的説有依，部家定擬來的行呵，怎生奏呵，奉聖旨那般者。欽此。除外都省咨請照驗，欽依施行。准此。省府仰欽依，不以是何錢内先盡官有、見在委官從省計料，合用木物工程，具實開坐申省。奉此。行下錄事司計料木物工程，委自錄事判官巴延徹爾提調，相視丈量，得正北隅柴街寶戒寺側，係官空地一十五畝一分四釐，於本路係官錢内放支，官錢收買木物。委自本路判官周堯、上元縣達嚕噶齊諾海提調人匠，起蓋祠堂殿宇、廊房、山門、後堂，裝塑完備，春秋戊日致祭。餘見後年表及祠祀志。

【校勘記】

〔一〕二：原作「三」，據《史記》卷六《始皇本紀》改。按：秦始皇二十六年滅六國，分天下爲三十六郡，鄣郡爲其一。此言三十六年，顯誤。

〔二〕川：原本無，據後文「疆域山川志」題徑補。

〔三〕以：至正本作「差」。

〔四〕按：至正本作「就」。

〔五〕「江」、「虔」二字原闕，據《新唐書》卷四一《地理志》補。

〔六〕司：原作「使」，據至正本改。

〔七〕近民：原闕，據《景定建康志》卷二四及至正本補。

〔八〕儀：原作「南」，據上下文意改。

〔九〕門：至正本作「外」。

〔一〇〕東：原作「官」，據至正本改。

〔一一〕左：至正本作「南」。

〔一二〕察：原作「者」，據至正本改。
〔一三〕巴延：至正本作「伯顔」。下同。
〔一四〕阿珠：至正本作「阿术」。下同。
〔一五〕兵：至正本作「離」。
〔一六〕伊實通斡：至正本作「易釋董阿」。下同。
〔一七〕達實特穆爾：至正本作「塔失帖穆爾」。下同。
〔一八〕圖嚕：至正本作「圖禿」。下同。
〔一九〕致：至正本作「政」。
〔二〇〕巴爾噶齊：至正本作「八剌合赤」。下同。
〔二一〕十：至正本作「二」。
〔二二〕濟秦門：至正本作「柵寨門」。
〔二三〕達嚕噶齊：至正本作「達魯花赤」。下同。
〔二四〕達嚕噶齊特哩：至正本作「達魯花赤帖兒」。下同。
〔二五〕張塔海特穆爾：至正本作「張塔海特木兒」。下同。

〔二六〕羅壘：至正本作「羅里」。

〔二七〕用：原作「州」，據至正本改。

〔二八〕行街：南京本作「竹街」。按：至正本字迹漫漶難辨，疑「行街」爲後文所提及「機行街」之省文。

〔二九〕爲據：原闕，據至正本補。

〔三〇〕縣：原闕，據至正本改。

〔三一〕九：原闕，據至正本補。

〔三二〕錄：原闕，據至正本及原本卷一《上元縣圖考》補。

〔三三〕三：原闕，據南京本補。

〔三四〕以：原闕，據至正本補。

〔三五〕三：原闕，據至正本補。

〔三六〕坳：原闕，據四庫本《景定建康志》（以下同）卷一八《山川志》補。

〔三七〕之：至正本闕，南京本作「東」。

〔三八〕盧山：至正本作「廬龍」。

〔三九〕北：原作「比」，據至正本改。

〔四〇〕省：原闕，據南京本補。

〔四一〕達勒達：至正本作「塔塔兒」。下同。

〔四二〕界：南京本作「東」。

〔四三〕隔：南京本作「臨」。

〔四四〕艇：至正本作「熚」。

〔四五〕自「趙城明王廟」至「東嶽廟」條下「下橋」：南京本作「趙城明王廟、東岳廟，皆在福賢鄉下橋」。

〔四六〕張杓：至正本作「張杓」。

〔四七〕自「外圍以宣陽門」至「今永壽宮是也」：此段文字至正本及南京本均無，按其内容，則當屬《臺城古蹟圖考》，惟其體例與其他考證文字體例殊不相合，疑其或爲《臺城古蹟圖考》篇首文字割出。

〔四八〕白：原作「曰」，據《南齊書》卷二三《王儉傳》、《南史》卷二二《王儉傳》及《資治通鑑》卷一三五改。

〔四九〕全：原作「完」，據《南齊書》卷二三《王儉傳》、《南史》卷二二《王儉傳》及《資治通鑑》卷一三五改。
〔五〇〕起重樓：原作「並重衡」，據南京本改。
〔五一〕按《冶城圖考》全篇文字原闕，據至正本補錄。
〔五二〕按：此圖原闕，據至正本補。
〔五三〕埋：原作「理」，據《太平御覽》卷四一、《景定建康志》卷一七改。
〔五四〕江山：《太平御覽》卷四一作「山河」。
〔五五〕蒼川：《太平御覽》卷四一作「蒼州」。
〔五六〕華陽：《神仙傳》卷五、《太平廣記》卷五皆作「咸陽」。
〔五七〕碩：原作「願」，據至正本改。
〔五八〕嶺：南京本作「山」。
〔五九〕昭明書臺：南京本作「昭明讀書臺」。
〔六〇〕青吉斯：至正本作「成吉思」。下同。
〔六一〕謌格德依：至正本作「月闊台」。下同。

〔六二〕色辰：　至正本作「薛禪」。下同。
〔六三〕謌勒哲圖：　至正本作「完者篤」。下同。
〔六四〕庫魯克：　至正本作「曲律」。
〔六五〕布延圖：　至正本作「普牙篤」。下同。
〔六六〕格根：　至正本作「格堅」。下同。
〔六七〕呼圖克圖：　至正本作「忽禿都」。下同。
〔六八〕伊囉勒昆：　至正本作「也里可溫」。下同。
〔六九〕揀：　原作「楝」，據至正本改。
〔七〇〕麼道濟雅圖：　至正本作「麼道札牙篤」。下同。
〔七一〕座：　原作「尾」，據至正本改。
〔七二〕濟雅圖：　至正本作「札牙篤」。下同。
〔七三〕蘆場：　至正本作「蘆蕩」。
〔七四〕按：　此圖原闕，據南京本補。
〔七五〕阿勒哈：　至正本作「阿剌罕」。下同。

〔七六〕巴延：　至正本作「伯顏」。下同。

〔七七〕額呼布格：　至正本作「阿里不哥」。下同。

〔七八〕舒庫爾齊曼濟：　至正本作「速古兒赤蠻子」。下同。

〔七九〕畢舍哩道拉實：　至正本作「必闍赤沙剌班」。下同。

〔八〇〕伊勒都齊：　至正本作「雲都赤」。下同。

〔八一〕巴延特穆爾：　至正本作「伯顏帖木兒」。下同。

〔八二〕哈瑪爾：　至正本作「哈麻」。下同。

〔八三〕特穆爾布哈：　至正本作「帖木兒不花」。

〔八四〕畢爾齊巴哈：　至正本作「別兒怯不花」。

〔八五〕畢舍哩哈喇特穆爾：　至正本作「畢舍哩哈喇帖木兒」。

至正金陵新志卷二

《禹貢》：「淮海惟揚州。」禹別九州，由夏迄周，雖嘗更爲十二，而揚州無所易。其地北據淮，南距海。《職方氏》：「東南曰揚州。」在天官爲星紀之次，其星斗、牽牛、婺女，《史記》：「斗，江湖，牽牛、婺女，揚州。」又曰：「甲乙，四海之外，日月不占〔一〕，丙、丁，江、淮、海、岱也。」《隋書》：「揚州於《禹貢》爲淮海之地〔二〕，在天官自斗十二度至須女七度爲星紀，於辰在丑，吳越得其分野。」《晉書》引《春秋元命苞》云〔三〕：「牽牛流爲揚州，分爲越國，立爲揚山。以爲江南之氣勁，厥性輕揚。」亦曰：「州界多水，水波揚也。於古則荒服之國，戰國時其地爲楚分。」今按此專言荒服，非也。夏、殷之制，畿甸之外有綏服、要服、荒服，相去各千里。夏都安邑，殷都亳，五遷，末遷朝歌，揚州亦爲要服之國。其川三江，其浸五湖，《職方解》曰：「三江以爲險，五湖以爲浸。」《史記索隱》曰：「《地理志》：北江從會稽毗陵縣北東入海，中江從丹陽蕪湖縣東北至會稽陽羨縣東入海，南江從會稽吳縣南東入海。」故《禹貢》有北江、中江也。五湖者，郭璞《江賦》注云「具區、洮滆、彭蠡、青草、洞庭」。又云「太湖周五百里，故曰五湖」。今洮湖在溧陽，與太湖通。金陵蓋當其會焉。金陵東南據山，西北距江阻淮，當江、淮、湖、海之交會，故潮汐再至。其山茅、蔣，朱文公云：「岷山之脈，其一支爲衡山者，盡於九江之西；其一支又南而東度桂嶺者，則包湘源而北經潭、袁之境，以盡於廬阜；其一支又南而東度大庾嶺者〔四〕，則包彭蠡之源，以北至乎建康〔五〕；其一支則又東包浙江之源，北其首以盡會稽，南其尾以盡乎閩、粵。」《唐書・地理志》：「江南道名山衡、廬、茅、蔣。」今按山勢自廣德、溧陽而下，由茅而蔣，二山蓋金陵鎮山也。茅、蔣山名見後山川志。其國爲吳，而占在斗。其建都邑，休祥之祲，見於辰極。《晉書》：「丹陽郡入斗十六度。」《通典》曰：「在天官於斗，則吳之分野。」《史記》：「泰伯之奔荆蠻，自號勾吳。」《索隱》：「荆者，楚之舊號；蠻者，南夷之名，地在楚、越之界，故稱荆蠻。」《晉書》：「歲鎮在斗牛，吳越之福。」義熙十四年，彗出天津，入太微，經北斗，絡紫微。明年，有星孛於太微，西藩劉裕尋篡晉。三代以前，帝王有都之者不可考矣。《路史・循蜚紀》：「大敦、巫常間有雲陽氏，是爲陽帝，著迹於馮翊之甘泉。」而丹徒有雲陽嶺，蓋穴處之世。董覽《吳地記》云：曲阿，秦時曰雲陽嶺，「太史言東南有天子氣，始皇發赭徒三千，鑿雲陽之北岡曲之，因曰曲阿。吳岑昏鑿丹徒至雲陽杜野、小辛間，而陳勳屯田，鑿句容中道至雲陽西城，則所謂破岡瀆也。《十道志》言：「雲陽氏，古之仙人。《遁甲開山圖》以爲雲陽先生之墟，可以長往，可以隱處。」又云：「陽石山中有神龍池，黃帝時，雲陽先生養龍於此，爲歷代養龍之處。水旱不時，祀之。中有神書鐵券、玉石之記。」今茅山有龍池，古仙人多游其中，豈非即雲陽氏之居乎？唐杜佑以丹陽爲古雲陽，其說近是。羅泌謂在長沙茶陵，又謂陽石山在絳北，以山川形勢言之，非也。黄帝後少昊亦曰雲陽氏。周元王四年，當魯哀公之二十三年，越勾踐滅吴，命范蠡城而居之，稱伯江淮。今越城是也。勾踐滅吴，命蠡城金陵之長干，北會齊、晉諸侯於徐州，致貢於王。賜之胙，而命爲伯，東諸侯畢賀，號稱伯王。後七代一百四十三年，無疆立，而與齊、楚爭強，爲楚所滅。楚人敗越，城石頭，曰金陵邑。時楚地東極於海。周顯王三十六年，楚王熊商敗越王無疆，盡取吴故地。乃因山立號，置金陵邑。今石頭城是，事見《吴越春秋》。《建康實録》又云：「地接華陽金壇之陵，故號金陵。或云威王及秦始皇皆以此地有王氣，埋金鎮之，故名金陵。」恐非。見末卷《金陵辨》。秦人兼六國，以楚金陵地爲鄣郡，改金陵曰秣陵。又鑿鍾阜，斷長隴以泄其氣。《史記》秦始皇二十五年滅楚。明年，分天下爲三十六郡，置守、尉、監。始以金陵爲鄣郡，治故鄣。三十七年東遊，還過吴，從江乘渡。《實録》及前志云，望氣者言，五百年後金陵有天子氣，因鑿鍾阜，斷金陵長壠以通流，至今呼爲秦淮。乃改金陵邑爲秣陵縣，今江寧縣城東南六十里秣陵橋東北故城是也。漢初，以封楚王韓信、荊王劉賈、吴王劉濞，皆大國也。武帝以江都地封廣陵王胥，其策文曰：「大江之南，五湖之間。」則金陵亦在其境。《晉書》漢景帝四年，封皇子非爲江都王，並得鄣、會稽郡，而不得豫章。武帝改江都曰廣陵，封子胥爲王，而以屬徐州。今按《史記》載胥冊文曰：「於戲，小子胥，受茲赤社。朕承祖考，維稽古，建爾國家，封於南土，世爲漢藩輔。古人有言曰：「大江之南，五湖之間，其人輕心。揚州保疆，三代要服，不及以政。」於戲！悉爾心，戰戰兢兢，乃惠乃順。毋侗好佚，毋邇宵人，維法維則。《書》云：「臣不作威，不作福，靡有後羞。」於戲，保國艾民，可不敬與！王其戒之。」後胥果與楚王謀反，祝詛，自殺，國除。然自元封二年改鄣郡爲丹陽，以隸揚州，其屬有秣陵、江乘諸縣，訖後漢無所更易。《漢書》：武帝元封二年始置郡刺史，廢鄣郡，置丹陽郡，屬揚州，統縣十七，江乘、秣陵、故鄣、句容、溧陽隸焉。王莽改爲宣亭郡，東漢以丹陽郡統十六城，移治宛陵，而揚州不改。孫權據有江東，築城石頭，改秣陵爲建鄴，用張纮、諸葛亮之言，自武昌徙都之。西敗蜀，北拒曹操，號令行乎交、廣。自秦始皇三十七年辛卯東巡，至吳主孫權元年庚子四百二十年。前志吳侯孫策府在建鄴。建安十三年，孫權分丹陽郡立新都郡。十六年，權自京口徙治秣陵。十七年，城楚金陵邑，地號石頭，改秣陵爲建鄴。張纮曰：「金陵地勢岡阜，連石頭。秦始皇以有王者都邑之氣，故掘斷連岡，改名秣陵。今處所具存。地有其氣，天之所命，宜爲都邑。」諸葛亮亦曰：「鍾阜龍蟠，石城虎踞，真帝王之宅。」權黃龍元年自武昌徙都建鄴，交阯、嶺南牧守皆吳署置。吳亡，晉改建康。元帝渡江，修揚州府城爲都。晉武帝太康元年平吳，廢建鄴爲秣陵，後析爲二縣。愍帝諱業，改建康。自始皇三十七年辛卯至元帝以永嘉丁卯渡江，五百一十七年，王敦創築揚州城，所謂西州城者。其東北府舍即吳太初宮址，石冰所造，元帝因修爲宮城。時衣冠禮樂萃於江左，天下望爲正統。苻堅欲伐晉，其臣諫以晉爲正統所在，齊高歡之言亦然。其盛也，有天下三分之二，并、涼、幽、燕奉晉正朔。餘三十年，海島諸夷，皆常朝貢。其戰勝攻取，苻堅以數十萬衆敗於淝水。涼州張軌、燕慕容廆父子事晉，歷元、明、成、康、穆五帝，皆奉正朔。燕僭號，而張氏終爲晉臣。孝武帝太元八年，苻堅大舉兵入寇，謝石、謝玄、桓伊等大破之於淝水，收復河南北諸郡。劉裕削平內難，遂滅燕芟秦，收其彝器，悉送建康。與拓跋氏以河爲境，其勢蹙，爭戰恒在兗、豫之郊。祖逖守雍丘，石勒畏之。逖卒，而河南陷於後趙。桓溫破姚襄，取洛陽。未幾，陷於燕，并青、兗、冀失之。謝玄破苻堅，與朱序取河南北諸郡。桓玄之亂，復爲姚秦所陷。安帝元興三年，劉裕誅桓玄。義興五年，裕滅南燕，取青、兗之地。十三年，滅後秦，擒姚泓，復取河南、關陝。宋興，魏人南侵，疆土日蹙。元嘉中，文帝北伐無功，自是河北、河南皆入於魏。宋、齊、梁、陳仍晉舊都，號「京輦神皋」者幾三百年，而合於隋。《齊書》：「揚州京輦神皋。」郭璞言：「江東分王三百年，復與中國合。」按晉元帝永嘉元年丁卯自下邳移鎮建鄴，自大興元年戊寅即帝位〔六〕，至隋開皇九年己酉，凡二百七十二年，而天下混一。隋文帝平陳，夷其城郭，以石頭爲蔣州。暨改州爲郡，復名丹陽。《唐書》：隋以州爲郡，依漢制，置太守，以司隸、刺史相統治。末年，以江都爲揚州，置總管府，以句容屬焉。自後揚州之名專於江都，始此。沈法興、李子通、輔公祏皆嘗據之爲亂。唐高祖武德元年，吳興太守沈法興據江表十餘郡，自稱江南道大總管，置百官。三年，李子通攻敗之，丹陽、毗陵等郡皆降子通。唐以和州總管、東南道行臺尚書令、楚王杜伏威爲使持節、總管江淮以南諸軍事、揚州刺史。子通拒之，大敗。江南之地盡入於伏威，伏威徙居丹陽。六年，伏威入朝，而輔公祏據城反，稱帝，置百官，爲趙郡王孝恭、李靖所滅。唐初置行臺尚書省丹陽，以總征伐。尋廢行臺爲揚州大都督，徙治江北。武德七年，以趙郡王孝恭爲東南道行臺右僕射。尋廢行臺爲揚州大都督，李靖爲長史。八年，襄邑王神符自丹陽徙州府及居民於江北。太宗分天下爲十道，以古揚州南境及荆州之半爲江南道。江寧嘗置郡，又改昇州。肅宗至德二載，以潤州江寧縣置江寧郡。乾元元年，改昇州。《地理志》曰：「江南道蓋古揚州南境，漢丹陽、會稽、豫章、廬江、零陵、桂陽等郡，長沙國及牂柯、江夏、南郡地。潤、昇、常、蘇、湖、杭、睦、越、明、衢、處、婺、溫、台、宣、歙、池、洪、江、饒、虔、吉、袁、信、撫、福、建、泉、汀、漳爲星紀分〔七〕，岳、鄂、潭、衡、永、道、郴、邵、黔、辰、錦、施、敘、奬、夷、播、思、費、南、溪、溱爲鶉尾分。爲州五十一，縣二百四十七。其名山衡、廬、茅、蔣、天目、天台、會稽、四明、括蒼、箭雲、金華、大庾、武夷。」末年，封楊行密吳王。昇爲吳地。徐溫擅吳，改昇州爲金陵府，大其城郭。昭宗天復二年，封楊行密爲吳王。行密破馮弘鐸，取昇州。天祐十四年，徐溫以金陵形勢，戰艦所聚，自以淮南行軍副使領昇州刺史，命假子知誥往治之。武義二年，改金陵府。楊溥順義元年，金陵城成。乾貞二年，知誥廣金陵城二十里。按今城遺址是也。溫假子知誥篡吳，建國號唐，改金陵爲江寧府，復爲都者三十九年，而降於宋。吳天祚二年，石晉天福元年也，知誥以金陵爲西都，尋改爲江寧府，建國號唐，復姓李，更名昪，三主三十九年。宋開寶八年，曹彬定江南。宋滅南唐，復爲昇州，尋陞江寧府、建康軍節度。仁宗由昇王爲太子，暨即位，以昇爲大國，不以封諸皇子，其守臣恒以宰執近臣爲之。宋天禧二年，封壽春郡王爲昇王。嘉祐四年，翰林學士胡宿言：「陛下建國於昇，宜進昇爲大國，無得封。」從之。張士遜、王安石咸以宰相判江寧府。南渡後，其選尤重。高宗南渡，改建康府，即府治爲行宮，設留守，以守臣兼之，而安撫、制置、總領、轉運、提領、御前馬步軍諸司皆治於此，江東、淮西諸郡咸聽節制。宋建炎三年，改建康府。紹興二年，以府治爲行宮，遷府治於行宮之東南隅，今臺署是也。又江東安撫司、沿江制置司、淮西總領所、江東轉運司、江淮提領所、江淮都督府、御前馬步軍諸司皆治於此。詳見後官守志。至元乙亥春，大兵初下江南，即建康府治開省，設建康宣撫司、江東建康道提刑按察司，又設江東道宣慰司，江淮等處行樞密院皆於建康開府。至元十二年乙亥春二月，宋相賈似道兵潰於丁家洲，太平州守臣孟之縉迎降，沿江制置、知建康府事趙溍聞兵至，棄城，與淮西總領所官費伯恭、轉運等官相繼潛遁，馬步軍副總管、沿江都統權司徐王榮及翁都統帥軍民僧道詣太平州納款。行省遣呂文煥及招討索多〔八〕、按察副使焦寬甫齎榜文撫喻軍民。是月二十七日，巴延丞相、阿珠平章等官領兵入城，於建康府治玉麟堂開省調兵，立建康宣撫司，以萬戶廉希愿、招討索多、孟之箭行江東宣撫司事，招納降附。至元十三年，置江東宣慰司，希愿及參知政事阿嘍罕〔九〕、亳州萬戶張弘範皆嘗兼宣慰使，亦於府治置司。明年，又設江東道提刑按察司於前宋馬步司置司，後徙轉運司。至元二十二年，移行樞密院建康，總攝江淮等處出征軍馬，即居宣慰司治所，今臺治是也。宣撫司尋改爲建康路總管府，隸宣慰司，以達江浙行省。其按察司亦改名肅政廉訪司，以避行臺，遷治寧國路。而江南諸道行御史臺由揚州三徙，卒治建康。至元十四年，改立建康路總管府，仍以廉希愿兼本路總管府達嚕齊，親管司縣，隸宣慰司。行御史臺本年始於揚州創立，按治江淮諸道。二十一年，移杭州。二十二年春，議遷江州。夏，再還杭州。是秋，移江東按察司治宣州，而行臺自杭州移治建康。二十六年，臺自建康再移揚州，按察司還建康，二十八年，改肅政廉訪司。二十九年，以兩淮、山南三道隸中臺，而行臺還治建康，始名江南諸道行御史臺。江東廉訪司仍移寧國路。寧國，即宣州改名。詳見後官守志。天下大定，蒙古、漢軍分翼鎮守，益都新軍萬戶府自寧國移鎮本路，行樞密院及江東宣慰司相繼併省。至元二十九年，湖廣平章達爾罕等累言軍民分政不便〔一〇〕。三十一年，用丞相、淮安忠武王言，罷行樞密院。大德元年，益都新軍萬戶府自寧國移鎮本路。三年二月，例革江東宣慰司。行御史臺統按三省十道，其地即唐之江南道，泝江、漢以南，西接牂柯，夜郎，南極朱厓海島，羈縻之地，文官武臣，星羅鱗次，皆行臺總其綱紀而黜陟之，三行省：江浙治杭州路，江西治龍興路，湖廣治武昌路。十道肅政廉訪司，本名按察司，至元二十八年更今名。江東建康道治寧國，江西湖東道治龍興，江南浙西道治杭州，浙東海右道治婺州，江南湖北道治武昌，嶺北湖南道治天臨，海北廣東道治廣州，嶺南廣西道治靜江，福建閩海道治福州，海北海南道治雷州〔一一〕。視古岳牧之任優矣。而建康路以至順元年例改集慶路，今統二州三縣一司，比京畿例，與陝西之奉元路皆徑隸行御史臺。按治監察御史，歲一再出行所屬州縣，觀省風俗，糾其違闕，異於他郡。集慶路統溧陽、溧水二州，江寧、上元、句容三縣，錄事司治府城中。其沿革見後官守志。

論曰：秦漢以來，稱帝王之都有三：曰長安，曰洛陽，曰金陵。其地皆阻山帶河，有商邑翼翼之規。其經營卜宅也，咸自以爲金城湯池，歷祀無窮〔一二〕，而俄然爲墟，此豈非在德不在險之效哉？孟子曰：「天時不如地利，地利不如人和。」又曰：「三代之得天下也以仁，其失天下也以不仁。」察其興壞之端，有足慨者。間以今廣輪疆理，較《禹貢》、《職方》揚州之域，地或犬牙臨制，聖人畫野設官，有深意焉。乃本其所以得爲都者論著之，而疆理析置、官守沿革各具其篇云。

【校勘記】

〔一〕「日月」二字原闕，據《史記》卷二七《天官書》補。

〔二〕於禹貢：此三字原闕，據《隋書》卷三一《地理志》下補。

〔三〕苞：原作「包」，徑改。

〔四〕庚：原作「庚」，據《朱子全書》卷五〇及至正本改。

〔五〕至乎：《朱子全書》卷五〇及至正本作「盡乎」。

〔六〕自：原闕，據南京本補。

〔七〕按：「江」、「虔」二州名原闕，據《新唐書》卷四一《地理志》補。

〔八〕索多：至正本作「索都」。下同。

〔九〕阿嘍罕：至正本作「阿剌罕」。下同。

〔一〇〕達爾罕：至正本作「達剌罕」。下同。

〔一一〕海南道：原作「嶺南道」，據至正本及原本上文改。

〔一二〕祀：至正本作「禩」。

至正金陵新志卷三上之上

金陵表一

春秋表年以首事，然所見異辭，所聞異辭，所傳聞異辭。金陵古稱鉅藩，居之者或左纛帝制，抗衡中夏。迹其君臣言行，疆域離合，豈若他郡國邈然無預於勝敗之數者哉！今仍前志，自周元王以來，譜而著之，經以帝代，緯以天時、地域、官守、政事，掇其嘗爲都邑史可徵者爲年表，不爲都邑，徙藩鎮郡縣則爲世表。自趙宋以來，雖不爲都而文獻有足徵，則亦爲年表。詳略因時，疑信視史，總一千八百一十五年，具其終始，俾覽者有所綜稽焉，而天文、地理、人事之紀著矣。作《金陵世年表》。卷三上起周元王己巳，至漢獻帝己亥爲世表；起吳大帝庚子，至陳後主禎明己酉爲年表。卷三中起隋開皇己酉，至周顯德己未爲世表；起宋建隆庚申，至德祐乙亥爲年表。卷三下起至元丙子以來爲年表。

周、秦、西漢、東漢，周姬姓，都豐鎬、洛陽。秦嬴姓，都長安。西漢劉氏，都長安。東漢，都洛陽。

其行事不係建康，而史記建康之事亦甚簡略，故敘爲世表。

天時	地域	官守	政事
周元王名仁。	地本屬吳，有固城，在溧水。四年，始屬越。	三年十一月，越滅吳。四年，命勾踐爲伯。	越用范蠡謀，遂有吳地。將圖楚，稱霸江淮，乃築城於長干里，今秦淮南一里半廢越城是。
四年（己巳）			
末年（壬申）			
貞定王名介。		踰與立。	
元年（癸酉）			
末年（庚子）			

天時	地域	官守	政事
考王 名嵬。 元年（辛丑） 末年（乙卯）		不毒立〔一〕。	
威烈王 名午。 元年（丙辰） 末年（己卯）		朱勾立。	
安王 名驕。 元年（庚辰） 末年（乙巳）		翳立。	翳薨，葬句容大横山下。

天時	地域	官守	政事
烈王 名喜。 元年（丙午） 末年（壬子）		之侯立。	
顯王 名扁。 元年（癸丑） 末年（庚子）	三十六年，地屬楚，始置金陵邑。	無疆立。楚熊商滅之。商卒，子熊槐立。	三十五年，楚子熊商敗越。三十六年，盡取故吳地，置金陵邑，今石頭城即其所也。是年，蘇秦合從，爲從約長。
慎靚王 名定。 元年（辛丑） 末年（丙午）			

天時	地域	官守	政事
赧王 名延。 元年（丁未） 末年（乙巳） 丙午至甲寅，係戰國分爭。		熊橫立，卒。子熊完立。	楚王槐會秦武關不返，而太子橫立，遷都於陳。收東地兵，復西取江南十五邑。 完封黃歇爲春申君，遷都鉅陽，滅魯。 秦莊襄王二年癸丑，歇徙封吳。
秦始皇 名政。 元年（乙卯） 末年（辛卯）	二十五年，以金陵爲鄣郡，改金陵邑爲秣陵縣。	熊悼立，卒。負芻立。秦滅楚，始置郡守。	六年，楚去陳，徙都壽春。二十四年，秦王翦滅楚，虜負芻歸。三十七年，始皇東游，自江乘渡江，望氣者言：「五百年後，金陵有天子氣。」因鑿鍾阜，斷金陵長隴以通流，後呼爲秦淮。

天時	地域	官守	政事
二世 名胡亥。 元年（壬辰） 末年（甲午）			項梁起兵江東，立義帝。梁敗死，項羽破秦兵，殺子嬰，自稱西楚霸王，都彭城，尋弑義帝江中。
西漢高祖 名邦。 元年（乙未） 末年（丙午）	以丹陽、會稽、豫章三郡封吳，秣陵屬丹陽郡。	楚王韓信、荆王劉賈、吳王劉濞。	上患吳俗輕悍，無壯王以鎮之。諸子少，立兄子濞爲吳王。
惠帝 名盈。 元年（丁未） 末年（癸丑）			

天時	地域	官守	政事
呂后 名雉。 元年（甲寅） 末年（辛酉）			
文帝 名恒。 元年（壬戌） 末年（甲申）			濞失藩臣之禮，晁錯數言吳可削，帝不忍。
景帝 名啓。 元年（乙酉） 末年（庚子）	地屬江都王國。	江都王劉非。	濞約諸侯同舉兵誅錯，周亞夫擊破之，濞自越城走丹徒。竇太后不許續吳後。汝南王非，年十五，嘗請擊吳。既破吳，徙非王吳故地，國號江都。

天時	地域	官守	政事
武帝 名徹。 元年（辛丑） 末年（甲午）	元封二年，廢鄣郡，置丹陽郡，屬揚州，統縣十七，江乘、秣陵、故鄣、句容、溧陽隸焉。	劉建，非之子，元朔二年立，元狩二年自殺，國除。六年，以其地封廣陵王胥，劉黨封句容侯，劉敢封丹陽侯，劉纏封秣陵侯，劉胥行封湖熟侯，始置部刺史。	
昭帝 名弗陵。 元年（乙未） 末年（丁未）			

天時	地域	官守	政事
宣帝 名詢。 元年（戊申） 末年（壬申）		刺史黃霸、何武。	宋畸舉霸賢良，夏侯勝又薦之，擢揚州刺史。三歲，以高第爲潁川太守，秩比二千石。 武射策甲科爲郎，由諫議大夫遷揚州刺史，州中清平，行部必先即學官見諸生，試其誦論，問以得失，然後入傳舍。出記問墾田頃畝，五穀美惡。已，迺見二千石。以爲常。所居無赫赫名，去後常見思。
元帝 名奭。 元年癸酉 末年戊子			

天時	地域	官守	政事
成帝 名驁。 元年（己丑） 末年（甲寅）			梅福上書言王氏。師丹請限民名田，不行。
哀帝 名欣。 元年（乙卯） 末年（庚申）			
平帝 名衎。 元年（辛酉） 末年（乙丑）			

天時	地域	官守	政事
孺子 王莽。 元年（丙寅） 末年（癸未）			
更始元年 （甲申）			
東漢光武 名秀。 元年（乙酉） 末年（丁巳）	丹陽郡，統十七城〔一〕，移治宛陵，溧陽、故鄣、秣陵、句容、江乘、湖熟隸焉，而揚州不改。	郡太守李忠、任光，州牧鮑永。	建武六年，以忠爲丹陽太守。忠以丹陽越俗，不好學禮儀，忠爲起學校〔二〕，習禮容，春秋鄉飲，選用明經，郡中向慕。光爲丹陽太守，墾田增多，三歲間流民占著五萬餘口。永爲揚州牧時，南土尚多寇暴。永誅強横，鎮撫其餘，百姓安之。時行什一之稅，詔定三十而稅一。

天時	地域	官守	政事
明帝 名莊。元年（戊午）末年（乙亥）		刺史張禹。	永平八年，張禹拜揚州刺史。歷行郡邑，深幽之處，莫不畢到，親錄囚徒，民皆喜悅。是年，佛法始入中國。
章帝 名炟。元年（丙子）末年（戊子）			
和帝 名肇。元年（己丑）末年（乙巳）			

天時	地域	官守	政事
殤帝 名隆。 元年（丙午）			
安帝 名祜。 元年（丁未） 末年（乙丑） 丹陽山崩。			
順帝 名保。 元年（丙寅） 末年（甲申）		刺史尹耀。	

天時	地域	官守	政事
沖帝 名炳。元年（乙酉）			
質帝 名纘。元年（丙戌）			
桓帝 名志。元年（丁亥） 末年（丁未）			政出閹宦。

天時	地域	官守	政事
靈帝 名宏。 元年（戊申） 末年（己巳）		刺史劉繇，太守周尚。	吳郡人孫堅助州郡討許生，平區星，封烏程侯。歛天下田，畝取十錢。又令牧守收錢，助修宮。 閹宦擅權，禁錮黨人，所在盜起。
獻帝 名協。 元年（庚午） 末年（己亥） 魏王曹丕簒位，奉帝爲山陽公。天下三分，蜀漢先主昭烈皇帝劉備即帝位，以諸葛亮爲丞相。	吳侯孫策府在建業。建安十三年，孫權分丹陽郡，立新都郡。十六年，權自京口徙治秣陵。十七年，城楚金陵邑地，號石頭。改秣陵爲建鄴。二十六年，置丹陽郡，理於建鄴。	吳侯孫策卒，弟權代之。吳景爲郡太守，州刺史劉繇逐之。繇敗，景復爲太守。孫翊代之，都督嬀覽殺翊，權使呂範爲太守，鎮建鄴。	袁術表策舅吳景爲丹陽太守，劉繇逐之。策領衆濟江，大破繇於曲阿。建安二十四年秋，權西征關羽，拜呂範爲建武將軍，領丹陽太守，封宛陵侯，鎮建鄴。二十六年十月，曹丕代漢，稱魏，改元黃初。而權猶稱建安。諸葛亮告權曰：「鍾阜龍蟠，石城虎踞，真帝王之宅。」乃徙都建鄴。

吴

太祖大皇帝姓孫氏，諱權，字仲謀，吴郡富春人，武之後也。祖鍾，父堅。堅生，容貌奇異。仕漢爲長沙太守、破虜將軍〔四〕。靈帝末，董卓作亂，堅自長沙舉兵，破卓，長驅入洛，得漢傳國璽，文曰：「受命於天，既壽永昌。」堅生四子：策、權、翊、匡。策爲吴侯，臨終以後事付弟權曰：「舉江東之衆，決機於兩陣之間，與天下爭衡，卿不如我。舉賢任能，各盡其心，以保江東，我不如卿。」權既統事，以周瑜、程普、吕範等爲爪牙〔五〕，魯肅、諸葛瑾、步騭、陸遜爲腹心，招延英俊，分部諸將，鎮撫山越，討不從命。初，堅娶錢塘吴氏，孕策，夢月入懷；孕權，又夢日入懷，以告堅，堅曰：「日月，陰陽之精，極貴之象，吾子孫其興乎！」其後，權破曹操軍於赤壁，敗蜀先主秭歸，又破操軍濡須塢，就武昌大赦〔六〕，改元黄武。後七年，即帝位，追尊父堅爲武烈皇帝，兄策爲長沙桓王，立子登爲皇太子。傳四主，六十年，都建鄴。

按，許嵩撰《建康實錄》，自吴大帝至陳後主首尾合四百年，行事甚詳。蓋建鄴既爲帝都，政令所出，理須紀載。但爲帝紀，則全類國史。今依前志，凡都此者爲年表。南唐褊國短世，事在五代者附世表。入宋以來，附年表。宋事接於見聞而史可徵，悉爲年表。詳見總敘。

天時	地域	官守	政事
吳太祖 獻帝建安（己亥）已禪魏。（庚子）魏已改元，惟江東猶用漢正朔。至是年十一月始即吳王位〔七〕。明年（壬寅），改元黃武。在位三十一年，改元凡五。	丹陽郡。仍《漢書》。	詔揚州置牧，以丹陽太守呂範爲揚州牧，以征東將軍高瑞領丹陽太守。	先是，王西征關羽，呂範督扶州以下至海，轉以溧陽、懷安、寧國爲奉邑，是年進州牧。

天時	地域	官守	政事
元年（辛丑）漢章武元年夏五月，甘露降於建鄴。黃武元年（壬寅）	治建鄴。		魏責吳任子不得，使曹休等來伐，徐盛等以舟師拒之，休敗退。
二年（癸卯）是年，蜀先主崩，太子禪立。五月，甘露降於曲阿。	丹陽郡自建鄴徙治蕪湖，領縣十九。		
三年（甲辰）十月晦，日蝕。			魏主丕來伐，徐盛爲疑城，丕臨江而還，獲其輜車羽蓋。

天時	地域	官守	政事
四年（乙巳）七月，地連震。木連理。			衆望張昭爲相，不用，以顧雍爲丞相。雍不許江邊諸將掩襲。
五年（丙午）是年，魏文帝殂，太子叡立。七月，蒼梧鳳凰見。			陸遜奏所在無寇，令諸將廣農畝。王稱善，自率子弟親受田。遜又以便宜奏，施德緩刑，寬賦息調。王令與諸葛瑾同損益科條行之。
六年（丁未）			
七年（戊申）		範拜大司馬，改封南昌侯，命下而薨。	周魴詐降，以誘曹休。陸遜大破休於夾石，過呂範墓，祭以太牢。

天時	地域	官守	政事
黃龍元年（己酉）王即帝位，大赦，改元。武昌言龍、鳳見。	九月，自武昌遷都建鄴。十月，城建鄴太初宮居之，即長沙王故府也。		四月〔八〕，即帝位。立壇南郊，柴燎告天。禮畢，旋武昌宮，陞太極殿。大赦，改元。六月，立壇城北，與蜀使盟約滅魏，中分天下。時童謠云：「寧飲建鄴水，不食武昌魚。寧還建鄴死，不就武昌居。」王以陸遜爲上將軍，輔太子留守武昌。城太初宮，其都城周二十里一十九步。
二年（庚戌）			
三年（辛亥）			夏五月，建鄴有野蠶爲繭，大如鳥卵。由拳生野稻，詔改由拳爲禾興縣。冬十月，始平言嘉禾生。大赦，改明年爲嘉禾元年。

天時	地域	官守	政事
嘉禾元年（壬子）			夏，皇太子登自武昌歸建鄴。
二年（癸丑）			勾麗王獻馬百匹，賜物還馬。
三年（甲寅）九月朔旦，隕霜傷穀。			蜀丞相諸葛亮伐魏。吴圍魏新城，不克。
四年（乙卯）八月，雨雹，又隕霜。			

天時	地域	官守	政事
五年（丙辰） 自去冬不雨，至於五月。冬十月，彗星見於東方。			議鑄大錢，一當五百。詔吏民輸銅，畀值，設錢監。
六年（丁巳）			赤烏羣集前殿，大赦，改明年爲赤烏元年。
赤烏元年（戊午） 八月，麒麟見武昌。			更鑄大錢，一當千。

天時	地域	官守	政事
二年（己未）是年，魏明帝殂，太子芳立。			城沙羨。
三年（庚申）			詔勸治農桑，時不得役事。始治城郭，起樓，穿塹發渠，以備非常。冬十一月，詔開倉賑給貧民。十二月，使左臺侍御史郗儉監鑿城南，自秦淮北抵倉城，名運瀆。
四年（辛酉）正月，大雪，平地三尺。			五月，太子登卒。冬，鑿東渠，名青溪，通城北塹湖溝。

天時	地域	官守	政事
五年（壬戌） 四月，旱。 海鹽言黃龍見。			正月，立子和爲皇太子，大赦。
六年（癸亥） 騶虞見新都。			
七年（甲子） 秋，嘉禾生宛陵。			詔曰：「督將亡，殺其妻子，是使妻去夫，子棄父也，甚傷義教，自今勿殺之。」
八年（乙丑） 五月，震宮門及南津大橋。茶陵縣洪水，損二百餘家。	立方山埭。		作屯田，發屯兵三萬，鑿破岡瀆，立方山埭。

天時	地域	官守	政事
九年（丙寅）四月，甘露降武昌宮。			百姓不便大錢，詔鎔爲器。
十年（丁卯）			適南宮，改作太初宮，移武昌材瓦爲之。引見康居僧會，立建初寺。在大內立壇，求舍利處。爲僊者葛玄立洞玄觀於方山。
十一年（戊辰）四月，雨雹。			三月，太初宮成。
十二年（己巳）			寶鼎出臨平湖。

天時	地域	官守	政事
十三年（庚午） 五月，熒惑入南斗，日至夜。七月，犯魁第二宿而東。八月，丹陽、句容諸山崩，洪水溢。	作堂邑。 塗塘。		冬，以讒廢太子和爲庶人，遷於故鄣。大臣以切諫，坐誅者十餘人，立子亮爲皇太子。遣軍十萬，作堂邑塗塘，以淹北道。十二月，以神書大赦，改明年爲太元元年。
太元元年（辛未） 八月，大風，江海溢，平地水一丈，拔樹三千株，石碑磋			以將軍王印綬迎臨海羅陽縣神王表至建鄴，爲立第於蒼龍門外。夏四月，帝殂，太子亮立，太傅諸葛恪輔政。秋七月，葬大皇帝於蔣陵，今鍾山之陽。冬，恪築東興堤、兩城。魏胡遵、諸葛

天時	地域	官守	政事
動，吳城兩門瓦飛落。			誕等來攻，恪與戰，大破之。武昌端門災。
廢帝 諱亮，大帝少子，在位六年，廢爲會稽王。		加諸葛恪都督中外諸軍事、荆揚二州牧、丞相、陽都侯。十一月，以大將軍、左司馬李衡爲丹陽太守。	夏，諸葛恪率衆二十萬伐魏，圍新城，不克。冬十月，大饗公卿。孫峻殺恪於殿內，投於石子岡〔九〕。交趾稗草化爲稻〔一〇〕，此草妖也。昔三苗亡，而五穀變。
建興元年（壬申） 九月，桃李開。十二月，大風雷電。星孛於牛斗。			

天時	地域	官守	政事
二年（癸酉） 陽羨黑山石自立。 大旱。			孫儀、林恂等謀殺大將軍峻，不克而死。魏司馬師廢其君芳，立高貴鄉公髦。
五鳳元年（甲戌）			
二年（乙亥）			
太平元年（丙子） 九月壬辰，太白犯南斗。			正月，新作太廟。孫峻夢諸葛恪擊之，病卒，表弟偏將軍綝輔政。將軍呂據等伐魏，至江北，聞綝代峻，大怒，薦衛將軍滕胤爲丞相，引軍還討綝，不克，皆見殺。

天時	地域	官守	政事
二年（丁丑）			大赦。帝嘗出中書省視先帝故事，詰問左右曰：「先帝數有特詔，今大將軍關事，但令我書可耶？」左右懼無以答。發兵援魏將諸葛誕，敗還。
景帝 諱休，大帝子，在位六年。 永安元年（戊寅） 有風四轉五復，蒙霧連日。			帝惡綝專恣，與全紀、全尚、劉承謀誅綝。事泄，綝以兵襲宮，取全尚，殺劉承於蒼龍門，奪帝璽，降封會稽王。尚書桓彝死之。迎琅琊王休即位，以綝爲丞相、大將軍、荆州牧。帝與丁奉、張布謀，因戊辰臘會，執綝斬之，大赦。初置五經博士一人，助教三人。

天時	地域	官守	政事
二年（己卯）			魏賈充、成濟弑其君髦，立常道鄉公璜，操之孫也。
三年（庚辰） 西陵赤烏見。			使五官中郎將薛珝聘蜀，求馬。還，帝問蜀政得失，珝對曰：「蜀主暗而不知其過，臣下容身，以求免罪，入朝不聞正言，經野民皆菜色。臣聞燕雀處堂，母子相樂，自以爲安也。竈決棟焚，而燕雀怡然不知禍之將至，是其謂乎！」帝聞之慄然。黜廢帝亮爲侯官侯，鴆殺之。使都尉嚴密作浦里塘，開丹陽湖田。得大鼎於建德縣。

天時	地域	官守	政事
四年（辛巳）大雨水溢，白龍見布山。			吳人陳焦死，埋六日更生〔一一〕，穿土而出。
五年（壬午）七月，黃龍見。八月，大風、震雷，白虎門北樓火。			立子𩅦爲皇太子，大赦。
六年（癸未）十月癸未，石頭小城西南災。青龍、白燕、赤雀相繼見於長沙諸郡。			是年，魏鄧艾兵入蜀，後主劉禪出降，國亡。

天時	地域	官守	政事
後主 諱皓，大帝孫，在位十七年。			八月，景帝殂，兄子烏程侯皓立，殺丞相濮陽興及侍中張布。
元興元年（甲申）			
甘露元年（乙酉）	分吳郡、丹陽等九縣爲吳興郡，治烏程。帝徙武昌。	丁固、諸葛靚留守建鄴。	七月，殺朱皇后於苑中。十一月，從步闡言，徙都武昌，留御史大夫丁固、右將軍諸葛靚鎮建鄴。是年，晉司馬昭卒，子炎嗣位。十二月，受魏禪，封魏主璜爲陳留王，魏亡。

天時	地域	官守	政事
寶鼎元年（丙戌）	帝還建鄴。		冬，永安山賊施但等劫永安侯謙爲主，取太子和陵上鼓吹曲蓋，北入建鄴。固、靚率衆逆討於九里汀之牛屯，殺謙。初，望氣者云，荆州有天子氣，破揚州而建鄴宮不利，故後主去武昌，而但等果反。後主聞但平，使百餘精甲鼓譟入建鄴，殺謙妻子，號曰：「天子遣荆州兵來破揚州賊，以厭其氣。」十月，帝還建鄴。
二年（丁亥）			夏，起新宮於大初之東，二千石以下皆自入山，督伐木。又攘諸營地，大開苑囿，起土山，作樓觀，加飾珠玉，制以奇名。營寢堂，號曰清廟。十二月，新宮

天時	地域	官守	政事
			成，周五百丈，署曰昭明宮。開臨硎、彎碕之門，正殿曰赤烏，後主移居之。以法駕迎文帝神於明陵，帝露宿，祭於金城門外。
三年（戊子）七月，衆星西流，如雨而隕。			
建衡元年（己丑）			立子瑾爲皇太子。
二年（庚寅）			章安侯奮以謡言見殺〔一一二〕。

天時	地域	官守	政事
三年（辛卯） 十一月，鳳凰集西苑。			春，後主載太后以下六宮嬪妾千餘人，濟自牛渚，陸道西上，呼云：「青蓋入洛陽，以從天命。」行至華里，遇大雪，塗壞，兵士皆寒凍不堪，曰：「若遇敵，便倒戈耳。」羣臣進諫，皆不納。東觀令華覈固爭，乃還。
鳳凰元年（壬辰）			步闡叛降魏〔一三〕，陸抗討平之。吾彥作鐵鎖橫江中。
二年（癸巳）			尚書僕射高陵侯韋昭以忤旨下獄死。
三年（甲午） 大疫。			大司馬陸抗卒。

天時	地域	官守	政事
天冊元年（乙未）			掘地得銀，長一尺，廣三分，上有年月字，因改元。
天璽元年（丙申） 吳郡郡臨平湖，自漢末草穢壅塞，今更除平。古老相傳云：「此湖塞，天下亂；此湖開，天下平。」又湖邊得石函，函中有小石，青白色，長四			

天時	地域	官守	政事
寸，廣二寸餘，上刻作「皇帝」字，於是改元，大赦。俄而晉平吳，孫盛以爲元皇中興之符。			晉羊祜請伐吳，杜預、張華亦言之。
天紀元年（丁酉）			不修武備，淫虐日甚。
二年（戊戌）			

天時	地域	官守	政事
三年（己亥） 晉以劉豹侍子淵代爲匈奴左部帥。			建鄴有鬼目草生工人黄狗家，又有買菜生工人吳平家。東觀按圖，名鬼目爲芝草，買菜爲平慮草，遂以瑞，封狗爲侍芝郎，平爲平慮郎。是夏，合浦部曲將郭馬反，殺廣州刺史，自稱交廣二州刺史、安南將軍。初，有讖云：「吳之敗，兵起南裔。亡吳者，公孫也。」後主聞之，自文武職位有姓公孫者，皆徙廣州，不令停江濱。遣張悌、陶濬、陶璜等東西進兵，討郭馬。冬十月，晉兵來伐，陶濬自武昌奔還。明年，吳亡。後主乃大帝孫，卒應公孫之讖。

晉

司馬氏受魏禪，都洛陽，是爲西晉。自武帝炎至愍帝業，四主，五十二年。而中宗元皇帝睿即位於建康，遂都焉，是爲東晉。元帝乃宣帝懿曾孫，琅琊恭王覲之子，嗣父爲王。永嘉元年，爲安東將軍，都督揚州江南諸軍事，假節鎮建鄴。建興戊戌，受愍帝詔，即晉王位，改元建武。明年，愍帝凶聞至，始即帝位，改元太興。合兩晉論之，自泰始元年至太康元年，凡十有六年，而吳始平。自太康元年至建武元年，凡三十九年，而西晉改爲東晉，都建康。自元帝建武至恭帝元熙十一年，一百三十年而禪於劉裕。元熙以後事繫於宋，太康以前事繫於吳，故建康晉表始太康，訖元熙，合一百四十二年，總曰晉表。

天時	地域	官守	政事
西晉世祖太康元年（庚子）漢亡，天下三分，至此六十一年而天下一統，又三十七年中原雲擾。	平吳，廢建鄴復爲秣陵縣，治在今縣東南六里度長樂橋，古丹陽郡是也。	沈瑩爲丹陽太守。	先是，益州刺史王濬上疏言：「孫皓荒淫凶逆，宜速征伐。若一旦皓死，更立賢主，則強敵也。臣作船七年，日有朽敗；臣年七十，死亡無日。三者一乖，則難圖也。」會王渾表孫皓欲攻北上，邊戍皆戒嚴。杜預又表言：「自秋以來，討賊之形頗露，今若中止，孫皓或怖而改計，徙都武昌，更修江南諸城，遷其居民，城不可攻，野無所掠，則計無所及。」張華勸帝許之。乃以華爲度支尚書，量計運漕，大舉伐吳。鎮東將軍王渾出江西，建威將軍王戎出武昌，平南將軍胡奮出夏口，鎮南大將軍杜預

天時	地域	官守	政事
			出江陵，龍驤將軍王濬、巴東監軍唐彬下巴蜀，東西凡二十餘萬。命賈充爲使持節、假黄鉞大都督，以冠軍將軍楊濟副之。正月，王渾出横江，攻吴鎮戍，所向皆克。二月戊午，王濬、唐彬破丹陽，監盛紀擊殺吴水軍都督陸景。杜預克江陵，諸郡望風送印綬，指授羣帥方略，直造建鄴。吴主聞渾等南下，使丞相張悌督丹陽太守沈瑩、護軍孫震、副軍師諸葛靚帥衆三萬渡江逆戰。至牛渚，沈瑩曰：「晉治水軍於蜀久矣，恐不能禦，宜蓄衆力，以待其來。」悌曰：「吴之將亡，非今日也。及今渡江，

天時

地域

官守

政事

猶可決戰，坐待敵到，君臣俱降，無復一人死難者，不亦辱乎！」三月，悌等濟江圍渾部將成陽都尉張喬於楊荷橋。喬請降，諸葛靚欲屠之，悌不從，撫之而進，與揚州刺史周浚結陳相對。沈瑩帥丹陽鋭卒，刀楯五千，三衝不動。晉因其亂而乘之，張喬自後夾擊，大敗吳師於楊荷橋。諸葛靚帥數百人遁去，張悌不肯去，爲晉軍所殺，語在悌傳中。初，詔書使王濬下建平，受杜預節度。至建鄴，受王渾節度。濬既破武昌，乘勝徑趍建鄴，吳人大懼。吳主之嬖臣岑昬，傾險諛佞，好興工役，爲衆患，殿

天時	地域	官守	政事
			中親近數百人請於吴主屠之。時王渾、王濬及琅琊王伷皆臨近境。伷濟自三山，遣周浚、張喬等再破吴軍於板橋，沈瑩、孫震皆死。吴主用薛瑩、胡沖計，分遣使者奉書請降。壬寅，濬戎卒八萬，方舟百里，鼓譟入石頭。吴主皓面縛輿櫬，詣軍門降。濬解縛焚櫬，延請相見。癸亥，伷會諸軍入都城，屯太初宫，收其圖籍，克州四、郡四十三。詔賜孫皓爵歸命侯，大赦，改元，大酺五日，遣使者分詣荆、揚撫慰，吴牧守皆不更易，除其苛政，悉從簡易，吴人大悦。

天時	地域	官守	政事
二年（辛丑）	太康二年，分丹陽之十一縣爲宣城郡，理宛陵。又分丹陽立毗陵郡，而丹陽移治建鄴，統縣十一，建鄴、江寧、永世、溧陽、江乘、句容、秣陵、湖熟隸焉。揚州先分南北，南治建鄴，屬吴；北治壽春，屬晉。晉既平吴，移壽春之揚州併治建鄴，	周浚爲揚州刺史。	詔選吴宮女五千人入宮。是歲，周浚移鎮秣陵，吴民之未服者屢爲寇亂，浚皆討平之。賓禮故老，搜求俊義，威惠並行，吴人悅服。

天時	地域	官守	政事
	由是揚州之南北合爲一，統郡十八。		
三年（壬寅）	分秦淮北爲建鄴，南爲秣陵。秣陵縣仍在秦故治，而建鄴縣治在故都城宣陽門内，古御街東。		
四年（癸卯）揚州大水。			歸命侯孫皓卒。
五年（甲辰）			
六年（乙巳）慕容廆入居遼西。			

天時	地域	官守	政事
七年（丙午）			
八年（丁未）			
九年（戊申）			
十年（己酉）四月，帝崩，太子衷立。		濮陽王允爲淮南王，都督揚、江二州諸軍事。	
惠帝名衷。永熙元年（庚戌）			

天時	地域	官守	政事
元康元年（辛亥） 又改永平。			賈后幽楊太后於金墉城，殺汝南王亮及楚王瑋，而用張華、裴頠、王戎，晉政日亂。
二年（壬子）	七月，分荆、揚十郡爲江州。		
三年（癸丑）			
四年（甲寅） 慕容廆徙居大棘。			

天時	地域	官守	政事
五年（乙卯）拓跋國分爲三。武庫火。揚州大水。			
六年（丙辰）拓跋猗㬟略地西北，歸者三十餘國。			
七年（丁巳）			
八年（戊午）流民李特入蜀。揚州大水。			

天時	地域	官守	政事
九年（己未）			
永康元年（庚申） 中台星折。			賈后殺太子遹。趙王倫以兵入宮，殺后及張華等，倫自加九錫。
永寧元年（辛酉） 趙王倫簒位，以帝爲太上皇，齊王冏等起兵誅倫，帝反正。		郗隆爲揚州刺史。王邃鎮石頭。	齊王冏討趙王倫，移檄征鎮。刺史郗隆以兄子鑒及諸子在洛陽，疑未決，停檄不下，將士憤怒。參軍王邃鎮石頭，將士爭往歸之，奉邃攻隆，隆父子皆死，傳首於冏。

天時	地域	官守	政事
太安元年（壬戌）京師亂。			有石浮來建鄴，入秦淮夏架湖，登岸二百餘步，百姓咸曰：「石來，石來。」明年，石冰入揚州。
二年（癸亥）成都王穎、河間王顒殺齊王冏，與長沙長王乂相攻。表劉淵發五部兵赴難，淵遂建都離石，即漢王位。		陳徽爲揚州刺史。顧秘都督揚州九郡諸軍事。	張昌黨石冰，寇揚州，敗刺史陳徽，諸郡盡沒。臨淮人封雲起兵寇州，以應冰。於是荆、江、揚、豫、徐五州之境多爲冰所據。十二月，議郎周玘、長沙王矩起兵江東，推前吳興太守顧秘都督揚州九郡諸軍事，傳檄州縣，殺冰所署將吏。於是前侍御史賀循、廣陵華潭、丹陽葛洪、甘卓皆起兵應秘。冰遣其將羌毒帥兵數萬拒玘，玘擊斬之，冰退趍壽春，征東將軍劉準遣廣陵度支陳敏擊之。

天時	地域	官守	政事
永興元年（甲子） 東海王越殺長沙王乂、成都王穎，奉帝幸鄴。		劉機爲揚州刺史。 王曠爲丹陽太守。	二月，陳敏與石冰戰數十合，所向皆捷，遂與周玘合攻冰於建康。三月，冰北走投封雲，雲司馬張統斬冰及雲以降，揚、徐二州平。朝廷以敏爲廣陵相。
二年（乙丑） 河間王顒廢羊后，東海王越起兵討之。		陳敏據建鄴，自號揚州刺史，假顧榮爲丹陽內史。	陳敏既克石冰，自謂勇略無敵，有割據江東之志，以喪去職。司空東海王越起敏爲右將軍，請東歸收兵，遂據歷陽叛。吳王常侍甘卓棄官東歸，敏爲子景娶卓女，使卓假稱皇太弟令，拜敏揚州刺史，使弟恢及別將錢端等略江州諸郡。江州刺史應邈、揚州刺史劉機、丹

天時		光熙元年（丙寅）越奉帝還洛。李雄稱帝於蜀。
地域		
官守		
政事	陽太守王曠皆棄官走，敏遂據有江東，以顧榮爲右將軍，賀循爲丹陽內史，周玘爲安豐太守。凡江東豪傑名士咸加收禮，爲將軍、郡守者四十餘人，或有老疾，就加秩命。循詐狂疾得免，乃以榮爲丹陽內史。玘亦稱疾，不之郡。敏命僚佐推己爲都督江東諸軍事、大司馬、楚公，加九錫。	

天時	地域	官守	政事
懷帝 名熾。 永嘉元年（丁卯）	琅琊王濬，自下邳移鎮建鄴，因吳舊都城修而居之，以太初宮爲府舍。置江寧縣，在今縣城南七十里，南臨浦水，其水源出太平當塗縣下溪村，北流入江〔一四〕，名江亭浦。	七月己未，以琅琊王濬爲安東將軍，都督揚州江南諸軍事，假節鎮建鄴。東海王越以王敦爲揚州刺史，琅琊王濬名爲安東軍諮祭酒，進左將軍。	敏刑政無章，顧榮等憂之，使報征東大將軍劉準發兵臨江，己爲內應。準遣揚州刺史劉機等出歷陽討敏。敏使弟昶屯烏江，宏屯牛渚。昶司馬錢廣與周玘同郡人也，玘使廣殺昶，勒兵屯朱雀橋南，敏遣甘卓討廣。卓詐稱疾，迎女斷橋，收船南岸，與玘、榮及紀瞻共攻敏。敏自帥萬餘人討卓，軍人隔水語敏衆曰：「本所以戮力陳公者，正以顧丹陽、周安豐耳，今皆異矣，汝等何爲？」敏衆狐疑未決，榮以白羽扇麾之，衆潰。敏單騎北走，追獲，斬於建鄴，夷三族。九月，琅琊王濬至建鄴，

天時	地域	官守	政事
			以安東司馬王導爲謀主，推心親信，每事咨焉。濬名譽素輕，吴人不附。居久之，士大夫未有至者。導患之，會濬出觀禊，乘肩輿，具威儀，導與兄敦及諸名士皆騎從。紀瞻、顧榮等見之驚異，拜於道左。導曰：「顧榮、賀循，此土之望，宜引之以結人心。」於是濬躬造循、榮，二人皆應命。以循爲吴國内史，榮爲軍司，加散騎常侍。又以紀瞻爲軍祭酒，卞壺爲從事，周玘爲倉曹屬，琅琊劉超爲舍人，張闓及孔衍爲參軍。導勸濬謙以接士，儉以足用，以清靜爲政，撫循新舊，故江東歸心焉。

天時	地域	官守	政事
二年（戊辰）			時軍旅不息，學校寖廢，王導上書曰：「風化之本，在於正人倫。人倫之正，存乎設庠序。今戎虜扇熾，國恥未雪，忠臣義夫，扼腕拊心。苟禮義膠固，淳風漸著，則化之所感者深，而德之所被者大。使帝典闕而復補，王綱弛而更張，揖讓而服四夷，得乎其道，豈難也哉！請興復道教，擇朝之子弟入學，選明博修禮之士爲之師。」王納之。
三年（己巳）劉聰、石勒攻洛陽。			
四年（庚午）			

天時	地域	官守	政事
五年（辛未） 懷帝蒙塵於平陽。		王導遷丹陽太守、輔國將軍，固辭，尋拜右將軍、揚州刺史，監江南諸軍事。	夏六月，劉曜寇洛陽，京師淪陷，懷帝蒙塵於平陽。司空荀藩移書天下，推琅琊王爲盟主。時海内大亂，獨江東差安，中國士民，避亂者多渡江而南。王導勸濬收其賢俊，與之共事，辟掾屬百六人，謂之「百六掾」。桓彝避亂過江，見王導，退曰：「向見管夷吾，無復憂矣！」諸名士登新亭，周顗中坐，歎曰：「風景不殊，舉目有江河之異。」相視流涕。王導愀然變色曰：「當共戮力王室，克復神州，何至作楚囚對泣耶！」衆收淚謝之。

天時	地域	官守	政事
六年（壬申）秦王鄴入長安，賈疋等奉爲太子，建行臺。秋七月，歲鎮熒惑，太白聚牛、斗。			石勒築壘葛陂，課農造舟，將攻建鄴。琅琊王濬大集江南之衆，以紀瞻爲揚威將軍，督諸軍討之。師次壽陽，勒退河北。
愍帝名鄴。	詔改建鄴爲建康。	五月壬辰，以琅琊王濬爲左丞相，都督諸軍事。	以琅琊王爲左丞相，遣殿中都尉劉蜀詔濬以時進軍，與乘輿會際中原。濬辭以方平定江東，未暇北伐。
建興元年（癸酉）漢劉總弒懷帝。			

天時	地域	官守	政事
二年（甲戌）日隕。三日並出西方。			
三年（乙亥）		二月丙子，以琅琊王濬爲丞相，大都督中外諸軍事。	周勰以其父玘遺言謀作亂，使吳興功曹徐馥殺太守袁琇。馥尋伏誅。
四年（丙子）劉曜陷長安，遷帝於平陽。			丞相濬聞長安不守，出師露次，躬擐甲胄，移檄四方，剋日北征，以漕運稽期，斬督運令史淳于伯。時玉冊見於臨安，白玉麒麟神璽出於江寧，其文曰「長壽萬年」。江寧縣名始見是年。《實錄》注云：「永嘉中所置。」

天時	地域	官守	政事
東晉元帝 名濬，字景文，宣帝曾孫琅琊武王伷之孫，恭王覲之子。 建武元年（丁丑） 揚州旱。			二月辛巳，宋哲至建康，稱受愍帝詔，令濬統攝萬機。濬出次素服舉哀，西陽王羕及郡僚勸進。王流涕曰：「孤罪人也，不能雪天下之恥。」因歔欷不止，令私奴命駕將返國。紀瞻、王導入見王，陳利害。羣臣請依魏、晉故事爲晉王，許之。辛卯，即晉王位，承制大赦，改元建武，初備百官，立宗廟社稷。司空、并州刺史劉琨，幽州刺史、左賢王、渤海公段匹磾等一百八十人，遣長史溫嶠來上表勸進。征南將軍戴邈上疏請立太學，從之。

天時	地域	官守	政事
大興元年（戊寅） 四月丁巳朔〔一五〕，日蝕。六月，旱。十一月乙卯，日夜出，高三丈。劉聰死，國亂。劉曜僭號，稱前趙。		丹陽太守改爲尹。	三月癸丑，愍帝凶聞至，斬縗居廬，百官請上尊號，王不許，使殿中將軍韓績撤去御座。紀瞻叱績曰：「帝座上應列宿，敢動者斬！」丙辰，王即皇帝位，大赦，改元，文武增位一等〔一六〕。立王太子紹爲皇太子，以賀循爲太子太傅，周顗爲少傅，庾亮爲中書郎。涼州牧張寔遣牙門蔡忠奉表詣建康。以王導爲驃騎大將軍、開府儀同三司。禁招魂葬。

天時	地域	官守	政事
二年（己卯） 石勒稱趙王〔一七〕。			帝令羣臣議郊祀，尚書令刁協等以爲宜須還洛。司徒荀組等曰：「漢獻都許，即行郊祀，何必洛邑！」帝從之，立郊丘於建康之巳地，在宮城南十五里。辛卯，帝親祀南郊，以未有北郊，並地祇合祭之。大赦。肅慎貢楛矢、石砮。
三年（庚辰） 二月，雨大冰〔一八〕。 三月癸亥，日中有黑子。	以琅琊國人隨過江者立懷德縣，統丹陽郡。		三月，裴嶷至建康，盛稱慕容廆之威德，遣使拜廆安北將軍、平州刺史。以周顗爲尚書右僕射。七月，詔琅琊國人隨在此者近有千戶，立爲懷德縣，統丹陽郡，永復爲湯沐邑。是歲，創北湖，築長堤，以壅北山之水，東自覆舟山西〔一九〕，西至宣武城六里餘。

天時	地域	官守	政事
四年（辛巳） 二月癸亥，日鬬。 永昌元年（壬午）		周札都督石頭諸軍事。導解揚州刺史，遷司徒輔政。	正月，王敦舉兵於武昌，罪狀刁協、劉隗〔二〇〕。沈充亦起兵吳興以應敦。敦至蕪湖，又上表。帝大怒，詔曰：「王敦憑恃寵靈，敢肆狂逆。方朕太甲，欲見幽囚，是可忍也，孰不可忍！今親率大軍，以誅大逆。有誅敦者，封五千戶侯。」徵戴淵、劉隗入衛建康。隗入見，勸帝盡誅王氏，帝不許。司空導帥從弟中領軍邃、左衛將軍廙、侍中侃、彬及宗族二十餘人每旦詣臺請罪，呼周顗，顗直入不顧。既見，言導忠誠，申請甚

天時	地域	官守	政事
			至。帝命還導朝服，召見之，導稽首曰：「逆臣賊子，何代無之！不意今者近出臣族。」帝跣執其手曰：「茂弘，方以百里之命寄卿，是何言耶！」三月，以導爲前鋒大都督，以戴淵爲驃騎將軍，周顗爲尚書左僕射，周札爲右將軍，都督石頭諸軍事，使劉隗軍金城，札守石頭〔二一〕。敦至，札開門納之。敦據石頭嘆曰：「吾不復爲盛德事矣。」帝命刁協、劉隗、戴淵、王導、周顗、郭逸等三道出戰，大敗。太子紹欲自帥將士決戰，中庶子溫嶠抽劍斬鞅，乃止。敦擁兵不朝，放士卒劫掠，宮省奔

天時	地域	官守	政事
			散。帝遣使謂敦曰：「公若不忘本朝，於此息兵，則天下尚可共安。如其不然，朕當歸琅琊以避賢路。」協、隗既敗，入宫見帝於太極東除，帝令避禍。協行至江乘，爲人所殺。隗奔後趙。大赦，以敦爲丞相、都督中外諸軍、録尚書事、江州牧，封武昌郡公。讓不受。敦大會百官，問溫嶠曰：「皇太子以何德稱？」聲色俱厲。嶠曰：「鈎深致遠，蓋非淺局所量。以禮觀之，可謂孝矣。」敦謀遂沮。遣鄧岳收周顗、戴淵，殺於石頭南門之外。帝使王彬勞敦。敦以西陽王羕爲太宰，加王導尚書令，王

天時	地域	官守	政事
		王敦自領揚州牧。敦以王含都督揚州、江西諸軍事。	廙爲荆州刺史，改易百官及諸軍鎮，轉徙黜罷者以百數。夏四月，敦還武昌，徵兗州刺史郗鑒爲尚書。帝憂憤成疾，閏十一月己丑崩。司空王導受遺詔輔政。庚寅，太子紹即皇帝位。
明帝 元帝長子，名紹，字道畿。 **大寧元年（癸未）** 正月，赤烏見。黃霧四塞。二月丙戌，隕霜殺草。秋			二月庚戌，葬元帝於建平陵。王敦謀篡位，諷朝廷徵己〔二一〕。夏四月，加敦黃鉞班劍，奏事不名，入朝不趍，劍履上殿。敦移鎮姑孰，屯於湖，以王導爲司徒，自領揚州牧。六月，立庾氏爲皇后，以庾亮爲中書監。帝畏敦之逼，以郗鑒爲兗州刺史，都督揚州、江西諸軍事。敦忌之，表鑒爲尚書令。鑒還臺，

天時	地域	官守	政事
七月丙子朔，震太極殿柱。			遂與帝謀討敦。敦徙含爲征東將軍，都督揚州、江西諸軍事；舒爲荆州刺史，監荆州、沔南諸軍事；彬爲江州刺史。
二年（甲申）		王敦表溫嶠爲丹陽尹。司徒王導領揚州刺史。嶠以都督與左將軍卞壼守石頭。護將軍應詹都督朱雀橋南諸軍事。桓彝以萬寧縣男爲丹陽尹。	敦疾甚，矯詔拜子應爲武衛將軍以自副，以王含爲驃騎大將軍、開府儀同三司。錢鳳謂敦曰：「脫有不諱，便當以後事付應耶！」敦曰：「應年少，豈堪大事。我死之後，釋兵歸朝，保全門戶，上計也；退還武昌，貢獻不廢，中計也；及吾尚存，領衆東下，下計也。」鳳曰：「公之下計，乃上策也。」遂與沈充定謀作亂。初，帝親任溫嶠，敦惡之，請嶠爲左司馬。嶠謬爲恭敬，綜其府事，深結錢鳳。會丹陽尹缺，嶠

天時	地域	官守	政事
			謂無如鳳，鳳亦推嶠。六月，敦表嶠爲丹陽尹，使覘伺朝廷。嶠至，盡以敦逆謀告，帝又與庾亮共畫攻討之策。詔加司徒導大都督，領揚州刺史，以溫嶠都督東安北部諸軍事，與右將軍卞壼守石頭。應詹爲護軍將軍，都督前鋒及朱雀橋南諸軍事。郗鑒行衛將軍，都督從駕諸軍事。召臨淮太守蘇峻、兗州刺史劉遐及徐州刺史王邃、豫州刺史祖約、廣陵太守陶瞻等入衛京師。導聞敦疾篤，帥子弟發哀，衆以爲信，咸有奮志。矯詔下敦府，列敦罪惡。敦見詔甚怒，而病轉篤。將舉兵，使郭璞筮之。璞曰：「無成。」敦斬璞，使錢鳳、鄧岳、周撫

天時	
地域	
官守	
政事	等帥衆向京師，以王含爲元帥。秋七月壬申朔，含等水陸軍五萬奄至江寧南岸，人情恟懼。溫嶠移屯水北，燒朱雀桁，以挫其鋒。帝帥諸軍出屯南皇堂。癸酉，夜募壯士，遣將軍段秀、曹渾等帥甲卒千人渡水〔一三〕，掩其未備，平旦戰於越城，大破之，斬其前鋒將何康。敦聞含敗，大怒，作勢而起，困乏復臥，謂其舅羊鑒曰：「我死，應便即位。」敦尋卒。沈充衆萬餘，與王含軍合，從竹格渚渡淮，護軍將軍應詹、建威將軍趙胤等拒戰不利。充、鳳至宣陽門，拔柵將戰，劉遐、蘇峻自南塘橫擊，大破之，赴水死者三千人。遐又

天時		三年（乙酉）
地域		
官守		
政事	破沈充於清溪，含等燒營夜遁。帝還宮，大赦，命庾亮、蘇峻等追沈充於吳興。溫嶠督劉遐等追王含、錢鳳於江寧。含奔荊州，王舒遣軍迎之〔二四〕，沉含父子於江。周光斬錢鳳，詣闕自贖。沈充走失道，故將吳儒殺之，傳首建康。有司發王敦墓出尸，跽而斬之，與沈充首同縣於南桁。	閏八月壬午，帝不豫，召太宰、西陽王羕、司徒王導、尚書令卞壼、車騎將軍郗鑒、護軍將軍庾亮、丹陽尹溫嶠等並受遺詔輔政。戊子，帝崩於太極東堂。己亥，太子衍即皇帝位。

天時	地域	官守	政事
成帝 諱衍，字世根，明帝長子。 **咸和元年（丙戌）** 五月，大水。六月至十一月不雨，大旱。		阮孚爲丹陽尹，以太后臨朝，政出舅族，求出爲廣州刺史。羊曼代孚爲丹陽尹〔二五〕。嶠改江州刺史。	正月丁亥朔，大赦，改元。文武各進位二等，京師百里內復一年租。庚亮用事，任法裁物。八月，以丹陽尹溫嶠都督江州諸軍事、江州刺史，鎮武昌。尚書僕射王舒爲會稽內史。使右衛將軍趙胤收南頓王宗殺之。免太宰、西陽王羕，降封弋陽縣王。宗，帝近屬；羕，先帝保傅，亮一旦剪黜，愈失遠近之心。十一月，後趙石勒攻壽春，祖約請救，朝廷不爲出兵，勒遂進寇逡遒、阜陵，殺掠五千餘人，建康大震。詔加司徒導大司馬、假黃鉞，都督中外諸軍事。蘇峻遣其將韓晃擊勒，走之。導解

天時	地域	官守	政事
			大司馬。冬十月，赦京師百里內五歲以下刑。大閱於南郊。
二年（丁亥） 五月甲申朔，日蝕。		以會稽內史王舒行揚州刺史事。	庾亮以蘇峻在歷陽終爲禍亂，下詔徵峻爲大司農，以弟逸代領部曲。峻上表乞補青州界一荒郡以展鷹犬之用，不許。峻知祖約怨朝廷，乃遣參軍徐會推崇約，請共討亮，約大喜。十一月，約遣兄子沛、內史渙、壻淮南太守許柳以兵會峻。尚書左丞孔坦、司徒司馬陶回言於王導，請及峻未至，急斷阜陵，守江西當利諸口。導然之，亮不從。峻襲陷姑孰，屠於湖。彭城王雄、章武王休叛，奔峻。

天時	地域	官守	政事
			京師戒嚴，假庾亮節，都督征討諸軍事，以趙胤爲歷陽太守，使左將軍司馬流據慈湖。
三年（戊子） 後趙石勒殺劉曜，僭號改元。	築白石壘。	蘇峻矯詔，以許柳爲丹陽尹，郗鑒都督揚州八郡諸軍事。	春正月，韓晃襲司馬流於慈湖。流素懦怯，兵敗而死。峻帥祖渙、許柳等衆二萬人濟自横江，發牛渚，軍於陵口。臺兵禦之，屢敗。陶回謂庾亮曰：「峻知石頭有重戍，不敢直下，必向小丹陽南道步來，宜伏兵邀之，可以一戰擒也。」亮不從。峻果自小丹陽來，迷失道，夜行無復部分，亮乃悔之。朝士多遣家人入東避難，左衛將軍劉超獨挈妻孥入居宮內。詔以卞壼都督大桁東諸軍事，與

天時	地域	官守	政事
			侍中鍾雅帥郭默、趙胤等軍。及峻戰於西陵，壺等大敗。峻攻青溪柵，因風縱火，燒臺省及諸營、寺、署，一時蕩盡。壺帥左右苦戰而死，二子眕、盱隨父後，亦赴敵而死。丹陽尹羊曼、黄門侍郎周導、廬江太守陶瞻皆戰死。庾亮帥衆陣於宣陽門内，未及成列，士衆皆棄甲走。亮與弟條、翼及郭默、趙胤俱奔尋陽。峻兵入臺城，侍中褚翼抱帝登太極前殿，王導及光禄大夫陸曄、荀崧、尚書張闓共登御牀擁衛，劉超、鍾雅、褚翼侍立左右。太常孔愉朝服守宗廟。時百官奔散，殿省蕭然。峻兵既入，叱

天時

地域

官守

政事

褚翼令下，翼呵之曰：「蘇冠軍來覲至尊，軍人豈得侵逼？」由是峻兵不敢上殿，突入後宮，太后左右侍人皆見掠奪。驅役百官，光祿勳王彬等皆被捶楚，令負擔登蔣山，哀號之聲震動內外。峻稱詔大赦，惟庾亮兄弟不在原例。以王導有德望，使以本官居己之右，祖約爲侍中、太尉、尚書令，峻自爲驃騎將軍，錄尚書事。許柳爲丹陽尹，馬雄爲左衛將軍，祖渙爲驍騎將軍，復以羕爲西陽王、太宰、錄尚書事。峻南屯於湖。夏四月，溫嶠、庾亮擁陶侃爲盟主，起兵討峻。

天時	地域	官守	政事
			五月，侃至尋陽，遂與亮、嶠同趨建康，戎卒四萬，旌旗七百餘里，鉦鼓之聲震於遠近。峻聞西方兵起，逼遷帝於石頭。帝哀泣升車，以倉屋爲宫。劉超、鍾雅、荀崧、華恒、荀邃、丁潭侍從，不離帝側。峻使左光禄大夫陸曄守留臺，匡術守苑城。會稽内史王舒使庾冰將兵一萬，西渡浙江，於是吴興太守虞潭、吴國内史蔡謨、前義興太守顧衆等皆舉兵應之。峻聞東方兵起，遣其將管商拒之，潭等與戰，互有勝負。侃、嶠軍於茄子浦，峻送米萬斛饋約，毛寶襲取之，斬獲萬計。陶侃表王舒監浙東

天時

地域

官守

政事

軍事，虞潭監浙西軍事，郗鑒都督揚州八郡諸軍事，令舒、潭皆受鑒節度。侃等舟師至蔡州〔二六〕，侃屯查浦，嶠屯沙門浦，諸軍即欲決戰，侃曰：「賊衆方盛，難與爭鋒，當以歲月，智計破之。」監將李根請築白石壘，從之。遣庾亮以二千人守白石，又令郗鑒、郭默還據京口，立大業、曲阿、陑亭三壘，以分峻兵勢。毛寶大破祖渙等於東關，峻腹心路永、匡術、賈寧聞約敗，勸峻盡誅司徒導等，更樹腹心。峻雅敬導，不許。導誘永皆奔石頭。毛寶燒峻句容、湖熟積聚，峻軍乏食。峻將張健、

天時	
地域	
官守	
政事	韓晃等急攻大業，陶侃將救之，長史殷羨曰：「吾兵不習步戰，不如急攻石頭，大業自解。」侃督水軍向石頭，庾亮、溫嶠、趙胤帥步兵萬人從白石南上，峻將八千人逆戰，乘醉突陳，不得入，馬蹶。侃部將投之以矛，斬首臠割之，焚其骨。峻司馬任讓等共立峻弟逸爲主，閉城自守。溫嶠立行臺，布告遠近，凡故吏二千石以下，皆令赴臺，至者雲集。韓晃聞峻死，引兵趨石頭。

天時	地域	官守	政事
四年（己丑）十月，廬山崩。天裂。西北有聲如雷。		以褚翼爲丹陽尹。	時兵火之後，民物凋殘，翼收集散亡，京邑遂安。正月，陸曄及弟玩說匡術以苑城歸順，百官皆赴之，推曄督宮城軍事。劉超、鍾雅與建康令管旆等謀奉帝出赴西軍，事泄，蘇逸遣任讓將兵入宮，收超、雅，殺之。趙胤遣甘苗擊祖約於歷陽，約奔後趙。蘇逸、蘇碩、韓晃併力攻臺城，焚太極東堂及秘閣。二月丙戌，諸軍攻石頭，建威長史滕含擊蘇逸，大破之，追斬逸。蘇碩帥驍勇數百渡淮而戰，溫嶠擊斬之。含部將曹據抱帝奔嶠船，羣臣見帝，頓首號泣請罪。殺西陽王羕、彭城王雄，大赦。張

天時	地域	官守	政事
			健自延陵將入吳興，將軍王允之與戰，大破之。健復與韓晃、馬雄等輕軍西趣故鄣，郗鑒遣李閎追及於平陵山，皆斬之。是時宮闕煨燼，以建平園爲宮。溫嶠欲遷都豫章，三吳之豪請都會稽。司徒導曰：「孫仲謀、劉玄德俱言建康王者之宅，古之帝王不以豐儉移都。今宜鎮之以靜，羣情自安。」由是不復遷。論平蘇峻功，以陶侃爲侍中、太尉，封長沙郡公，加都督交廣寧州諸軍事；郗鑒爲侍中、司空、南昌縣公；溫嶠爲驃騎將軍、開府儀同三司，加散騎常侍，始安郡公；陸曄進爵江寧公。其

天時	地域	官守	政事
			餘賜爵侯、伯、子、男甚衆。庾亮乞闔門投竄山海，優詔不許，出爲都督豫州、揚州之江西宣城諸軍事、豫州刺史，領宣城内史，鎮蕪湖。夏四月，始安公溫嶠卒。
五年（庚寅） 天下大饑。			郭默殺江州刺史劉胤，陶侃討誅之。作新宮，始繕苑城，修六門。駕幸司徒王導宅，置酒大會。下車，入門先拜。庾亮表獻嘉橘，一蔕十二實。
六年（辛卯） 三月壬戌朔，日蝕。		庾冰爲揚州刺史，都督揚、豫、兖三州軍事。	錢塘民猳豕産兩子，皆人面，狀如胡人〔二七〕，其身猶豕。

天時	地域	官守	政事
七年（壬辰）			正月，大赦。陶侃遣桓宣攻石勒，剋樊城，李陽拔新野、襄陽。新宮成，署曰建康宮，亦名顯陽宮。開五門，南面二門，東西北各一門。十二月，帝遷於新宮。
八年（癸巳） 五月，有星隕於肥鄉，數一。麒麟、騶虞見於遼東。			正月辛亥朔，朝萬國於新宮，四夷列次，大赦天下。趙主石勒遣使來修好，詔焚其幣。以束帛禮高士郭文舉。改苑倉爲太倉。是歲，作北郊於覆舟山之陽，制度一如南郊。
九年（甲午） 趙石虎弒其君自立。隕石於涼州二。			加張駿爲大將軍。六月，侍中、太尉、都督陶侃薨。

天時	地域	官守	政事
咸康元年（乙未）秋七月，白虹貫日。十月乙未朔，日蝕。大旱。		何充爲丹陽尹。	正月，帝加元服，大赦改元。二月，帝親臨釋奠。幸司徒王導府。趙王虎南遊，有游騎十餘至歷陽。太守袁耽表上之，不言多少，朝廷震懼。加司徒導大司馬，假黃鉞，都督征討諸軍事，分命諸將救歷陽，及戍慈湖、牛渚、蕪湖。俄聞趙騎去，解嚴。
二年（丙申）彗見於奎。			二月，立皇后杜氏，大赦。更作朱雀門，新立朱雀浮航。航對朱雀門，南渡淮水，亦名朱雀橋。
三年（丁酉）旱地生毛。			詔立太學於淮水南，唐縣城東南七里，丹陽城東南。

天時	地域	官守	政事
四年（戊戌） 石虎據十州之地。	僑置魏郡、廣川、高陽、堂邑諸郡，並所統縣並居京邑，以處流寓。		以司徒導爲太傅，都督中外諸軍事，郗鑒爲太尉，庾亮爲司空。六月，以導爲丞相，罷司徒官，併入丞相府。
五年（己亥）		何充爲護軍將軍。殷融爲丹陽尹。庾亮爲揚州刺史，固辭不拜，以庾冰爲揚州刺史，參錄尚書事。	正月，大赦。庾亮欲開復中原，以武昌太守陳囂爲梁州刺史，趣漢中，遣將軍李松攻漢巴郡。江陽執漢荆州刺史李閎、巴郡太守黄植送建康。亮上疏，欲移鎮石城，遣諸軍羅布江沔，爲伐趙之規。帝下其議，太常蔡謨以爲：「時有否泰，道有屈伸，苟不計強弱而輕動，則亡不終日。爲今之計，莫若養威以俟時。」朝議多與謨同。乃詔亮，不聽移

天時	地域	官守	政事
			鎮。秋七月庚申，始興文獻公王導薨。徵庾亮爲丞相、揚州刺史、錄尚書事。亮固辭，以何充爲護軍將軍，亮弟會稽內史冰爲中書監、揚州刺史，參錄尚書事。復改丞相爲司徒、司空，庾亮領之。侍中、太尉、南昌公郗鑒薨。是時，始用磚壘宮城，而創構樓觀。
六年（庚子）庚辰，有星孛於太極。	先是，以江乘置南東海、南琅琊、南東平、南蘭陵等郡，屬南徐州。是年，分江乘縣西界置臨沂縣，與懷德、陽		正月，都亭文康侯庾亮卒，以何充爲中書令，陸玩爲侍中、司空。三月，大赦。依中興故事，朔望聽政於東堂。

天時	地域	官守	政事
	都、費、即丘同隸南琅琊。		
七年（辛丑）二月甲子朔，日有蝕之。			慕容皝遣使求假燕王章璽，許之。詔實編戶，王公以下皆正土，斷白籍。秋八月，引見羣臣，射宴於延賢堂。
八年（壬寅）正月己未朔，日蝕。			正月，大赦。夏五月乙卯，帝不豫，庚冰、何充及武陵王晞、會稽王昱、尚書令諸葛恢並受顧命。癸巳，崩。甲午，弟琅琊王岳即皇帝位。

天時	地域	官守	政事
康帝 諱岳，成帝母弟。 建元元年（癸卯）		冰出爲江州刺史。何充爲都督揚、豫、徐州之琅琊諸軍事，領揚州刺史，録尚書事。	詔琅琊國及府吏進位各有差。庾冰屢求出外，以冰都督荆、江、寧、益、梁、交、廣七州刺史。以琅琊内史桓溫都督青、徐、兗三州諸軍事，徐州刺史。徵江州刺史褚裒爲衛將軍，領中書令。立皇后褚氏。
二年（甲辰）			九月戊戌，帝崩於式乾殿。何充以遺旨奉太子聃即位。褚皇后立延興寺，在運溝西岸。何充立建福寺。

天時	地域	官守	政事
穆帝 諱聃，字彭子，康帝長子〔二八〕。			皇太后設白紗帷於太極殿，抱帝臨軒。以會稽王昱爲撫軍大將軍、錄尚書六條事。都亭肅侯庾翼卒。慕容皝始不用晉年號。
永和元年（乙巳）			
二年（丙午） 四月己酉朔，日蝕。十二月，枉矢自東南流於西北，其長半天。		何充卒。殷浩以中軍將軍爲揚州刺史。	正月，大赦。都鄉文穆侯何充卒，以蔡謨領司徒，與會稽王昱同輔政。十一月，桓溫帥益州刺史周撫、南郡太守譙王無忌伐漢。

天時	地域	官守	政事
三年（丁未） 夏四月，地震。		冬十二月，以侍中劉惔爲丹陽尹。	桓溫軍至青衣，漢主勢大發兵，遣昝堅等自山陽趨合水，諸將欲設伏以待晉兵，堅不從。三月，溫遇李權，三戰三捷，軍於成都之十里，勢悉衆出戰，溫大破之，乘勝長驅至成都。勢輿櫬面縛，詣軍門，溫解縛焚櫬，送勢及宗室十餘人於建康。
四年（戊申）			進安西大將軍桓溫爲征西大將軍。
五年（己酉） 石虎死，國大亂。 十一月，甘露降崇平陵玄宮前殿。			正月，大赦。五月，假慕容儁大將軍，幽、平二州牧，大單于，燕王。

天時	地域	官守	政事
六年（庚戌）閏月丁丑，彗見於亢。氐帥苻洪來降。			
七年（辛亥）羌酋姚弋仲來降。冉閔誅石虎種類。正月丁酉，日有蝕之。			秋七月，濤水入石頭，溺死數百人。九月，峻陽、太陽二陵崩，帝素服臨於太極殿三日，遣兼太常趙拔修復山陵。
八年（壬子）秦苻健僭號。正月辛卯，日蝕。乙巳，雨木冰。			以武陵王晞爲太宰。殷浩北伐，以安西將軍謝尚、北中郎將荀羨等爲督統，進屯壽春。八月，謝尚自枋頭得傳國璽，送建康，告太廟，百僚畢賀。

天時	地域	官守	政事
九年（癸丑）燕慕容皝之子儁都薊，置百官。地震，有聲如雷。		浩免爲庶人。王述爲揚州刺史。	浩連年北伐，師徒屢敗。桓溫因朝野之怨，上疏免浩爲庶人，徙東陽之信安。
十年甲寅			二月，桓溫統步騎四萬伐秦，大破苻健子苻萇於藍田，進至灞上。五月，江西流民郭敞等千餘人執陳留内史劉仕降姚襄，建康震駭，以吏部尚書周閔爲中軍將軍屯中堂，豫州刺史謝尚自歷陽還衛京師。九月，桓溫還自伐秦，帝遣侍中、黄門勞溫於襄陽。

天時	地域	官守	政事
十一年（乙卯）四月，隕霜。地震。			
十二年（丙辰）冬十月癸巳朔，日蝕。			桓溫請移都洛陽，不許。拜溫征討大都督，督司、冀二州諸軍事，以討姚襄。溫遣督護高武據魯陽，輔國將軍戴施屯河上，自帥大軍繼進。襄拒伊水戰，大敗，死者數千人，襄奔洛陽。溫屯故太極殿前。詔遣兼司空、散騎常侍車灌等持節如洛陽，修五陵，帝及羣臣皆服緦，臨於太極殿三日。

天時	地域	官守	政事
升平元年（丁巳）正月丁丑，隕石於槐里，數一。			正月，帝加元服，大赦改元。太后徙居崇德宮。三月，帝親釋奠於中堂。立皇后何氏。
二年（戊午）五月，大水。有星孛於天船。冬十一月，雷，地震。			司徒昱歸政，帝不許。佽飛督王饒獻鴆鳥，帝怒，鞭饒二百，使焚鳥於四達之衢。慕容儁盡陷河北之地。
三年（己未）涼州城東泥中有火。			

天時	地域	官守	政事
四年（庚申） 八月辛丑朔，日蝕。既冬十月，天狗流於西南。			鳳凰將九雛再見於豐城，衆鳥隨之。
五年（辛酉） 四月，大水。八月己卯夜，天裂，廣數丈，有聲如雷。			二月，南掖門馬足陷地，得銅鐘一，有「二」、「四」字。五月，丁巳，帝崩於顯陽殿。庚申，琅琊王丕即帝位。葬穆帝於永平陵，在慕府山之陽。晉十一帝，惟孝宗起墳，周四十步，高一丈六尺。帝時，何皇后、彭城王皆造寺。謝尚造謝寺，改名興嚴。

天時	地域	官守	政事
哀帝 諱丕，成帝長子。 隆和元年（壬戌） 三月丙寅朔，日蝕。十二月戊午朔，日蝕。			正月，大赦改元，減田稅。桓溫上疏，請還都洛陽，又議移洛陽鐘簴。王述謂方當蕩平區宇，旋軫舊京，不應先事鐘簴。乃止。
興寧元年（癸亥） 夏四月，揚州地震，湖瀆溢。秋八月，有星孛於角亢，入天市。			二月，大赦改元。加桓溫侍中、大司馬、都督中外諸軍事〔二九〕、錄尚書事、假黃鉞。涼州牧張天錫遣司馬綸騫奉章詣建康。九月，大司馬溫北伐。

天時	地域	官守	政事
二年（甲子）燕慕容恪陷洛陽河南諸城。		五月，加大司馬溫揚州牧、錄尚書事。	正月〔三〇〕，耕籍田。二月〔三一〕，帝以藥發，不能親萬機，褚太后臨朝攝政。召大司馬溫入朝，至赭圻，詔止之。溫固讓內錄，遙領揚州牧。移陶官於淮水北，以南岸地施僧慧力，造瓦棺寺。
三年（乙丑）			正月，大司馬溫移鎮姑孰。帝崩於西堂，皇太后詔以琅琊王奕承大統，是月即位，大赦。葬哀帝於安平陵。徙會稽王昱復爲琅琊王。

天時	地域	官守	政事
海西公 諱奕，哀帝母弟。 太和元年（丙寅） 四月，旱。			梁州刺史司馬勳反，討誅之。加司徒昱丞相、錄尚書事，入朝不趍，讚拜不名，劍履上殿。涼州楊樹生松，張天錫將亡之徵。
二年（丁卯）			
三年（戊辰） 三月丁巳朔，日蝕。四月癸巳，雨雹，大風折木。			加大司馬溫殊禮，位諸侯王上。有神降於鄴，自稱湘女，聲與人接，不見其形。

天時	地域	官守	政事
四年（己巳）冬十月，火星西流，有聲如雷。		劉波鎮石頭。	大司馬溫請與徐兗二州刺史郗愔、江州刺史桓沖、豫州刺史袁真伐燕。夏四月，溫帥步騎五萬，自兗州伐燕，至金鄉。燕慕容厲逆戰，大敗。暐復遣樂安王臧統諸軍拒溫，臧不能抗，乃遣使求救於秦。九月，溫兵大敗於襄邑，溫收散卒，屯山陽，深恥喪敗，歸罪袁真，奏免爲庶人，真遂據壽春降燕。丞相昱與大司馬溫會於涂中，以謀後舉。
五年（庚午）秦滅燕。秋七月癸酉朔，日蝕。			袁真死，陳郡太守朱輔立真子瑾，溫自廣陵帥衆二萬討之，敗燕、秦救兵，屠壽陽，梟瑾等首。

天時	地域	官守	政事
簡文皇帝 諱昱，元帝少子。 咸安元年（辛未） 六月，大水。十二月辛卯，熒惑逆行，入太微。			溫恃其才略位望，陰蓄不臣之志，嘗撫枕歎曰：「男子不能流芳百世，亦當遺臭萬年。」十一月，自廣陵將還姑孰，屯於白石，諷褚太后廢立。己酉，宣太后令，廢帝爲東海王。帝著白帢單衣，步下西堂，乘犢車出神武門。迎會稽王昱即帝位，改元。溫出次中堂，分兵屯衛。戊午，大赦。詔進溫丞相、大司馬，留京師輔政，溫固辭。廢帝時，王坦之造臨秦、安樂二寺。

天時	地域	官守	政事
二年（壬申）正月己酉，歲星犯鎮，在須女。六月，太白晝見。是歲大旱。			徙海西公於吴縣西柴里。庾希、庾邈與故青州刺史武沈之子遵聚衆，夜入京口城，詐稱受海西公密旨，誅大司馬溫。建康震擾，內外戒嚴，遣東海內史周少孫討斬之。七月甲寅〔三二〕，帝不豫，急召溫入輔，辭不至。己未，立子昌明爲皇太子，遺詔大司馬溫依周公居攝故事。是日，帝崩，太子即位，大赦。葬簡文帝於高平陵，帝立波提寺。

天時	地域	官守	政事
武帝 諱曜，字昌明，簡文帝第三子。 寧康元年（癸酉） 三月丙午，月掩心。大星又犯南斗第五星。有彗星出於尾、箕，長十餘丈，經太微，掃東井，自四月始見，至秋冬不滅。		以侍中王坦之爲中書令，領丹陽尹，桓沖爲揚州刺史。	正月，大赦，改元。大司馬溫來朝，詔吏部尚書謝安、侍中王坦之迎於新亭。是時人情恟恟，云欲誅王、謝，因移晉室。坦之流汗沾衣，倒執手版。安從容坐定，謂溫曰：「安聞諸侯有道，守在四夷〔三三〕，明公何須壁後置人耶？」溫笑曰：「正自不能不爾。」遂命徹兵，懽語移日而罷。溫有疾，還姑孰。三月，詔除丹陽竹格等四航稅。秋七月，南郡宣武公桓溫薨，褚太后復臨朝攝政，以王彪之爲尚書令，謝安爲僕射、領吏部，共掌朝政。是歲，南郡州陵女唐氏漸化爲丈夫。

天時	地域	官守	政事
二年（甲戌）三月丙戌，彗星見於氐。九月丁丑，有星孛於天市。			正月，大赦。
三年（乙亥）冬十月癸酉朔，日蝕。十二月甲申，神虎門災。		以沖移鎮京口，謝安領揚州刺史。	五月，大赦。中書令、藍田侯王坦之卒。桓沖以謝安素有重望，以揚州讓之。甲寅，詔以沖都督徐、豫、兗、青、揚五州諸軍事，徐州刺史，鎮京口。以安領揚州。十二月，帝釋奠於中堂。

天時	地域	官守	政事
太元元年（丙子）夏五月癸丑，地震。十一月己巳朔，日蝕。涼州張天錫降秦。			正月，帝加元服，大赦，改元。
二年（丁丑）閏三月壬午，地震。暴風折木發屋，揚沙石。		以安都督五州諸軍事。	以尚書僕射謝安爲司徒，安讓不拜，加侍中，都督揚、豫、徐、兗、青五州諸軍事。散騎常侍王彪之卒。桓沖鎮上明，謝玄鎮廣陵。玄以劉牢之等爲前鋒，號北府兵，敵人畏之。

天時	地域	官守	政事
三年（戊寅） 六月，熒惑守羽林。七月乙酉，老人星見南方。			作新宮，帝移居會稽王邸。秋七月，新宮成，內外殿宇大小三千五百間。秦苻丕寇襄陽。
四年（己卯） 八月乙未，暴風揚沙石。十二月己酉朔，日蝕。大疫。		八月，以王蘊爲丹陽尹。蘊自以國姻，不欲在內，復出爲都督浙江東五郡諸軍事，會稽內史。	正月，謁建平等七陵。苻丕陷襄陽。

天時	地域	官守	政事
五年（庚辰）四月，大旱。六月甲寅，震含章殿四柱，並殺內侍二人。		沈嘉爲丹陽尹。	拜謝安衛將軍、開府儀同三司。以會稽王道子爲司徒，固讓不拜。
六年（辛巳）四月庚子朔，日蝕。十月乙卯，有奔星東南，經翼、軫，聲如雷。無麥禾，大饑。			帝嚴奉佛法，立精舍於殿內，引諸沙門居之。以尚書謝石爲僕射、衛將軍。謝安習水軍於石頭。

天時	地域	官守	政事
七年（壬午）冬十一月，太白晝見，在斗。			東夷五國來貢方物。
八年（癸未）二月，黃霧四塞。四月甲子，太白晝見，在參。秦大亂，慕容垂、慕容沖等叛秦。		王恭代嘉爲丹陽尹。	秋八月〔三四〕，苻堅大舉兵入寇，衆號百萬。詔衛將軍謝安爲征討大都督。安乃假弟石爲都督，舉冠軍將軍謝玄、西中郎將桓伊、輔國將軍謝琰總戎八萬，拒秦軍於淮南。是時，秦兵既盛，都下震恐。桓沖遣精鋭三千人援京師，安固卻之。玄既渡江，使廣陵相劉牢之領鋭卒五千直指洛澗，大破秦軍，斬梁成及弟雲，擒王顯、慕容屈等。己亥，玄、琰與桓伊等涉淝水，鼓譟決戰，大破秦

天時	地域	官守	政事
			軍於淝南，臨陳斬苻融，堅中流矢，衆大潰。詔安勞旋師於金城，以謝石爲尚書令。初開酒禁，增民稅米，口五石。
九年（甲申）十月辛亥朔，日蝕。		謝安大都督揚州等十五州諸軍事。	以謝安爲太保。帝謁建平等四陵。加太保謝安爲大都督揚、江、荊、司、豫、徐、兗、青、冀、幽、並、梁、益、雍、涼十五州諸軍事。中書侍郎車胤上疏，議立明堂、辟雍，經略中原。
十年（乙酉）秦姚萇弒其主堅，苻丕立。魏太祖拓跋珪稱王，改元。秋七月，老人星		以琅琊王道子領揚州刺史，都督中外諸軍事。	謝石以學校陵遲，上疏請興復國學於太廟之南。謝安與會稽王道子有隙，會秦苻堅爲慕容沖、姚萇所逼，遣使求救。詔安率衆救秦，帝自行西池宴餞。安出鎮廣陵之步丘，築壘曰新城居之。未幾

天時	地域	官守	政事
見。大旱，井泉皆竭。十二月，太白犯歲星。大饑。			有疾，求還。八月丁酉，建昌文靖公謝安薨，以道子領揚州刺史、錄尚書、都督中外諸軍事，謝石爲衛將軍。
十一年（丙戌） 苻丕敗死，慕容永、慕容垂並稱帝。二月戊申〔三五〕，太白晝見，在東井。			

天時	地域	官守	政事
十二年（丁亥）正月壬子，暴風發屋折木。二月，熒惑入月。十月，太白晝見於南斗。			大赦。聘處士戴逵，封孔靖之爲奉聖亭侯，奉宣尼祀，立宣尼廟，在丹陽郡城隔路東南。八月，立子德宗爲皇太子，大赦天下，增文武位二等，大酺五日，賜百官布帛各有差。
十三年（戊子）六月〔三六〕，旱。閏月戊辰，天狗北下，有聲如雷。冬十二月戊子，濤水入石頭，毀大航，		道子進位丞相、揚州牧。	尚書令謝石、散騎常侍、會稽內史謝玄皆卒。

天時	地域	官守	政事
殺人。乙未，大風晝晦，延賢堂災。丙申〔三七〕，螽斯百堂、百客館、驃騎庫皆災。			
十四年（己丑）七月，旱。甲寅，雷震，宣陽門西柱災〔三八〕。冬十月己巳，雨木冰。	道子移揚州，理於東第。		上溺於酒色，委政道子，以陸納爲尚書令。

天時	地域	官守	政事
十五年（庚寅）三月己酉朔，地震，東北有聲如雷。七月壬申，有星孛於北河，經太微、三台，入文昌〔三九〕、北斗，色白，長十餘丈，至後月戊戌入紫微乃滅。八月，京師地震。			道子恃寵驕恣，帝不能平。以王恭都督青、兗、幽、并、冀五州諸軍事，兗、青二州刺史，鎮京口。三月，大赦。以王國寶爲中書令兼中領軍，王珣爲尚書右僕射。

天時	地域	官守	政事
十六年（辛卯） 正月壬辰，鵲巢太極殿東鴟吻。			詔徐廣校秘閣四部見書，凡三萬六千卷。改築太廟。以王珣爲左僕射，謝琰爲右僕射。
十七年（壬辰） 五月丁卯朔，日蝕。六月癸卯，京師地震。甲寅，濤水入石頭，毀大航。七月丁丑，太白晝見。旱。			正月，大赦。新作東宮，徙左衛營。皇子德文爲琅琊王，徙道子爲會稽王。

天時	地域	官守	政事
十八年（癸巳）正月癸亥朔〔四〇〕，地震。大水。七月，旱。有客星在尾中，九月乃滅。			
十九年（甲午）慕容垂滅西燕。秦姚興殺苻登。			立簡文宣太后廟於太廟路西。皇太妃李氏爲皇太后，居崇訓宮。

天時	地域	官守	政事
二十年（乙未）三月庚辰朔，日蝕。七月，太白晝見太微。九月，有蓬星如粉絮，東南行，歷女、虛，至哭星。十一月己卯，暴風冰合。		丹陽尹王雅領少傅。	皇太子出就東宮。秋七月，長星見，帝惡之，於華林園舉酒祝之曰：「長星，勸汝一杯酒，自古何有萬歲天子耶！」
二十一年（丙申）三月，太白晝見於羽林。四月丁		會稽王道子進位太傅、揚州牧。	以望蔡公謝琰爲尚書左僕射。起清暑殿於華林園，新作永安宮。帝嗜酒流連，外人罕得進見。張貴人弑帝於清暑殿，重賂左右云，因魘暴崩。太子即位，大

天時	地域	官守	政事
亥（四一），大雨雹。秋八月，歲星犯哭星。			赦。會稽王道子進位太傅、揚州牧，假黃鉞，內外衆事動靜咨之。葬帝於隆平陵。
安帝 諱德宗，烈宗長子。 隆安元年（丁酉）		領軍將軍王國寶加後將軍、丹陽尹。	正月，帝加元服，改元。以左僕射王珣爲尚書令，領軍將軍王國寶爲僕射領選。道子悉以東宮兵配國寶，使領之。四月，兗州刺史王恭、豫州刺史庾楷等舉兵，以討王國寶、王緒爲名。道子闇懦，欲求休息，賜國寶死，斬緒於市，恭罷兵。

天時	地域	官守	政事
二年（戊戌） 南燕慕容德稱帝。 吳興長城夏架山石鼓自鳴，聲如金鼓。		江績加輔國將軍、丹陽尹。丹陽尹王愷發京邑數萬人，據石頭以備桓玄，以劉牢之都督揚州等諸軍事。	秋七月，恭、楷及荆州刺史殷仲堪、廣州刺史桓玄、南蠻校尉楊佺期復舉兵反。加會稽王道子假黃鉞，以世子元顯爲征討都督。遣衛將軍王珣、右將軍謝琰將兵討王恭。譙王尚之將兵討庾楷，大破楷於牛渚，楷奔桓玄。玄敗官軍於白石，與佺期進至横江，尚之退走。道子屯中堂，元顯守石頭，王珣守北郊，謝琰屯宣陽門。恭兵次竹里，元顯以重利啗恭司馬劉牢之，牢之降。恭衆潰，獲之，斬於倪塘。以牢之爲都督兗、青、冀、幽、并、徐、揚州、晉陵諸軍事，伐恭。俄而，佺期、玄至石頭，仲

天時	
地域	
官守	
政事	堪至蕪湖，牢之帥北府之衆馳赴京師，軍於新亭。佺期等見之失色，回軍蔡洲。朝廷未知西軍虚實，内外憂逼，於是以玄爲江州刺史，召郗恢爲尚書，以佺期代恢爲都督梁、雍、秦三州諸軍事，雍州刺史。黜殷仲堪爲廣州刺史。仲堪大怒，趣玄、佺期進軍。玄等乃俱不受朝命，上疏求誅劉牢之及譙王尚之。朝廷還仲堪荆州，優詔慰諭，仲堪等乃受詔。十一月，以琅琊王德文爲衛將軍、開府儀同三司，元顯爲中領軍，王雅爲尚書左僕射。

天時	地域	官守	政事
三年（乙亥）		以會稽世子元顯爲揚州刺史，尋進領軍將軍。	正月，大赦。道子有疾，元顯諷朝廷解道子司徒、揚州牧，以琅琊王德文爲司徒。妖賊孫恩陷會稽，殺內史王凝之，衆數十萬，自稱征東將軍，表道子、元顯之罪，請誅之。自帝即位以來，內外乖異，朝政所行，惟三吴而已。及恩作亂，八郡皆爲恩有。恩黨亦有潛伏建康者，人情危懼，於是內外戒嚴。加道子黃鉞，元顯領中軍將軍、徐州刺史，謝琰兼督吴興、義興軍事，以討恩。琰、牢之進至義興，遣劉裕累戰破恩，恩逃入海島。桓玄襲江陵，殷仲堪急召楊佺期赴戰，俱爲玄所殺。

天時	地域	官守	政事
四年（庚子） 二月〔四二〕，彗見於太微。六月庚辰朔，日蝕。九月癸丑，地震。十二月戊寅，星孛於天津。		進桓玄都督揚、豫等八部諸軍事。元顯加開府儀同三司，都督揚、豫等十六州諸軍事。	大赦，進桓玄都督八州及揚、豫八部諸軍事，領江州刺史。孫恩寇餘姚，殺會稽内史謝琰。以元顯爲開府儀同三司，都督揚、豫、徐、兗、青、幽、冀、并、荆、江、司、雍、梁、益、交、廣十六州諸軍事，領徐州刺史。
五年（辛丑） 三月，衆星西流，經牽牛，歷紫微、太微。癸丑，大角星散搖五色。大饑。		司馬恢之爲丹陽尹。	六月，孫恩浮海，奄至丹徒，戰士十餘萬，建康震駭，内外戒嚴，百官入居省内。冠軍將軍高素等守石頭，輔國將軍劉襲柵斷淮口，丹陽尹司馬恢之戍南岸，冠軍將軍桓謙等備白石，左衛將軍王瑕等屯中堂。劉牢之使劉裕自海鹽入援，裕倍道兼行，與恩俱至丹徒。恩帥

政事	官守	地域	天時
衆鼓譟登蒜山，裕帥所領奔擊，大破之。恩狼狽，僅得還船，然猶恃其衆，復整兵，徑向京師。道子無他謀，唯日禱蔣侯廟。譙王尚之帥精鋭馳至，徑屯積弩堂。恩樓船高大，泝風不得疾行，數日乃至白石。既而知尚之在建康，牢之已還於新州，不敢進，浮海北走。詔以劉裕爲下邳太守，擊恩。桓玄自謂有晉國三分之二，數使人上已符瑞，欲以惑衆。			

天時	地域	官守	政事
元興元年（壬寅）十月，客星色白如粉絮，在太微西，至後月入太微。天下大饑。		桓玄爲揚州牧，都督中外諸軍事，總百揆。	正月，下詔罪狀桓玄。以尚書令元顯爲驃騎大將軍、征討大都督、都督十八州諸軍事，加黃鉞，建牙於東府。以鎮北將軍劉牢之爲前鋒都督、前將軍，譙王尚之爲後部。大赦，改元，內外戒嚴。加會稽王道子太傅。桓玄留桓偉守江陵，抗表罪狀元顯，舉兵東下，敗王師於姑孰。劉牢之軍溧洲，遣子敬宣詣玄降。元顯退屯國子學，軍中相驚，言玄已至南桁，皆崩潰。玄遣太傅、從事中郎毛泰收元顯，送新亭。玄入京師，稱詔解嚴。以玄總百揆，都督中外諸軍，丞相、錄尚書事，揚州牧，領徐、荆、江

	天時	地域	官守	政事
				三州刺史，假黃鉞，會稽王道子徙安成郡。斬元顯及東海王彥璋、譙王尚之、庾楷、張法順、毛泰等於建康市。以劉牢之爲會稽內史，牢之自縊死。大赦，改元大亨。玄讓丞相，改授太尉、都督中外諸軍事、揚州牧，領豫州刺史，出屯姑孰。使御史杜林酖道子，殺之。
二年（癸卯）	四月癸巳朔，日蝕。十一月丁丑，熒惑犯東上相。乙巳，月掩軒轅第二星。		冊玄爲相國，封楚王，加九錫。	正月，冊命玄爲相國，總百揆，封十郡，爲楚王，加九錫。十一月，詔楚王玄行天子禮樂。卞範之爲禪詔，使臨川王寶逼帝書之。帝臨軒，遣兼太保、領司徒王謐奉璽綬，禪位於楚。帝出居永安宮，遷太廟神主於琅琊國〔四三〕。百

天時	地域	官守	政事
			官詣姑孰勸進。十二月庚寅朔，玄築壇於九井山北，即帝位，封帝爲平固王。玄入建康宮，登御座，而牀忽陷，羣下失色。殷仲文曰：「良由聖德深厚（四四），地不能載。」玄大悦。納桓溫神主於太廟。
三年（甲辰）戊戌，熒惑逆行，犯太微。庚寅夜，濤入石頭，漂毀大航殺人，其聲動天。	桓玄築別苑於冶城。	桓玄加桓謙揚州刺史、征討都督。	二月，帝在尋陽。建威將軍劉裕帥劉毅、何無忌、孟昶、檀憑之等起義兵於丹徒，斬徐州刺史桓修。丁巳，裕帥二州之衆千七百人軍竹里，移檄遠近，聲言主上反正於尋陽。玄召侍官入衛，加桓謙征討都督，殷仲文爲徐、兖二州刺史。謙等請亟遣擊裕，玄曰：「彼兵鋭

天時	地域	官守	政事
			甚，計出萬死。若蹉跌，則彼氣成而吾事失矣，不如屯大衆於覆舟山下。」謙等固請擊之，乃遣頓丘太守吳甫之、右衛將軍皇甫敷相繼北上。三月戊戌朔，裕軍與吳甫之遇於江乘，裕手執長刀，大呼衝之，衆披靡，即斬甫之。進至羅洛橋，皇甫敷帥數千人逆戰，裕又斬之。玄聞二將死，大懼。使桓謙、何澹之屯東陵口〔四五〕，卞範之屯覆舟山西，衆合二萬。裕進至覆舟山，將士皆殊死戰，無不一當百，呼聲動天地。謙等大潰，玄將其子昇、兄子濬出南掖門趨石頭，與仲文等浮江南走。裕屯石頭

天時	地域	官守	政事
			城，立留臺，焚桓溫神主於宣陽門外，造晉新主納於太廟，遣諸將追玄。尚書王嘏帥百官奉迎乘輿。臧熹入宫，收圖書器物，封閉府庫。丁卯，裕還鎮東府。玄至尋陽，郭昶之給以器用兵刀，逼帝西上。丙戌，以武陵王遵承制，總百官行事，加侍中大將軍，大赦。何無忌大破玄將何澹之於桑落洲，送宗廟主祏還京師。玄復挾帝東下，劉毅、何無忌、劉道規等與戰於崢嶸洲，乘風縱火，盡鋭爭先，玄衆大潰，挾帝單舸西走。荆州别駕王康産奉帝入南郡府舍，費恬斬玄枚回洲，乘輿返正於江陵，傳送玄首，梟於大桁。

天時	地域	官守	政事
義熙元年（乙巳） 秋七月庚辰，太白晝見於翼、軫。		何無忌爲右將軍，督揚州等五郡軍事。	正月，帝在江陵，大赦，改元，惟桓氏不原。二月，何無忌破桓振等，奉帝東還建康。以琅琊王德文爲大司馬，武陵王遵爲太保，劉裕爲侍中、車騎將軍、都督中外諸軍事，劉毅爲左將軍，何無忌爲右將軍、督豫州、揚州五郡軍事。裕還鎮京口，帝餞於中堂。
二年（丙午）			
三年（丁未） 六月辛卯，熒惑犯辰星，在翼。七月戊戌朔，日蝕。			誅東陽太守殷仲文及弟叔文二人。陶潛爲彭澤令，棄官去。

天時	地域	官守	政事
四年（戊申） 十一月，雷，大風拔樹。		劉裕爲揚州刺史。	以琅琊王德文領司徒。徵劉裕爲侍中、車騎將軍、開府儀同三司、揚州刺史、錄尚書事，自丹徒入居東府輔政。
五年（己酉） 三月己亥〔四六〕，大雪，平地數尺。六月，震太廟。十二月乙巳，太白犯虛、危。		裕北伐，固辭太尉。	正月，大赦。以劉毅爲衛將軍、開府儀同三司。三月，裕表伐南燕，建牙戒嚴，帝餞裕於西堂。
六年（庚戌） 六月丙寅，震太廟鴟吻。			二月，裕克廣固，獲慕容超，誅王公以下五千餘人，送超詣建康，斬之。徐道覆聞裕北伐，勸盧循襲建康。循從之，自始興寇長沙，順流東下。何無忌自尋

天時	地域	官守	政事
			陽引兵拒循，與道覆遇於豫章，會暴風，飄無忌所乘小艦向東岸，賊以大艦逼之，衆奔潰，無忌握節而死，都中震駭。夏四月，裕至建康，青州刺史諸葛長民等入衛，劉毅帥舟師二萬發姑孰。五月，循與毅戰於桑落洲，毅兵大敗。孟昶等欲奉乘輿過江，裕不聽。循至淮口，中外戒嚴，琅琊王德文都督宮城諸軍事，屯中皇堂。裕屯石頭，謂將佐曰：「賊若於新亭直進，其鋒不可當，宜且避之。若迴泊西岸，此成禽耳。」道覆請於新亭至白石焚舟而上，數道攻裕，循不從。裕登石頭城，望循引向新

天時	
地域	
官守	
政事	亭，顧左右失色，既而迴泊蔡洲，乃悅。裕伐材板柵石頭（四七）、淮口，修治越城，築查浦、藥園、廷尉三壘，皆以兵守之。循伏兵南岸，使老弱乘舟向白石，聲言悉衆自白石步上。裕留參軍沈林子、徐赤特戍南岸，斷查浦，戒令堅守，裕及劉毅、諸葛長民北出拒之。循焚查浦，進至張侯橋，徐赤特大敗，單舸奔淮北。林子等據柵力戰，循乃退，引精兵大上，至丹陽郡。裕率諸軍馳還石頭，斬赤特，出陳於南塘，循退還尋陽。六月，以裕爲太尉、中書監，加黃鉞。裕受黃鉞，餘固辭。大治水軍，

天時	地域	官守	政事
			遣孫處、沈田子自海道襲番禺。冬十月，裕帥劉藩、檀韶、劉敬宣等南擊盧循，大破循於左里。循收散卒數千人奔番禺，裕還建康。
七年（辛亥）		郗僧施爲丹陽尹。	劉裕進大將軍。劉藩帥諸將追循，斬徐道覆於始興。三月，裕始受太尉、中書監，以劉穆之爲太尉司馬。交州刺史杜慧度敗循於石碕，循衆大潰，投水，斬首送建康。
八年（壬子） 三月，山陰地陷，有聲如雷。八月，月犯泣星。		劉穆之爲丹陽尹。 劉裕加太傅、揚州牧，固辭。	以孔靖爲尚書右僕射。裕以詔書罪狀劉毅與弟藩及謝琨共謀不軌，收藩、琨，賜死。裕帥諸軍發建康，以參軍王鎮惡爲前驅。十月，至江陵，毅縊而死。是

天時	地域	官守	政事
			歲，於石頭東城內起高樓，加累入於雲霄，連堞帶於積水，署曰入漢樓。
九年（癸丑）	移秣陵於鬬場柏社之地。		盜開下壺墓，詔給錢十萬修復之。裕自江陵東還，潛入東府，伏壯士拉殺諸葛長民，輿尸付廷尉。九月，再命大尉裕爲太傅、揚州牧，固辭。
十年（甲寅）九月丁巳朔，日蝕。	城東府。		

天時	地域	官守	政事
十一年（乙卯）秋七月辛亥晦，日蝕。七月，京師大水，壞太廟。		以高陽內史劉鍾領石頭鎮戍，屯冶亭。三命劉裕加太傅、揚州牧，又固辭。	裕討司馬休之，詔加裕黃鉞，領荆州刺史。大赦。以劉穆之兼右僕射事。三月，裕率諸軍濟江，休之軍潰。有羣盜數百，夜襲冶亭，京師震駭，劉鍾討平之。詔加裕太傅、揚州牧，劍履上殿，入朝不趨，贊拜不名，固辭太傅、州牧，其餘受命。大赦。以劉穆之爲尚書左僕射。
十二年（丙辰）		十二月，裕求九錫。詔裕爲相國，總百揆，揚州牧，封十郡爲宋公，備九錫。辭不受。	加裕兗州刺史、中外大都督，戒嚴，伐後秦。冬十月，剋洛陽。

天時	地域	官守	政事
十三年（丁巳）正月甲戌朔，日蝕。			率檀道濟、王鎮惡入關，別遣鎮惡率舟師溯淮入渭，滅秦，收其彝器，斬姚泓於建康市。詔進宋公，爵爲王，增封十郡，辭不受。劉穆之卒，裕聞之哀慟，留子義真及王鎮惡、沈田子等守長安。十二月，裕發長安，自洛入河，開汴渠以歸。
十四年（戊午）十二月，彗出天津，入太微，經北斗，絡紫微。		六月，裕受相國、揚州牧、宋公、九錫之命。	正月，大赦。裕至彭城，解嚴。琅琊王德文先歸建康，裕以讖云：「昌明之後，尚有二帝。」乃使王韶之密弑帝，而立德文。十二月，大赦。是年冬，赫連勃勃破長安，劉義真逃歸。

天時	地域	官守	政事
恭帝 諱德文，安帝母弟。 **元熙元年（己未）** 有星孛於太微西藩。十一月丁亥朔，日蝕。十二月己卯，太史奏黑龍四見於東方。			正月，改元。徵裕入朝，進爵爲王，裕辭。葬安帝於休平陵。秋七月，裕受進爵之命，移鎮壽陽。九月，裕自解揚州牧。是歲，省揚州府禁防參軍，移秣陵縣於其地，在宮城南八里一百步小長干巷內。

【校勘記】

〔一〕毒：原作「壽」，據至正本及《史記》卷四一《越王勾踐世家》改。

〔二〕十七：至正本作「十六」。

〔三〕忠：原作「衷」，據南京本改。

〔四〕仕漢爲長沙太守、破虜將軍：原作「仕漢爲破虜將軍、長沙太守」，《三國志》卷四六《孫堅傳》曰：「堅以長沙太守起兵討董卓，至魯陽，袁術表堅破虜將軍。」據乙。

〔五〕等：原闕，據《建康實錄》卷一補。

〔六〕按此句《建康實錄》卷一作「就吳王位於武昌，大赦」。

〔七〕是年十一月：至正本同，按《三國志》卷四七《孫權傳》載，孫權受封吳王乃在辛丑年十一月。

〔八〕四：原作「正」，《建康實錄》卷二《太祖》下曰：「黃武八年春正月，公卿百司連上表，勸王正尊號，王猶謙讓再三……夏四月，公卿再請……甲申，立壇於南郊，即帝位。」則「正」乃「四」之誤。

〔九〕按諸葛恪伐魏不克被殺事，《三國志》卷六四《諸葛恪傳》記在吳建興二年，《建康實録》記在建興元年，《資治通鑑》卷七六記在魏嘉平五年，即吳建興二年，《景定建康志》卷一七記在太元元年。

〔一〇〕按「交趾稗草化爲稻」，《三國志·吳書》繫於五鳳元年。

〔一一〕日：原作「月」，徑改。

〔一二〕按章安見殺一事，《三國志·吳書》吳後主紀在鳳凰三年，《吳主五子傳》在建衡二年。《建康實録》、《景定建康志》皆在建衡二年。

〔一三〕步闡叛降魏：按吳鳳凰元年爲西晉泰始八年，應爲「降晉」。

〔一四〕北：原作「西」。按浦水源出今安徽省馬鞍山市東南原當塗縣東北境，北流至江寧鎮入長江，江寧鎮即永嘉所置江寧縣所在，此云「西流入江」，「西」字顯爲「北」字之誤。詳見《江蘇省地圖集》及《中國歷史地圖集》第四册。

〔一五〕巳：《建康實録》卷五作「丑」。

〔一六〕一等：至正本作「二等」。

〔一七〕「石勒稱趙王」一事，原繫於大興元年條下，按《晉書》卷六《元帝紀》：大興元年十月，劉曜僭帝位於赤壁。太興二年十二月，石勒僭王位，國號趙。今據乙。

〔一八〕大：原作「木」，據《建康實録》卷五改。

〔一九〕西：原闕，據《建康實録》卷五補。

〔二〇〕刁協：原闕，據《晉書》卷九八《王敦傳》補。

〔二一〕札：原作「禮」，據《建康實録》卷五改。下同。

〔二二〕己：原作「已」，據《建康實録》卷六改。

〔二三〕渾：原作「澤」，據《建康實録》卷六改。

〔二四〕王：原作「主」，據《建康實録》卷六改。

〔二五〕尹：原闕，據上下文意徑補。

〔二六〕州：原作「洲」，據《建康實録》卷七改。

〔二七〕胡：原作「平」，據《建康實録》卷七改。

〔二八〕子：原作「祖」，據《建康實録》卷八改。

〔二九〕事：原闕，據《建康實録》卷八補。

〔三〇〕正：《建康實録》卷八作「二」。

〔三一〕二：《建康實録》卷八作「三」。

〔三二〕七月：至正本作「四月」。按：簡文帝二年四月爲甲午。

〔三三〕夷：《建康實録》卷九作「方」。

〔三四〕八：原本及至正本皆作「九」，按《晉書》卷九《孝武帝紀》、《資治通鑑》卷一〇五記苻堅大舉兵入寇皆在八月，故改。

〔三五〕二：《晉書·天文志》下作「三」，疑此「二月」爲「三月」之誤。

〔三六〕六月：是年閏正月，則此「六」當誤。

〔三七〕丙：原作「壬」，據《建康實録》卷九改。

〔三八〕酉：原作「四」，據《晉書》卷二九《五行志》下、《宋書》卷三三《五行志》四改。

〔三九〕入文昌：原作「文昌入」，據《建康實録》卷九乙。

〔四〇〕亥：原作「卯」，據《晉書》卷二九《五行志》下改。

〔四一〕亥：原作「卯」，據《晉書》卷二九《五行志》下、《宋書》卷三三《五行志》四改。

〔四二〕二：《建康實録》卷一〇作「三」。

〔四三〕國：原作「園」，據《建康實録》卷一〇改。

〔四四〕良：原作「將」，據《建康實錄》卷一〇改。

〔四五〕□：原闕，據《建康實錄》卷一〇補。

〔四六〕己亥：原作「乙亥」，據《晉書》卷二九《五行志》下、《宋書》卷三三《五行志》四改。

〔四七〕材板：原作「橋」，據《建康實錄》卷一〇改。

至正金陵新志卷三上之中

金陵表二

宋

高祖武皇帝姓劉氏，諱裕，字德輿，彭城綏輿里人，漢楚元王交二十二世孫。晉哀帝興寧元年癸亥三月壬寅夜生〔一〕，神光照室，是夕，甘露降於墓樹。產夜而皇妣趙氏殂。帝長，雄傑有大度，事繼母以孝聞。嘗遊京口竹林寺，獨臥講堂前〔二〕，有五色龍章。皇考墓在丹徒，秦史所謂曲阿、丹徒間有天子氣。時有孔子恭者，善占墓，謂帝曰：「非常地也。」由是益自負。隆安中，平孫恩有功。桓玄篡位，帝隨桓脩入朝。玄妻劉氏謂玄曰：「劉德輿龍行虎步，視瞻不凡，宜早爲其所。」玄曰：「方欲北清中原，非劉裕莫可〔三〕，使若關隴平定，徐思其宜。」裕還丹徒，因遊獵，會同謀者，擒桓脩，斬以徇，率二州之衆千七百人舉義，破皇甫敷、桓謙等，玄輕舟南逸。王謐與衆推帝爲使持節〔四〕，都督揚、豫、徐、兗、青、冀、幽、並八州諸軍事〔五〕，鎮軍將軍、徐州刺史，鎮石頭。天子至自江陵，進侍中、車騎將軍，都督中外諸軍事，爲揚州刺史、錄尚書事，加北青、冀二州刺史、太尉、中書監，授黄鉞。平南燕，破盧循，進大將軍、揚州牧，給班劍二十人。滅姚秦，還建康，封宋公，備九錫。明年，進爵爲王，增封十郡。元熙二年正月，天子遣使奉冊禪位，帝奉表陳讓。太史令駱達奏曰：「自晉義熙元年至元熙元年〔六〕，太白晝見，經天凡七，占曰：『太白經天，民更主，異姓興。』義熙七年，五虹見於東方，占曰：『五虹見，天子黜，聖人出。』十三年，鎮星入太微，有立王徙主之兆。元熙元年冬，有黑龍四登於天，《易傳》曰：『冬龍見，天子亡社稷，大人受命。』冀州道人釋法稱告其弟子曰：『嵩神言，江東有劉將軍，漢家苗裔，當受天命，吾以璧三十二、鎮金一餠與之，劉氏卜世之數也。』」於是群公卿士固請，乃從之，大赦，改元。初，光武立社於南陽。漢末，其樹死，劉備有蜀，應之而興。及晉末年，舊根復萌，至是而茂盛。自永初庚申至昇明戊午，八主，五十八年，而禪位於齊。

天時	高祖永初元年（庚申）
地域	以秣陵故縣爲零陵王宮。丹陽尹領縣八：建康、秣陵、丹陽、江寧、永世、溧陽、湖熟、句容。其陽都、費、即丘三縣並割臨沂及建康爲土費縣治，宮城之北即懷德縣，隸南琅琊郡。
官守	廬陵王義真爲揚州刺史。
政事	夏四月，晉恭帝召宋王入輔。六月，至建康。傅亮諷帝禪位，具詔草呈帝，使書之。帝欣然操筆，謂左右曰：「桓玄之時，晉氏已無天下，重爲劉公所延將二十載。今日之事，本所甘心。」遂書赤紙爲詔，遜於琅琊第。百官拜辭，秘書監徐廣流涕哀慟。丁卯，王爲壇於南郊，即帝位。自石頭備法駕入建康宮，臨太極殿。奉晉恭帝爲零陵王，優崇之禮皆仿晉初故事，即宮於秣陵縣。以司空道憐爲太尉，立子義符爲皇太子，詔晉安帝諸陵悉置守衛。

天時	地域	官守	政事
二年（辛酉）		義真爲司徒、中書令，徐羨之以尚書令爲揚州刺史。	大赦。以揚州刺史、廬陵王義真爲司徒、中書令，傅亮爲尚書僕射。詔所在淫祠自蔣子文以下皆除之。帝聽訟華林園。九月，晉零陵王崩，臨於朝堂三日，葬晉恭帝於沖平陵。
三年（壬戌）		正月，羨之進司空，刺史如故。六月壬申，以侍中謝方明爲丹陽尹。	三月，上不豫，大赦。五月，疾甚，太尉長沙王道憐、司空徐羨之、尚書僕射傅亮、領軍將軍謝晦、護軍將軍檀道濟等同受顧命。癸亥，帝殂於西殿。太子即位，葬武皇帝於初寧陵。

天時	地域	官守	政事
營陽王 諱義符，武帝長子。 景平元年（癸亥） 冬十月，有星孛於天市尾，貫攝提，向大角，仲月在尾，季月掃天倉而後滅。			正月，大赦，改元，祀南郊。營陽王自即位後，漸爲淫虐，諸大臣皆不自安，由是有廢立意。

天時	地域	官守	政事
文帝 諱義隆，武帝第二子〔七〕。 **元嘉元年（甲子）** 正月癸巳朔，日蝕。大旱。	省僑立廣川等四郡，以其民併建康。	八月戊戌，羨之進司徒。甲辰，皇弟竟陵王義宣爲左將軍，鎮石頭。	夏四月，羨之召檀道濟、王弘入朝，以廢立之謀告之。謝晦聚將士於府內，又使中書舍人邢安泰、潘盛爲內應。時帝於華林園爲列肆，親自沽賣，又與左右引船爲樂，夕遊天淵池，即龍舟而寢。乙酉詰旦，道濟引兵居前，羨之繼其後，入自雲龍門，進殺二侍者，傷帝指，扶出東閤，收璽綬。群臣拜辭，衛送還太子宮。稱皇太后令，數帝過惡，廢爲營陽王，以宜都王義隆纂承大統，遷營陽王於吳郡〔八〕，弒之。傅亮率行臺百官奉法駕，迎宜都王於江陵。八月丙申，至建康。丁酉，謁初寧陵，還次

天時	地域	官守	政事
			中堂〔九〕，百官奉璽綬，乃即位。御太極殿，大赦，改元。以謝晦爲荊州刺史，徐羨之進位司徒，王弘進位司空，傅亮加開府儀同三司，晦進號衛將軍，道濟進號征北將軍。是歲，置竹林寺。
二年（乙丑）春，有江鷗百許頭集太極殿堦。六月丙午，吳郡大風，山水湧出五丈，殺居人。			徐羨之、傅亮上表歸政。祀南郊，大赦。二月，策秀才於中堂。置清園寺。

天時	三年（丙寅）閏三月，大風折木。太白晝見。
地域	
官守	召王弘爲侍中、司徒、錄尚書事、揚州刺史。
政事	正月，下詔暴羨之、晦、亮殺營陽廬陵之罪，命有司誅之。遣到彥之、檀道濟討謝晦。晦自江陵東下至江口，到彥之至彭城洲，晦使中兵參軍孔延秀攻將軍蕭欣於彭城，破之。又攻洲口柵，陷之。道濟既至，與彥之軍合。晦惶懼無計，軍一時皆潰。晦夜還江陵，攜其弟遯等七騎北走，至安陸延頭，爲戍主光順之所執，檻送建康。於是誅晦、㩋、遯及其兄弟之子，並同黨孔延秀、周超等。帝還建康，徵謝靈運爲秘書監，顔延之爲中書侍郎。夏五月，以檀道濟爲征南大將軍，開府儀同三司，江州刺史。

天時	地域	官守	政事
			到彥之爲南豫州刺史。上臨延賢堂聽訟。
四年（丁卯） 六月癸卯朔，日蝕。丙辰，青黑虹見，東西經天。十一月辛未，甘露降初寧陵。			祀南郊。二月，帝如丹徒謁京陵，宴丹徒宮，帝鄉父老咸與。是月，京師疾疫，使使巡給醫藥，死無家者賜以棺斂〔一〇〕。置永豐寺，本一名長樂寺，以延陵有之，改焉。
五年（戊辰） 正月庚午朔，大風，京師大水。五月己巳，太白經天。六月庚戌，都			閱武於北郊。

天時	地域	官守	政事
下大水。秋七月己丑，大風。九月癸酉夜，有黑氣如流星，出奎、婁，沒羽林。			
六年（己巳）五月壬辰朔，日蝕。七月，大風折木。十一月己丑，日蝕，不盡如鎌，星晝見。			正月，祀南郊。召彭城王義康爲侍中、司徒、錄尚書事，平北將軍、南徐州刺史，入知朝政，立子劭爲太子。夏四月，以尚書左僕射王敬弘爲尚書令，臨川王義慶爲左僕射，吏部尚書江夷爲右僕射。

天時	地域	官守	政事
七年（庚午）二月壬戌，雪且雷。十月申午，西北有赤氣，中黑如旌旗。十二月丙戌，太白晝見。己亥夜，京師火，延太廟北垣。		十月，以竟陵王義宣爲南徐州刺史，猶戍石頭。	三月，遣右將軍到彥之、安北將軍王仲德、兗州刺史竺靈秀等率兵北伐，尅復河北。以長沙王義欣監征討諸事。彥之、仲德軍敗，皆下獄，免官。竺靈秀坐棄軍誅。
八年（辛未）二月，大雪。四月辛亥，太白晝見，獲白雀於左衛府。七月壬戌夜，白虹	省琅琊郡之即丘入陽都。	八月甲辰，以臨川王義慶爲中書令、丹陽尹。	檀道濟帥師救滑臺。六月，大赦天下。

天時	地域	官守	政事
見於東方。十二月庚辰，雷。			
九年（壬申）四月己丑，太白晝見。乙未，雨雹，傷牛、馬、鳥獸。		六月戊寅，司徒、南徐州刺史、彭城王義康改領揚州刺史。	三月，衛將軍王弘進位太保，加中書監、征南大將軍，檀道濟進位司空。七月，以領軍將軍殷景仁爲尚書僕射，太子詹事劉湛爲領軍將軍。
十年（癸酉）			三月，大赦。
十一年（甲戌）			禊飲於樂遊園。置竹園寺。

天時	地域	官守	政事
十二年（乙亥）正月己未朔，日蝕。四月丙辰夜，京師地震。十月壬子，太白晝見。		何尚之爲丹陽尹。	正月，大赦，祀南郊。燕王馮弘遣使詣建康，稱藩奉貢。四月，加殷景仁中書令、中護軍，即家爲府，遷護軍府於西掖門外。彭城王義康欲以劉斌爲丹陽尹，上不許，乃以何尚之爲之。立宅南郭外，聚生徒，謂之南學。
十三年（丙子）			正月，上有疾，不朝會。司徒義康用劉湛計，殺檀道濟並其子十一人。錢樂鑄渾天儀。
十四年（丁丑）鳳凰見。		王淮之領吏部尚書，爲丹陽尹。	正月，大赦。鳳凰二見民王覬家園中〔一二〕，改其地名鳳凰里。

天時	地域	官守	政事
十五年（戊寅） 二月，京師木連理。冬十月壬子，流星出太白，入紫微，有聲如雷。十一月丁卯朔，日蝕。	省南瑯琊郡之費縣併入建康、臨沂。	王瑩爲左光祿大夫，開府儀同三司、丹陽尹。	新作東宮名。處士雷次宗至建康，爲開館於雞籠山，聚徒教授。
十六年（己卯） 五月丁卯，太白經天。八月戊午，太白晝見。			閱武於北郊，太子劭加冕，詔大赦，置上定林寺。

天時	地域	官守	政事
十七年（庚辰）二月己巳，夜，黑氣經天。四月戊午朔，日蝕。六月己酉，太白晝見。十一月乙酉朔，甘露降於樂遊苑。		十月，義康爲江州刺史，出鎮豫章。徵義恭爲侍中，都督揚、南徐、兗三州，司徒、錄尚書事，領太子太傅。甲戌，以殷景仁爲揚州刺史、尚書僕射、太子詹事。十二月，以始興王濬爲揚州刺史。	太子劭請京口拜京陵。上以司徒彭城王義康嫌隙已著，恐成禍亂，收劉湛誅之。義康上表遜位，詔以爲江州刺史。江夏王義恭爲司徒、錄尚書事。殷景仁卒。

天時	地域	官守	政事
十八年（辛巳）三月庚子，雨雹。五月甲申，甘露降臨川王園。七月壬辰，夜，天有光通照。			正月甲辰，以彭城王義康都督江、交、廣三州軍事。前龍驤參軍、巴東扶令育詣闕上書，引漢袁盎諫孝文遷淮南王事。帝怒，收付建康獄，賜死。通使於魏。
十九年（壬午）二月，野蠶成繭。三月乙未，太白晝見。五月，京師大水。七月甲戌晦，			三月，帝親臨儒學，召處士雷次宗侍講，賜諸生帛。四月，上以疾愈，大赦。柔然遣使詣建康。

天時	地域	官守	政事
日蝕。九月丙辰，有客星在北斗，因爲彗入文昌，貫五車，掃畢，拂天節，經天苑，至季冬乃滅。			
二十一年（甲申）三月甲戌，太白經天。六月，京師霖雨。七月，甘露降樂遊苑。十月丙子，雷且電。		起徐湛之本職、丹陽尹。	正月，帝耕籍田，大赦。二月，江夏王義恭進位太尉，領司徒。封子宏爲建平王。魏主使員外散騎常侍高濟來聘。

天時	地域	官守	政事
二十年（癸未）六月，秣陵縣白雀見。十一月辛卯，太白晝見。			正月，郊祀。開萬春、千秋等門。閱武於北郊，封子誕爲廣陵王。
二十二年（乙酉）八月甲午，太白晝見。冬，藉田獲嘉禾。		以趙伯符爲丹陽尹。	正月，詔頒《元嘉曆》。封子褘爲東海王，昶爲義陽王。太子劭釋奠於國學。武陵王駿遣沈慶之討平諸蠻，徙萬餘口於建康。以荆州刺史、衡陽王義季爲征北大將軍、開府儀同三司、南兗州刺史，上餞義季於武帳堂〔一二〕。太子詹事范曄、散騎常侍孔熙先等謀反，伏誅。免侍中、彭城王義康爲庶人。初，

天時	地域	官守	政事
			江左二郊無樂，宗廟雖有登歌，亦無二舞。是歲，南郊始設登歌。冬，浚淮，起湖熟廢田千餘頃〔一三〕，西去城八十里。
二十三年（丙戌） 六月癸未朔，日蝕。嘉禾秀於華林園，甘露降於長寧陵。			夏四月，大赦。九月，上臨試諸生於國學，賜學官帛有差。是歲，堰玄武湖於樂游苑北，興景陽山於華林園。

天時	地域	官守	政事
二十四年（丁亥）二月，京師木連理。三月，甘露降景陽山。六月，京師疾疫，大水。		劉秀之再爲建康令，有政績。	正月，大赦天下，文武賜位一等。蠲秣陵今年田租。十一月，封子渾爲汝陰王。
二十五年（戊子）閏二月辛亥，雨雹。四月丁卯，太白經天。丁丑，青龍見於玄武湖南。五月戊戌，黑龍見		徐湛之爲丹陽尹。	閏二月，大蒐於宣武場。夏四月，新作閶闔、廣莫等門，改先廣莫門曰承明，開陽曰津陽。八月，封子彧爲淮陽王。以何尚之爲尚書左僕射、領軍將軍。車駕幸江寧，經劉穆之墓，詔使致祭。

天時	地域	官守	政事
玄武湖。八月，華林園嘉禾秀。			
二十六年（己丑） 十月癸卯，彗見太微。			正月，祀南郊。二月，上如丹徒，謁京陵。
二十七年（庚寅）		太子劭出鎮石頭，總統水軍。湛之守石頭倉城。	二月，魏主自將攻懸瓠，不克。秋七月，遣寧朔將軍王玄謨帥沈慶之、申坦將水軍入河。臧質、王方回徑造許、洛，武陵王駿、南陽王鑠各勒所部，東西齊舉。太尉、江夏王義恭出次彭城，爲衆軍節度，伐魏。玄謨進圍滑臺。九月，魏主引兵南救滑臺，衆號百萬，玄

天時	地域	官守	政事
			謨退走。薛安都等尅陜城，魏兵大潰。上以玄謨敗退，召還。魏主至瓜步，壞民廬舍，伐葦爲筏，聲言欲渡江。建康震懼，民皆荷擔而立。內外戒嚴。命領軍將軍劉遵考將兵分守津要遊邏，上接於湖，下至蔡洲，陳艦列營，周亙江濆，自採石至於暨陽六七百里。吏部尚書江湛兼領軍事，處置悉以委焉。上登石頭城，有憂色，曰：「檀道濟若在，豈使胡馬至此！」又登幕府山，觀望形勢，購魏主及王公首。魏主鑿瓜步山，遣使求和請婚。

天時	地域	官守	政事
二十八年（辛卯）三月，大旱。四月，都下疾疫。己卯，彗見於昴。五月壬子〔一四〕，彗見太微中，對帝座。彗星起畢、昴，入太微，掃帝座、端門，滅翼、軫。		湛之爲僕射、護軍將軍。	正月，魏主自瓜步掠居民，焚廬舍而去。賜彭城王義康死。降太尉義恭爲驃騎將軍、開府儀同三司，武陵王駿爲北中郎將。上如瓜步。三月乙酉〔一五〕，還宮，拜初寧陵。以尚書左僕射何尚之爲尚書令，以吏部尚書王僧綽爲侍中。

天時	地域	官守	政事
二十九年（壬辰）二月乙卯〔一六〕，雷且雪。三月壬午，大風拔樹，都下災。熒惑逆行守氐。自十一月，霖雨連雪，陽光罕曜。十二月戊申，黃霧四塞。		冬十一月壬寅，揚州刺史、廬陵王紹薨。	二月，封子休仁爲建安王。三月，上聞魏世祖殂，遣撫軍將軍蕭思話、督張永等向碻磝，魯爽等出許、洛，臧質趣潼關，伐魏。秋七月，張永等至碻磝，攻累旬，不拔。思話命諸軍皆退屯歷城。十二月，以江夏王義恭爲大將軍、南徐州刺史、錄尚書事。

天時	地域	官守	政事
三十年（癸巳） 二月甲子，帝爲太子劭所弑。正月乙亥朔〔一七〕，有青黑氣從東南來，覆映宮上。大風飛霰，且雷。秋七月辛丑朔，日蝕。		正月戊寅，以南譙王義宣爲司徒、揚州刺史。南平王鑠戍石頭。三月壬午，太子劭以臧質爲丹陽尹。壬子，太子劭以褚湛之爲丹陽尹，統石頭戍事。五月戊戌，以蕭思話爲中書令、丹陽尹。	太子劭、始興王濬與嚴道育等咒詛事發，帝欲廢劭，賜濬死。潘淑妃告濬，濬馳告劭，劭乃謀爲逆。初，帝置東宮實甲萬人。劭性黠而剛猛，將作亂，每夜饗將士，或親行酒。二月甲子，宮門未開，劭以朱衣加戎服，與蕭斌同載，衛從如常入朝之儀，從萬春門入，以僞詔示門衛曰：「受敕，有所討。」令後隊速來。張超之等數十人馳至雲龍門及齋閣，拔刃徑上合殿。帝夜與徐湛之屏人語，至旦燭猶未滅。直衛兵未起，帝見超之入，舉几捍之，五指皆落，遂弑之，並殺徐湛之。江湛、顧嘏、左細仗

天時	
地域	
官守	
政事	主卜天與疾呼左右出戰，手射劭於東堂，幾中，不敵而死。劭使人殺潘淑妃及太祖親信左右數十人。召始興王濬，使帥衆屯中堂，詐爲太祖詔。召大將軍義恭、尚書令何尚之，並召百官，至者纔數十人。劭遽即位，大赦，改元太初。密與沈慶之手書，令殺武陵王駿。慶之以書示王，王求入內與訣。慶之曰：「下官受先帝厚恩，今日之事，唯力是視，殿下何見疑之深？」王起再拜曰：「國家安危，全在將軍。」慶之即令勒兵，旬日之間，內外整辦。南譙王義宣及臧質皆不受劭命，起兵應駿。劭

天時	
地域	
官守	
政事	聞四方兵起，憂懼戒嚴，悉召下番將吏遷秦淮南岸居民於北岸，聚諸王大臣於城內。夏四月癸卯，柳元景統薛安都等十二軍發湓口，元景以舟艦不堅，憚於水戰。乃倍道兼行，至江寧步上，使薛安都帥鐵騎曜兵淮上。戊午，武陵王駿到南洲，降者相屬。癸亥，元景潛至新亭，依山爲壘。劭使蕭斌統步軍，褚湛之統水軍，與魯秀等精兵合萬人，攻新亭壘。劭自登朱雀門，督戰數合，劭兵少卻。元景開壘，鼓譟乘之，劭衆大潰，墜淮死者甚衆。劭更率餘衆自來攻壘，元景復大破之，劭僅以身免。己巳，

天時	地域	官守	政事
			武陵王即皇帝位。是日，劭亦臨軒，拜太子偉之，大赦。五月癸酉，臧質兵至新亭，隨王誕遣參軍劉季之將兵，與顧彬之俱向建康。劭遣殿中將軍燕欽等拒之，遇於曲阿，奔牛塘，欽大敗，劭於是緣淮樹柵自守。又決破崗、方山埭，以絶東軍。魯秀募勇士攻大航，克之。輔國將軍朱脩之克東府。丙子，諸軍克臺城，各由諸門入，會於殿庭。劭穿西垣，入武庫井中，隊副高禽執之，送軍門，斬劭及四子於牙下。濬率左右南走，遇江夏王義恭於越城，勒與俱歸，於道斬之及其三子。劭、濬父子首並梟

天時	地域	官守	政事
			大航，暴尸於市。甲午，帝謁初寧、長寧陵。以南平王鑠爲司空，建平王宏爲尚書左僕射，蕭思話爲中書令、丹陽尹。
孝武帝 諱駿，文帝第三子也。 **孝建元年（甲午）** 二月己巳，有流星大如月，西行。七月丙申朔，日蝕。十月，熒惑犯進賢星。十一月甲申，	分會稽、東陽、新安、永嘉、臨海五郡爲東揚州。	以義宣爲中書監，都督揚、豫二州，丞相，錄尚書六條事，揚州刺史。	正月，祀南郊，改元，大赦。以尚書令何尚之爲左光祿大夫、護軍將軍；以左衛將軍顔竣爲吏部尚書、領驍騎將軍。立子子業爲皇太子。二月，丞相、荆襄二州刺史、南郡王義宣與臧質、魯爽、徐遺寶舉兵反，自號建平元年，內外戒嚴。四月丙戌，左將軍薛安都等大破魯爽於小峴，斬之。五月甲辰，義宣至蕪湖，臧質逼梁山。輔國將軍王玄謨帥衆與質大戰，質敗走武昌，斬首傳京師。

天時	地域	官守	政事
甘露降長寧陵。			朱脩之入江陵，殺義宣並誅其子十六人及同黨竺超民等。罷南蠻校尉，遷其營於建康。
二年（乙未）		以太傅義恭領揚州刺史。	湘州刺史劉遵考爲尚書右僕射。六月，大赦。立弟休祐爲山陽王、休茂爲海陵王、休業爲鄱陽王。詔祀郊廟，初設備樂。九月，閱武於宣武場。建平王宏爲尚書令。
三年（丙申）七月，熒惑守南斗。四月戊戌，太白犯輿鬼。八月甲午，太白入心。		以尚書左僕射劉遵考爲丹陽尹。七月，以子尚爲揚州刺史。九月，遵考爲尚書右僕射。右將軍顔竣爲丹陽尹。	正月，立弟休範爲順陽王、休若爲巴陵王，大赦。上以熒惑守南斗，廢西州舊館，使子尚移治東城以厭之。太傅義恭進位太宰，領司徒。二月，策孝、秀於東堂。初制朔、望臨西堂接群臣，受奏事。聽訟於華林園。

天時	地域	官守	政事
大明元年（丁酉） 五月壬子，紫氣出景陽樓，狀如煙，迴薄久之。戊午，嘉禾一株五莖，生清暑殿鴟吻中。		以竣爲東揚州刺史，劉秀之爲丹陽尹。	正月，改元，大赦。初令大臣加班劍者不得入宮城門。四月，京師疾疫。改景陽樓爲慶雲樓。
二年（戊戌） 四月辛丑，地震。七月己酉，太白入東井。			二月，以金紫光祿大夫褚湛之爲尚書左僕射。四月，立子子綏爲安陸王。

天時	地域	官守	政事
三年（己亥）正月，四方生赤黃氣。三月，土守牽牛。九月，月在胃而蝕。	罷揚州，以浙江西立王畿，以浙江東爲揚州。	豫章王子尚爲揚州刺史，加都督。	四月〔一八〕，司空、竟陵王誕殺兗州刺史垣閬〔一九〕，據廣陵城反。內外戒嚴〔二〇〕。以車騎大將軍、開府儀同三司沈慶之爲南兗州刺史，率衆往伐〔二一〕。豫州刺史宗愨、徐州刺史劉道隆並引軍來會。上總禁兵頓宣武堂〔二二〕，七月己巳，克廣陵〔二三〕，誕墜水〔二四〕，沈胤之追誕，斬之。上出宣陽門，敕左右皆呼萬歲。命屠廣陵，慶之請自五尺以下全之，聚其首於石頭南岸爲京觀。大赦。九月，築上林苑於玄武湖北。初，晉人築南郊壇於巳位，徐爰以爲非禮，徙於牛頭山西，直宮城之午位。帝

天時	地域	官守	政事
			又命尚書左丞荀萬秋造五路，依金根車，加羽葆蓋。
四年（庚子） 五月，月入太微。 六月，太白犯井。	四月癸卯，以南琅琊郡隸王畿。		正月，祀南郊，耕藉田，大赦。立子子勛爲晉安王，子房爲尋陽王，子頊爲歷陽王，子鸞爲襄陽王。復置大司農官。
五年（辛丑） 正月，雪。三月甲戌夜，衆星西流。 九月甲寅，日蝕。 十一月己巳，甘露降新安王第。	省南琅琊郡之陽都縣併入臨沂、江乘。	王僧朗爲丹陽尹。	二月，閲武於玄武湖西。以西陽王子尚爲豫章王。詔經始明堂，直作大殿於南丙巳之地，制如太廟。夏五月，王僧朗表獻蔣陵里所生嘉禾。立子子仁爲永嘉王，子真爲始安王。九月，幸琅琊郡訊獄。初築馳道，南自閶闔抵大航，北自承天門抵玄武湖。

天時	地域	官守	政事
六年（壬寅）二月，月犯左角。戊申〔二五〕，甘露降於京師。三月丙午，青雀見華林園。秋七月甲申，地震，有聲如雷。		九月乙未，以丹陽尹王僧朗爲右僕射。	正月，上初祀五帝於明堂，大赦。策孝、秀於中堂。揚州秀才顧法秀對制，上覽之，疾其諒也，投策於地。三月，立子子元爲邵陵王。新作朱雀門。十月，葬殷貴妃於龍山，鑿岡通道數十里，民不堪役，江南葬埋之盛，未之有也。
七年（癸卯）四月，大風折和寧陵華表。	以王畿之內郡屬南徐州。		正月，詔於玄武湖大閱水軍，並巡江右，講武校獵。二月，西巡濟江，立行宮於歷陽鐫石涓，大赦。八月，詔太官徹膳，大赦天下。親幸秣陵訊囚。立子子孟爲淮南王，子產爲臨賀王，以新安王子鸞兼司空。上校獵姑孰，百姓有冤

天時	地域	官守	政事
			厄屈滯，皆聽面陳。自江寧縣南登山，及陵望臺。甲子，館行宮於南豫州城。十一月，登白紵山，使使祭桓溫、毛璩等墓，置守冢三十戶。訊溧陽獄囚於行所。習水軍於梁山。十二月，如歷陽，大赦，立雙闕於梁山。
八年（甲辰）四月，雨雹。六月，流星大如斛，赤色，光照人面，尾長一丈，從參北出，東行直下，徑東井，通南河沒。	十二月壬辰，復以王畿諸郡爲揚州。	加柳元景開府儀同三司，領丹陽尹。以豫章王子尚爲司徒、揚州刺史。	正月，以徐州刺史、新安王子鸞領司徒。宗祀於明堂。五月，太宰義恭領太尉。庚申，上殂於玉燭殿，遺詔太宰義恭、驃騎將軍柳元景、始興公沈慶之參決政事。是日，太子即位。復以太宰義恭錄尚書事，罷南北二馳道及孝建以來所改制度，還依元嘉。葬孝武帝於景寧

天時	地域	官守	政事
十月，太白守房。			陵，在今上元縣南四十里巖山之陽。九月，以尚書右僕射劉遵考爲特進、右光祿大夫。是歲，三吳大旱，米有價無糴所，富人貫珠玉相交枕死於道路，建康、秣陵兩縣爲薄粥贍之。
廢帝 諱子業，孝武長子。先改元永光，尋改景和。十一月，被弑。二月甲申，月入南斗。六月庚午，熒惑入東井。七月己酉，有	秋七月，罷東揚州。以石頭城爲長樂宮，東府城爲未央宮。甲戌，以北邸爲建章宮，南第爲長楊宮。	六月壬午，以顔師伯爲丹陽尹。八月甲戌，以揚州刺史、豫章王子尚領尚書令。	正月，改元永光，大赦。以丹陽尹顔師伯爲尚書左僕射，吏部尚書王景文爲右僕射〔二六〕。太宰義恭與柳元景、顔師伯密謀廢帝，立義恭。沈慶之發其事，帝自帥羽林討義恭，殺之，並殺元景、師伯。改元景和，文武進位二等。八月，以始興公沈慶之爲侍中、太尉，慶之固辭。徵王玄謨爲領軍將軍。九月，

天時	星入紫微，經北極。十一月丁未，太白犯哭星。
地域	
官守	
政事	帝如姑孰。賜新安王子鸞死。徐州刺史、義陽王昶聞江夏王誅，舉兵。帝聞，喜曰：「自我即位，未嘗戒嚴，令人悒悒。」昶聞王師來，棄家載愛妾出彭城北門，奔後魏。寧朔將軍何邁謀廢帝，立晉安王子勛，事泄，誅。吏部尚書蔡興宗、青州刺史沈文秀說沈慶之廢帝，慶之不從。及帝誅何邁，量慶之必諫，先開清溪諸橋以絕之，遣慶之從子攸之賜藥，慶之不肯飲，攸之以被揜殺之，時年八十。帝畏忌諸父，恐其在外爲患，皆聚建康，拘於殿內，毆捶牽曳〔二七〕，無復人理。十一月，太史奏湘

天時

地域

官守

政事

東有天子氣，將南巡以厭之。戊午，夕，向華林後堂日射鬼主，衣壽寂之、姜産之懷刀以入，帝驚，引弓射寂之，不中，寂之乃刃帝而死，時年十七。宣令宿衛曰：「湘東王受太皇太后令，除狂主，今已平定。」休仁就秘書省見湘東王彧，即稱臣，引升西堂登御座，召見諸大臣，宣太皇太后令，數廢帝罪惡，命湘東王纂承皇極。賜豫章王子尚及會稽公主死。丙寅，湘東王即位，大赦，改元。徙臨賀王子産爲南平王，晉熙王子輿爲廬陵王。以尚書右僕射王景文爲尚書左僕射。鑄鵝眼綖環錢。

天時	地域	官守	政事
明帝 諱彧，文帝第十一子也。十一月〔二八〕，自湘東王。改元。 泰始元年（乙巳）		十二月癸亥〔二九〕，以建安王休仁爲司徒、尚書令、揚州刺史。	正月，晉安王子勛稱帝於尋陽，年號義嘉。徐州刺史薛安都，申令孫，司州刺史龐孟虯，豫州刺史殷琰，青州刺史沈文秀，冀州刺史崔道固，湘州行事何慧文〔三〇〕，廣州刺史袁曇遠〔三一〕，益州刺史蕭惠開，梁州刺史柳元怙並起兵應子勛，四方貢計皆歸尋陽，朝廷所保惟丹陽、淮南數郡，其間諸縣或有應子勛者。帝親御六軍於中興堂。兗州刺史殷孝祖委妻子於瑕丘，帥文武二千人還建康。時內外憂危，咸欲奔散，孝祖忽至，人情大安。進孝祖號撫軍將軍，假節督前鋒諸軍事，遣向虎檻。以吏部尚

天時	地域	官守	政事
			書蔡興宗爲左僕射〔三二〕。吳興太守張永、右將軍蕭道成東討〔三三〕，平晉陵，曲赦江南五郡。建武將軍吳喜率諸軍破賊於吳興、會稽〔三四〕，同逆皆伏誅〔三五〕。三月，殷孝祖敗於赭圻，死之，以沈攸之代爲南討前鋒。八月己卯〔三六〕，司徒、建安王休仁帥衆軍大破子勛兵，斬僞尚書僕射袁顗，進討江、郢、荆、湘、雍五州〔三七〕，平之。子勛及安陸王子綏、臨海王子頊、邵陵王子元並賜死，解嚴，大赦。以車騎將軍、江州刺史王玄謨爲左光祿大夫、開府儀同三司、護軍將軍〔三八〕。十月，

天時	地域	官守	政事
			立子昱爲太子。永嘉王子仁、興安王子真、淮南王子孟、南平王子產、廬陵王子興、松滋王子房並賜死。十一月〔三九〕，立子延年爲新安王。
二年（丙午） 三年（丁未）			四月，立桂陽王休範子德嗣爲廬江王，立侍中劉韞子銑爲南豐王，以奉廬江昭王、南豐哀王祀。五月，以太子詹事袁粲爲尚書右僕射。以中領軍沈攸之行南兗州刺史，帥衆北侵。以皇后六宮雜衣千領、金釵千枚賜北伐將士。改新安王延年爲始平王。立建安王休仁子仁猷爲江夏王〔四〇〕。蕭道成戍淮陰，收養豪傑。

天時	地域	官守	政事
四年（戊申）正月丙辰朔，雨草於宮。十月癸酉朔，日蝕。			正月，祀南郊。徙東海王褘爲廬江王，山陽王休祐爲晉平王。九月庚午，上備法駕，幸東宮。赦南徐、兗、豫三州〔四一〕。
五年（己酉）冬十月丁卯朔，日蝕。		十二月戊戌，司徒、建安王休仁解揚州。己未，以桂陽王休範爲揚州刺史，袁粲加中書令、丹陽尹。	正月，耕藉田，大赦，賜力田爵一級。立晉平王休祐子宣曜爲南平王，長沙王纂子延之爲始平王。
六年（庚戌）		六月癸卯，以江州刺史王景文爲尚書左僕射、揚州刺史。	正月，初制，間二年一祭南郊，間一年一祭明堂。二月，大赦。立子燮爲晉熙王〔四二〕。以王景文爲尚書左僕射，袁粲爲右僕射。立總明觀祭酒一人，儒、

天時	地域	官守	政事
			玄、文、史學士各十人。立子贊爲武陵王。
七年（辛亥）			二月，征西將軍、荆州刺史、巴陵王休若進號征西大將軍及征南大將軍，江州刺史、桂陽王休範並開府儀同三司。晉平刺王休祐貪虐無度，不使之鎮，從上於岩山射雉，遣壽寂之等拉殺之。五月，鴆司徒建安王休仁。以袁粲爲尚書令，褚彦回爲右僕射。七月，巴陵哀王休若至建康，賜死。徵蕭道成入朝，拜散騎常侍、太子左衛率。八月，立子準爲安成王。上以故第爲湘宮寺，備極壯麗，欲造十級浮圖，乃分爲二。新安太

		泰豫元年（壬子）
天時		正月丁巳，巨人跡見西池冰上。
地域		
官守		四月乙巳，以安成王準爲揚州刺史。
政事	守巢尚之罷郡入見，上曰：「卿至湘宮寺未？此是我大功德，用錢不少。」散騎常侍虞愿侍側，曰：「此是百姓賣兒貼婦錢所爲，若佛有知，當慈悲嗟愍，罪高浮圖，何功德之有？」上怒，愿趨出。	正月，上以疾久不平，改元。皇太子會四方朝賀者於東宮，並受貢計。遣使齎藥賜王景文死。景文名彧，避帝諱，以字行。四月己亥，上大漸。以江州刺史、桂陽王休範爲司空。詔劉勔與尚書令袁粲〔四三〕、荆州刺史蔡興宗、郢州刺史沈攸之並受顧命。又以蕭道成爲右衛將軍，領衛尉，與袁粲共掌機事。是

天時		蒼梧王 諱昱，明帝長子。 元徽元年（癸丑） 八月，都下旱。十二月癸卯朔，日蝕。
地域		
官守		九月丁酉，以劉秉爲丹陽尹。
政事	夕，上殂。庚子，太子即位。樂安宣穆公蔡興宗卒，以郢州刺史劉秉爲尚書右僕射。	正月，改元，大赦。顧憲之爲建康令，號曰神明，權要請託，長吏貪殘，據法直繩，無所阿縱。

天時	地域	官守	政事
二年（甲寅）			夏五月壬午，江州刺史、桂陽王休範舉兵反，以書與諸執政，稱楊運長、王道隆蠱惑先帝，使建安、巴陵二王無罪被戮，望執錄二豎，以謝冤魂，朝廷震駭。蕭道成曰：「今應變之術，不宜遠出，宜頓新亭、白下，堅守宮城，東戍石頭以待〔四四〕。賊至千里，孤軍求戰，不得，自然瓦解。我頓新亭，以當其鋒。征北守白下，領軍屯宣陽門，爲諸軍節度。諸貴安坐殿中，不須競出，我自破賊必矣。」即日，內外戒嚴。道成將前鋒兵出屯新亭，張永屯白下，前南兗州刺史沈懷明戍石頭〔四五〕，袁

天時	地域	官守	政事
			粲、褚淵入衛殿省。蕭道成至新亭，治城壘未畢，休範前軍已至新林，道成率衆拒擊，休範白服乘肩輿登城南臨滄觀，以數千人自衛。屯騎校尉黄回、越騎校尉張敬兒出城放仗，大呼稱降。休範喜，置於左右，敬兒奪休範防身刀斬首，遣陳靈寶送臺。休範將士不之知，其將杜黑騾攻新亭甚急。蕭惠朗率敢死士數十人突入東門，至射堂下，道成上馬帥麾下搏戰，惠朗乃退。丁文豪破臺軍於皂莢橋，直至朱雀桁南。杜黑騾捨新亭，北趣朱雀航。右將軍王道隆將羽林精兵在朱雀門内，急召劉勔於石頭。

天時	地域	官守	政事
			勔度航南，戰敗而死。黑騾等乘勝度淮，道隆棄衆走還臺，黑騾兵追殺之，中外大震，白下、石頭之衆皆潰，張永、沈懷明逃還宮中，宮中傳新亭亦陷。黑騾徑進至杜姥宅，中書舍人孫千齡開承明門出降，宮省恇擾。蕭道成遣陳顯達、張敬兒等將兵自石頭，齊淮從承明門入衛，大破黑騾於杜姥宅。丙申，又破黑騾等於宣陽門，斬黑騾及文豪，進克東府，餘黨悉平。以道成爲中領軍、南兗州刺史〔四六〕，留衛建業。七月，立弟友爲邵陵王，以尚書令袁粲爲中書監，領司徒，加褚淵尚書令。十

天時	地域	官守	政事
			一月，帝加元服，大赦。立弟躋爲江夏王，贊爲武陵王。
三年（己卯）三月己巳，都下大水。			正月，祀南郊、明堂。袁粲、褚淵皆固讓新官，復以粲爲尚書令，加護軍將軍，褚淵中書監。
四年（丙辰）		九月，車騎將軍、揚州刺史安成王準進號驃騎大將軍、開府儀同三司。	正月，耕藉田，大赦。加道成尚書左僕射，劉彥中書令〔四七〕。楊運長、阮佃夫等忌建平王景素，景素謀自全之計，遣人往來建業，要結將軍黃回、曹欣之等。七月，垣祇祖帥數百人自建康奔京口，勸景素速入。戊子，景素據京口起兵。遣將軍黃回等將水軍討之，又命南豫州刺史段佛榮爲都統。道成知回有異

天時	地域	官守	政事
			志，故使佛榮等與之偕行。道成屯玄武湖，蕭賾鎮東府。諸軍拔京口，擒景素，斬之，並其三子，垣祇祖等皆伏誅。立弟翽爲南陽王，嵩爲新興王，禧爲建始王。以給事黃門侍郎阮佃夫爲南豫州刺史，留鎮京師。十月，以吏部尚書王僧虔爲尚書右僕射。
順帝 諱準，明帝第三子。 昇明元年（丁巳）		七月丙申，以晉安王燮爲揚州刺史。十二月乙亥，以吏部尚書王奐爲丹陽尹，以中書監袁粲鎮石頭。	夏四月甲戌，豫州刺史阮佃夫、步兵校尉申伯宗等謀廢立，事泄伏誅。帝忌蕭道成威名，嘗自磨鋋曰：「明日殺蕭道成！」陳太妃罵之，乃止。道成憂懼，命王敬則陰結帝左右楊玉夫、楊萬年、陳奉伯等，使伺機便。七月戊子，帝乘露

天時	地域	官守	政事
			車與左右於蠻岡賭跳〔四八〕，仍往青園尼寺，晚至新安寺偷狗，就曇度道人煑之，飲酒醉，還仁壽殿，令楊玉夫伺織女度河，曰：「見當報我，不見將殺汝。」玉夫伺帝熟寢，與楊萬年取帝防身刀刎之。陳奉伯袖其首，稱敕開門，詣王敬則。敬則馳詣領軍府叩門大呼。道成入殿，以太后令數蒼梧王罪惡。安成王準即帝位，以道成爲司空、錄尚書事、驃騎將軍，袁粲遷中書監，褚淵加開府儀同三司，劉秉遷尚書令，加中領軍，以尚書右僕射王僧虔爲僕射。詔袁粲鎮石頭。蕭道成固讓司徒，以爲驃騎

天時	地域	官守	政事
			大將軍、開府儀同三司。荆州刺史沈攸之舉兵，貽道成書曰：「少帝昏狂，宜共諸公密議，共白太后，下令廢之。奈何交結左右，親行弑逆。子孟、孔明遺訓，果如此乎？足下既有賊宋之心，吾寧敢捐包胥之節！」朝廷恟懼，道成入守朝堂，内外戒嚴。以黄回爲郢州刺史，督諸軍討攸之。王藴、袁粲、劉秉密謀誅道成。粲以其謀告褚淵，淵即以告道成。遣蘇烈、薛淵將兵助粲守石頭。又以驃騎將軍王敬則爲直閤，與卜伯興共典禁兵。粲等本期壬申夜發。其晚，劉秉載婦人盡室先奔石頭，由是事

天時	地域	官守	政事
			泄。王敬則至中書收蘊，殺之，又殺伯興、蘇烈等，並力攻粲，自亥至丑，粲父子俱死，百姓哀之，爲謠曰：「可憐石頭城，寧爲袁粲死，不作褚淵生。」劉秉父子走至額擔湖，斬之。以王僧虔爲左僕射，王延之爲右僕射。尚書左丞江謐建議假蕭道成黃鉞，從之。道成出頓新亭。
二年（戊午） 三月乙未朔〔四九〕，日蝕。九月乙巳朔〔五〇〕，日蝕。		以揚州刺史晉熙王燮爲司徒。進道成領揚州牧。	正月己酉朔，百官戎服入朝。沈攸之盡銳攻郢城，柳世隆乘間屢破之。張敬兒襲江陵，攸之與其子文和走至華容界，皆縊，斬首送建康。丙子，解嚴。以柳世隆爲尚書右僕射，蕭嶷爲中領軍，王

天時	地域	官守	政事
			僧虔爲尚書令、右僕射，王延之爲左僕射，加道成都督南徐等十六州諸軍事，以衛將軍褚淵爲中書監、司空。道成以黄回終爲亂，召入東府，數而殺之。以蕭賾爲領軍將軍。九月，詔進道成黄鉞、大都督中外諸軍事、太傅，領揚州牧，劍履上殿，入朝不趨，贊拜不名，使持節、太尉、驃騎大將軍、録尚書事、南徐州刺史如故。

天時	地域	官守	政事
三年（己未） 三月癸卯朔〔五一〕，日蝕。 四月，禪位於齊。	改刺史曰牧，領丹陽、會稽、吳郡、吳興、淮南、宣城、東陽、臨海、永嘉、新安十郡。		三月，道成加相國，總百揆，封十郡爲齊公，加九錫。赦其境內，以石頭爲世子宮。以王儉爲尚書右僕射，領吏部。夏四月，進爵爲王，增封十郡，並加殊禮。辛卯，下詔禪位於齊。帝當臨軒，不肯出，藏於佛蓋之下。王敬則勒兵曰：「官先取司馬家亦如此。」是日，百僚陪位。侍中謝朏當解璽綬，佯爲不知，曰：「有何公事？」遂朝服步出東掖門，登車還宅。乃以王儉爲侍中，解璽綬。禮畢，帝出就東邸。褚淵等奉璽綬，詣齊宮勸進。

齊

太祖姓蕭，諱道成，字紹伯，漢相國何二十四代孫。宋元嘉四年丁卯歲生，姿表英異，龍顙鐘聲，鱗文遍體。年十三入都，從雷次宗學於雞籠山。仕宋有功，累遷自建康令至南兗州刺史、冠軍將軍。明帝常嫌太祖非人臣相，且民間流言「蕭姓當爲天子」，愈以爲疑。蒼梧王兇暴猜忌，欲加大禍，陳太妃罵之曰：「蕭道成有功於國，今若害之，後誰爲汝着力耶？」乃止。未幾，太祖弑蒼梧王，立順帝。進太尉、都督十六州諸軍事、揚州牧，位相國，總百揆，封十郡爲齊公，加九錫。未幾，進爵爲王。宋帝禪位，依魏、晉故事即位，改元。七主，二十年，而禪位於梁。

天時	太祖高帝建元元年（己未） 二月，地震建陽門。三月癸卯朔〔五二〕，日蝕。
地域	
官守	臨川王暎爲揚州刺史。
政事	夏四月甲午，王即皇帝位於南郊。還宮，大赦，改元。奉宋順帝爲汝陰王，築宮丹陽故縣〔五三〕，置兵衛之。以張緒爲中書令〔五四〕，陳顯達爲中護軍，李安民爲中領軍。衛士殺汝陰王，而以疾聞，不罪不賞，宋宗室無少長皆死。帝封子鈞爲衡陽王，立子賾爲皇太子。帝以建康軍民舛雜多姦盜，欲立符伍以相檢括，右僕射王儉諫曰：「京師之地，四方輻湊，必也持符，於事既煩，理成不曠，謝安所謂『不爾何以爲京師』。」乃止。

天時	地域	官守	政事
二年（庚申）九月甲午，日蝕。		十二月，豫章王嶷爲揚州刺史。南郡王長懋鎮石頭。	正月，大赦。以司空褚淵爲司徒、尚書右僕射，王儉爲左僕射，淵辭不拜。祀南郊。魏隴西公琛等攻拔馬頭，詔内外戒嚴，發兵拒魏。改籬門爲都牆。十二月，以褚淵爲司徒。
三年（辛酉）秋七月己未朔，日蝕。			詔公卿士各進讜言。封子鋒爲江夏王。六月，大赦。
四年（壬戌）			正月，詔置學生二百人，以中書令張緒爲國子祭酒。三月庚申，召司空褚淵、尚書左僕射王儉受遺詔輔太子。壬戌，上殂於臨光殿。太子即位，大赦。以褚淵錄尚書事，王儉爲侍中、尚書令，車

天時	地域	官守	政事
			騎將軍張敬兒開府儀同三司，王奐爲尚書左僕射，豫章王嶷爲太尉。葬太祖於泰安陵。立南郡王長懋爲皇太子。褚淵卒，以國哀罷國子學。王僧虔爲左光禄大夫、開府儀同三司。
武帝 諱賾，太祖長子。 永明元年（癸亥） 二月，熒惑入太微。十二月乙巳朔，日蝕。	李安仁爲丹陽尹，遷尚書左仆射。		正月，祀南郊，大赦，改元。以太尉、豫章王嶷爲太子太傅，殺車騎將軍張敬兒，並其四子。王儉進號將軍，參掌選事。

天時	地域	官守	政事
二年（甲子）		王儉領丹陽尹。	正月，以竟陵王子良爲護軍將軍、兼司徒，柳世隆爲尚書左僕射。冬十月，以南徐州刺史、長沙王晃爲中書監。車駕幸清溪舊宮，設金石樂，在位者賦詩。幸玄武湖。
三年（乙丑）		詔以新吳侯景先爲丹陽尹。	正月，祀南郊，大赦。詔復立國學，釋奠先師，用上公禮。二月，祭北郊。先是，置總明觀，以集學士，亦謂之東觀。上以國學既立，夏五月乙未，省總明觀。時王儉領國子祭酒，詔於儉宅開學士館，以總明四部書充之。詔儉以家爲府。八月，幸中堂聽訟。

天時	地域	官守	政事
四年（丙寅）			正月，耕藉田。禮畢，幸閱武堂。
五年（丁卯）		嶷進大司馬，儉加開府儀同三司。	以豫章王嶷爲大司馬，竟陵王子良爲司徒，臨川王暎衛將軍，王儉中軍將軍，王敬則並加開府儀同三司。三月，幸芳林園禊飲。九月九日，登商飇館。
六年（戊辰）		王晏爲丹陽尹。	正月，聽覽京師二百里內獄囚。立冬，初臨太極殿讀時令。以尚書僕射王奐爲領軍將軍。
七年（己巳）			正月，祀南郊，大赦。王儉卒，以尚書左僕射柳世隆爲尚書令，王奐爲左僕射。六月，上如琅琊城。

天時	地域	官守	政事
八年（庚午）六月，大雷，而有黃光竟天〔五五〕，照地，狀如金色。十月，桃李再花。		鄱陽王鏘爲丹陽尹。	晏爲丹陽尹，召王僧孺補功曹，使撰《東宮新記》。秋七月，大赦。荆州刺史、巴東王子響赴建康，縊殺之。
九年（辛未）			正月，祀南郊。上夢太祖謂：「宋氏諸帝常在太廟從我求食，可別爲吾置祠。」乃命豫章王妃庾氏四時祠二帝、二后於清溪故宅，牲牢服章，皆用家人禮。
十年（壬申）都下大水。		五月，以竟陵王子良爲揚州刺史，徐孝嗣爲丹陽尹。	都下大水，竟陵王子良開倉賑救貧病不能立者，於第北立廨，收養、給衣及藥。正月，以子良爲尚書令。子良開西邸，招文學。十月，上殷祭太廟。

天時	地域	官守	政事
十一年（癸酉） 七月，月入太微。			正月，以驃騎將軍王敬則爲司空。初，上於石頭造露車三千乘，欲步道取彭城。魏諜知之，會公卿議南伐，上以右衛將軍崔慧景爲豫州刺史備之。文惠太子長懋薨。夏四月甲午，立南郡王昭業爲皇太孫。七月，上不豫，徙御延昌殿，車輿始登堦，而殿屋鳴⿰禾暴，上惡之。竟陵王子良日侍醫藥，王融謀立子良，不果，伏誅。俄而上殂。西昌侯鸞奉太孫登殿，遺詔子良善相毗輔，政事無大小，悉與鸞參決。九月，世祖梓宮下堵，帝於端門內奉辭。轀輬車未出端門，亟稱疾還內，奏胡伎，鞞鐸之聲響

天時	地域	官守	政事
			震内外。葬武皇帝於景安陵，廟號世祖。
鬱林王 諱昭業，武帝太孫，改元隆昌。四月，被弑。		閏四月戊辰，西昌侯鸞爲揚州刺史。	正月，改元隆昌，大赦。西昌侯鸞將謀廢立，引前鎮西諮議參軍蕭衍與同謀，徵垣歷生爲太子左衛率，卞白龍爲游擊將軍。祀南郊。廢帝自山陵之後，即與左右微服遊走市里，世祖聚錢上庫五億萬，齋庫亦出三億，金銀布帛不可勝計。即位未朞歲，所用垂盡。鸞數陳爭，不從。四月，竟陵文宣王子良以憂卒。鸞以弑立告王晏及徐孝嗣，從之。壬辰，鸞引兵入雲龍門，王晏、孝嗣及蕭坦之、陳顯達、王廣之、沈文季皆隨

天時	地域	官守	政事
			其後。帝在壽昌殿，聞外有變，猶密爲手敕呼蕭諶。俄而，諶引兵入壽昌閣。帝出延德殿，行至西弄，諶弑之，輿尸出，殯徐龍駒宅，葬以王禮。癸巳，以太后令，追廢帝爲鬱林王，迎立新安王昭文，以鸞爲驃騎大將軍、錄尚書事、揚州刺史、宣城郡公。大赦，改元延興。八月，以司空王敬則爲太尉。

天時	地域	官守	政事
海陵王 諱昭文，鬱林王弟。自新安王迎立，改元延興。十月，廢。 明帝 諱鸞，始安貞王之子。弑鬱林王，廢海陵王而即位，號高宗。十月，改元。		十月丁酉，鸞爲揚州牧、都督中外諸軍事，進爵爲王。 十一月癸酉，以始安王遥光爲揚州刺史。	鄱陽王鏘爲司徒、車騎大將軍，陳顯達爲司空、尚書左僕射，王晏爲尚書令。九月，鸞遣兵誅司徒、鄱陽王鏘及隨王子隆、謝粲等。江州刺史、晉安王子懋起兵，鸞遣中護軍王玄邈討殺之。冬十月，鸞爲太傅、領大將軍、揚州牧、都督中外諸軍事，加殊禮，進爵爲王。殺桂陽王鑠、衡陽王鈞、江夏王鋒、建安王子真、巴陵王子倫。太皇太后令曰：「嗣主冲幼，庶政多昧，早嬰瘵疾，弗克負荷。太傅、宣城王胤體宣皇，鍾慈太祖，宜入承寶命，帝可降封海陵王。」癸亥，高宗即皇帝位，改元。以王敬則

天時	地域	官守	政事
建武元年（甲戌） 五月甲戌朔，日蝕。			爲大司馬，陳顯達爲太尉，王晏加驃騎大將軍，徐孝嗣加中軍大將軍，蕭諶爲領軍將軍。立子寶義爲晉安王，寶玄爲江夏王，寶源爲廬陵王，寶寅爲建安王，寶融爲南郡王，寶攸爲南平王。立子寶卷爲太子。詐稱海陵恭王有疾，遣御師瞻視，因而殞之。
二年（乙亥）			上遊華林園，與蕭諶及尚書令王晏宴盡歡，坐罷留諶，遣左右數諶罪，殺之。殺西陽王子明、南海王子罕、邵陵王子貞。以右衛將軍蕭坦之爲領軍將軍。詔修晉諸陵，增置守衛。

天時	地域	官守	政事
三年（丙子）			
四年（丁丑）			正月，大赦。召王晏於華林園，誅之。以左僕射徐孝嗣爲尚書令。
永泰元年（戊寅）		巴陵王寶義爲都督、揚州刺史。	正月，大赦。加徐孝嗣開府儀同三司。殺河東王鉉等十王，於是太祖、世祖及世宗諸子皆盡。夏四月，改元。大司馬、會稽太守王敬則舉兵反，帥實甲萬人過浙江。張瓌遣兵拒敬則於松江，聞鼓聲，一時散走。敬則攻左興盛、劉山陽二壘，胡松引騎兵突其後，敬則軍大敗，斬之，傳首建康。秋七月己酉，上殂於正福殿。太子即位，葬明帝於興安陵。

天時	東昏侯 諱寶卷，字智藏，高宗第三子。 永元元年（己卯）
地域	
官守	秋八月，以右將軍蕭坦之爲尚書右僕射、丹陽尹。巴陵王寶義以司徒爲揚州刺史。
政事	正月，大赦，改元，祀南郊。三月，加始安王遙光開府儀同三司。帝自即位，寄腹心於江祏兄弟。祏欲廢帝立遙光，劉暄發祏謀，帝命袁之曠收祏並弟祀，皆死。慮遙光不自安，欲遷爲司徒，使還第，召入諭旨。遙光恐，收集二州部曲，以討劉暄爲名，夜遣數百人破東冶，出囚，於尚方取仗，又召驍騎將軍垣歷生。丙辰，詔曲赦建康，中外戒嚴。徐孝嗣以下屯衛宮城，蕭坦之帥臺軍討遙光，屯湘宮寺，左興盛屯東籬門，鎮軍司馬曹虎屯清溪大橋，衆軍圍東城三面，燒司徒府。垣歷生出戰，因

天時	地域	官守	政事
			棄稍降，曹虎斬之。其晚，臺軍以火箭燒東北角樓，城潰，遙光反拒齋閣，扶匐牀下，軍人於暗中牽出，斬之。以徐孝嗣爲司空，加沈文季鎮軍將軍、侍中、僕射，劉暄爲領軍將軍，曹虎爲散騎常侍。右衛將軍蕭坦之剛狠而專，茹法珍等譖劉暄有異志，帝疑曹虎舊將，且利其財，皆殺之。以頻誅大臣，大赦。徐孝嗣、沈文季、沈昭略謀，因帝出遊廢立。事泄，帝召入華林省，賜以藥酒，皆死。十一月丙辰，陳顯達舉兵尋陽，與朝貴書，數帝罪惡。以崔慧景爲平南將軍，督衆軍擊顯達，後軍將軍

天時	地域	官守	政事
			胡松帥水軍據梁山，左衛將軍左興盛督前鋒軍屯杜姥宅。顯達敗胡松於采石。甲申，軍於新林，左興盛帥諸軍拒之，新亭諸軍聞之犇還，宮城大駭，閉門設守。顯達與臺軍戰再合，顯達大勝，手殺數人，馬矟折，退走，騎官趙潭刺顯達墜馬，斬之。
二年（庚辰） 十一月甲寅，太白及辰星俱見西方。		十二月，蕭衍爲中書監、大司馬、錄尚書事、驃騎大將軍、揚州刺史、建安郡公。	豫州刺史裴叔業降魏，魏以彭城王勰爲司徒，鎮壽陽。二月，帝遣崔慧景將水軍討壽陽。慧景至廣陵，會諸軍主曰：「幼主昏狂，朝廷懷亂，危而不扶，責在今日，欲與諸君共建大功，可乎？」

天時	
地域	
官守	
政事	衆皆響應，廣陵司馬崔恭祖開門納之。慧景停廣陵二日，收衆渡江，向建康。臺遣驍騎將軍張佛護等六將據竹里，爲數城，與慧景合戰。臺軍飢困，斬佛護，徐元稱降。乙卯，遣中領軍王瑩督衆軍據湖頭築壘，上帶蔣山西巖實甲數萬。慧景至查硎，竹塘人萬副兒説曰：「今平路皆爲臺軍所斷，不可議進，唯宜從蔣山龍尾上，出其不意耳！」慧景從之，分遣千餘人魚貫緣山，自西巖夜下，鼓叫臨城中，臺軍驚恐，即時奔散。帝遣左興盛帥臺内五萬人拒慧景於北籬門，望風退走。慧景入樂遊苑，崔

天時	
地域	
官守	
政事	恭祖帥輕騎千餘突入北掖門，宮門皆閉，慧景帥衆圍之。於是東府、石頭、白下、新亭皆潰。左興盛逃淮渚荻航中，慧景擒殺之。燒蘭臺府署爲戰場。稱宣德太后令，廢帝爲吳王，欲立巴陵王昭胄，猶豫不決。時蕭懿將兵在小峴，帝遣使密告之，懿即帥胡松、李居士數千人自采石濟江，頓越城，臺中稱慶。慧景遣崔覺將精兵數千人渡南岸，與懿軍戰數合，覺大敗，赴淮死者二千餘人。夏四月癸酉，慧景將腹心數人潛去，至蠏浦，爲漁人所斬，以頭納鰌鹽，擔送建康。江夏王寶玄伏誅。壬

天時	地域	官守	政事
			子，大赦。八月甲辰，夜，後宫火。時帝出未還，宫内人不得出，死者相枕，燒二千餘間。帝乃大起芳樂、玉壽等諸殿，窮極綺麗，役者自夜達曉，猶不副速。冬十月，帝賜蕭懿藥於省中，懿死。雍州刺史蕭衍起兵襄陽，以南康王寶融教纂嚴，赦囚徒，施惠澤，頒賞格。夏侯亶自建康亡歸江陵，稱奉宣德太后令，南康王宜纂承皇祚，方俟清宫，未即大號，可封十郡爲宣城王、相國、荆州牧，加黄鉞，選百官，西中郎府南康國如故。

天時	地域	官守	政事
中興元年（辛巳） 三月，廢帝爲涪陵王，立南康王寶融，是爲和帝。十二月，蕭衍弑涪陵王，以太后令追廢爲東昏侯。明年夏四月，和帝禪位於梁，齊亡。		張瓌鎮石頭。	正月，東昏侯以晉安王寶義爲司徒，建安王寶寅爲車騎將軍、開府儀同三司。二月乙巳，南康王即帝位於江陵，以蕭穎胄爲尚書令，蕭衍爲右僕射、加征東大將軍，都督征討諸軍事，假黄鉞。衍命諸軍自郢州即日上道。東昏侯以光禄大夫張瓌鎮石頭，太子左率李居士總督西討諸軍事，屯新亭。九月，蕭衍前軍至蕪湖，遣曹景宗進軍江寧。丙辰，李居士自新亭選精騎一千至江寧，景宗奮擊，破之，乘勝至皂莢橋。於是王茂、鄧元起、呂僧珍進據赤鼻，邏新亭，城主江道林引兵出戰，被擒。衍至新林，

天時	地域	官守	政事
			命王茂據越城，鄧元起據道士墩，陳佑之據籬門，呂僧珍據白板橋。李居士請於東昏侯，燒南岸邑屋，以開戰場。十月甲戌，東昏侯遣征虜將軍王珍國、軍主胡虎牙將精兵十萬餘人陳於朱雀航南，宦官王寶孫持白虎幡督戰，切罵諸將，將軍席豪發憤突陣，死。曹景宗等將士皆殊死戰，東昏侯軍大潰。衍長驅至宣陽門，陳伯之屯西明門，寧朔將軍徐元愉以東府城降，張瓌棄石頭。衍命諸軍攻六門，東昏燒門内營署官府，驅逼士民悉入宮城，閉門自守，軍事悉委王珍國、張稷。十二月丙寅，珍國、稷

天時	地域	官守	政事
			引兵入殿，御刀豐勇之爲内應。東昏在含德殿，聞兵入，趨出北戶，欲還後宮，門已閉，宦者黄泰平刀傷其膝，仆地，張齊斬之，以黄紬裹首，使范雲送詣石頭。衍使張弘策先入清宫，封府庫圖籍。以宣德太后令追廢涪陵王爲東昏侯，以衍爲中書監、大司馬、録尚書事、驃騎大將軍、揚州刺史、建安郡公，依晉武陵王遵承制故事。衍入閲武堂，以護國將軍蕭宏爲中護軍。

【校勘記】

〔一〕三：原作「六」，據《南史》卷一《宋本紀》改。
〔二〕前：原作「中」，據《南史》卷一《宋本紀》改。
〔三〕可：原作「足」，據《南史》卷一《宋本紀》改。
〔四〕與衆：原闕，據《南史》卷一《宋本紀》補。
〔五〕揚豫：原闕，據《宋書》卷六《孝武帝紀》補。
〔六〕至元熙元年：原闕，據《南史》卷一《宋本紀》補。
〔七〕二：至正本作「三」。
〔八〕郡：原作「尋」，據《南史》卷二《宋本紀》改。
〔九〕次：原作「止」，據《南史》卷二《宋本紀》改。
〔一〇〕死：原闕，據《南史》卷二《宋本紀》補。
〔一一〕二：原闕，據《南史》卷二《宋本紀》補。

〔一二〕堂：原作「岡」，據《南史》卷二《宋本紀》改。
〔一三〕廢：原闕，據《南史》卷二《宋本紀》補。
〔一四〕壬子：原作「壬午」，按五月甲申朔，無壬午。此據《南史》卷二《宋本紀》改。
〔一五〕三月：原作「五月」，據《南史》卷二《宋本紀》改。
〔一六〕乙卯：原作「乙未」，按二月庚戌朔，無乙未，此據《南史》卷二《宋本紀》改。
〔一七〕乙亥：原作「乙未」，據《南史》卷二《宋本紀》改。
〔一八〕四月：原作「三月」。據《宋書》卷六《孝武帝紀》、《南史》卷二《宋本紀》改。
〔一九〕垣閬：原作「桓閬」。據《宋書》卷六《孝武帝紀》、《資治通鑑》卷一二九改。
〔二〇〕戒：原作「纂」，據《建康實錄》卷一三改。
〔二一〕率衆往伐：至正本作「帥師北伐」。
〔二二〕按此句至正本作「帝御六師出武堂」。
〔二三〕按此句至正本作「慶克廣陵城」。
〔二四〕誕：原本無，據至正本補。
〔二五〕戊申：至正本作「戊午」。

〔二六〕景文：原作「或」，據《南史》卷二《宋本紀》改。
〔二七〕牽：原作「陵」，據《南史》卷二《宋本紀》改。
〔二八〕「十一月」下至「改元」：原本無，據至正本補。
〔二九〕「十二月」下至「揚州刺史」：原本無，據至正本補。
〔三〇〕行事：至正本作「刺史」。
〔三一〕遠：原闕。據《宋書》卷八《明帝紀》、卷二六《天文志》四、卷八四《鄧琬傳》，《南史》卷二《宋本紀》下、卷四〇《鄧琬傳》及《資治通鑑》卷一三一補。
〔三二〕左：原作「右」，《南史》卷三《宋本紀》、《宋書》卷五七、《南史》卷二九《蔡興宗傳》皆作「右僕射」。《宋書》卷八《明帝紀》、《資治通鑑》卷一三一並作「左僕射」。萬斯同《宋將相大臣年表》亦云泰始元年八月至三年五月，右僕射爲王景文，非蔡興宗。此「右僕射」當爲「左僕射」之誤。據改。
〔三三〕張永右將軍：原闕。按張永時爲吳興太守，見《宋書》卷八《明帝紀》。蕭道成時爲右將軍，《南史》卷五《齊本紀》亦云：「宋明帝即位，爲右將軍。」今據補。
〔三四〕會稽：原闕，據《南史》卷三《明帝紀》補。

〔三五〕同逆：至正本作「同從」。
〔三六〕卯：原作「酉」。按：八月丙辰朔，無己酉。《宋書》卷八《明帝紀》、《南史》卷三《宋本紀》下皆作「己卯」，是月二十四日爲己卯，今據改。
〔三七〕湘：原作「襄」，《宋書》卷八《明帝紀》、《南史》卷三《宋本紀》下皆作「湘」，今據改。
〔三八〕護：至正本作「鎮」。
〔三九〕一：原作「二」。《宋書》卷八《明帝紀》、《南史》卷三《宋本紀》下皆云立延年爲新安王在十一月壬辰，此「十二月」當爲「十一月」之誤，據改。
〔四〇〕猷：原作「仁」，據《南史》卷三《宋本紀》改。
〔四一〕三：原作「四」，依文意徑改。
〔四二〕爕：原作「奕」，據《宋書》卷八《明帝紀》及《建康實錄》卷一四改。
〔四三〕劉：原作「淵」，據《宋書》卷八《明帝紀》、《南史》卷三《宋本紀》及《資治通鑑》卷一三三改。
〔四四〕戍：原作「府」，據《南史》卷四《齊本紀》改。

〔四五〕南：原闕，據《南史》卷四《齊本紀》補。
〔四六〕南：原闕，據《南史》卷四《齊本紀》補。
〔四七〕彥：原作「秉」，據《南史》卷三《宋本紀》改。
〔四八〕鑾：原作「臺」，據《南史》卷三《宋本紀》改。
〔四九〕乙未：南京本作「戊申」。
〔五〇〕巳：原作「酉」，據《宋書》卷一〇《順帝紀》、《宋書》卷三四《五行志》五及《南史》卷三《宋本紀》改。
〔五一〕卯：原作「亥」。據《宋書》卷一〇《順帝紀》、《宋書》卷三四《五行志》五及《南史》卷三《宋本紀下》改。
〔五二〕卯：原作「亥」，據《南史》卷三《宋本紀》改。
〔五三〕故縣：原闕，據《建康實錄》卷一五補。
〔五四〕以：原無，據至正本補。
〔五五〕竟：原作「鏡」，據《南齊書》卷三《武帝紀》改。

至正金陵新志卷三上之下

金陵表三

梁

高祖武皇帝姓蕭，名衍，字叔達，與齊同相國何之後。考順之，字之緯，預佐命，封臨湘侯，累至領軍將軍、丹陽内史。高祖以宋大明八年甲辰歲生於秣陵縣同夏里三橋宅〔一〕。妣張氏，常夢抱日，已而有孕，生帝。帝生有異光，兩骻骿骨〔二〕，頂上隆起，日角龍顏，重嶽虎頭，舌文爲「八」字，項有浮光，身映日無影。爲兒童，能蹈空而行。有文在右手曰「武」〔三〕。及長，博學多通，有文武才幹。起家巴陵王參軍〔四〕，遷王儉府東閤祭酒〔五〕，儉一見異之。竟陵王子良開西邸，招文學之士，高祖與焉〔六〕，累拜黄門侍郎。與蕭諶等定策，封建陽縣男〔七〕。

敗魏軍於雍州，進使持節、雍梁南北秦四州軍事、雍州刺史。東昏侯立，八要擅權，長兄懿自益州刺史還朝，被害。是日建牙，引軍下沔。南康王寶融即帝位於江陵，改中興元年，以高祖爲左僕射，假黃鉞。十月〔八〕，命衆軍圍臺城。張稷、王珍國斬東昏侯，送首。收嬖黨王咺之以下四十一人〔九〕，誅之。入屯閱武堂，下詔一切淫刑、濫罰、賦役並原放。明年，齊和帝自江陵還建康，下詔連加封爵。三月丙辰，禪位於梁。百官上表勸進，太史令蔣道秀陳天文符讖六十四條，乃即位，改元。自天監壬午至太平丙子，四主，五十一年，而禪於陳。

天時	地域	官守	政事
武帝 天監元年（壬午） 正月乙酉，甘露降於茅山，彌漫數		臨川王宏爲揚州刺史，加都督。	正月，齊和帝遣兼侍中席闡文等慰勞建康，進大司馬衍都督中外諸軍事，劍履上殿，贊拜不名。初，衍與范雲、沈約、任昉同在竟陵王西邸，意好敦密，至是，引雲爲大司馬、諮議參軍、領錄

天時	里。旱，饑。
地域	
官守	
政事	事，約爲驃騎、司馬，昉爲記室參軍，與參謀議。甲寅，詔進大司馬，位相國，總百揆，揚州牧，封十郡爲梁公，備九錫，置梁百司，去「錄尚書」之號，驃騎大將軍如故。南兗隊主陳文興於城内鑿井，得鏤麒麟、玉璧、水精環各二枚，又鳳凰見建康縣桐下里。宣德皇后稱美符瑞，歸於相府。詔增封十郡，進爵爲王。赦國内及府州所統殊死以下。三月，和帝至姑熟，下詔禪位。兼太保、尚書令王亮等奉璽綬詣梁宮。丙寅，梁王即帝位於南郊，大赦，改元。奉和帝爲巴陵王，宮於姑孰。以中書監

天時	地域	官守	政事
			王亮爲尚書令，相國左長史王瑩爲中書監，吏部尚書沈約爲尚書僕射兼侍中，范雲爲散騎常侍、吏部尚書。詔凡後宮樂府諸婦女一皆放遣。戊辰，巴陵王殂。詔有司依周漢故事議贖刑〔一〇〕。齊以謝沐縣公寶義爲巴陵王，奉齊祀。齊南康侯子恪及弟子範嘗因事入見，上從容謂曰：「我初平建康，人皆勸我除去卿輩，以一物心。我於時依而行之，誰謂不可！正以江左以來，代謝之際，必相屠滅，感傷和氣，所以國祚不長。又齊、梁雖云革命，事異前世，我與卿兄弟耳！」詔公車府謗木、肺石傍各置一

天時	地域	官守	政事
			函，若肉食莫言，欲有橫議，投謗木函。若有功勞才器冤沉莫達者，投肺石函。上身服浣濯之衣，常膳惟以菜蔬。簡吏務，選廉平。河南褚涓居建康，素薄行，仕宦不得志，知陳伯之擁強兵在江州，遂投伯之。伯之舉兵反，使王茂爲征南將軍、江州刺史討平之，伯之與涓俱奔魏。秋八月，命尚書刪定郎蔡法度損益王植之集注舊律爲梁律，仍命王亮、王瑩、沈約、范雲等九人同議。立子統爲太子。是歲，江東大旱，米斗五千，民多饑死。初立長干寺。益州刺史劉季連不受命，遣鄧元起攻之，進圍成都。

天時	地域	官守	政事
二年（癸未）		特進、光祿大夫王份監丹陽尹。	成都城中升米三千，人相食。劉季連肉袒請罪，鄧元起送季連詣建康，入東掖門，數步一稽顙。上笑曰：「卿欲慕劉備，而曾不及公孫述，豈無臥龍之臣耶！」赦爲庶人。尚書删定郎蔡法度上《梁律》二十卷〔一一〕、令三十卷、科四十卷，詔班行之。五月，范雲卒。衆謂沈約宜當樞管，上以約經易不如徐勉〔一二〕，乃以勉及右衛將軍周捨同參國政。扶南、龜茲、中天竺國各遣使貢方物。交州進鸚鵡，能歌，不納。
三年（甲申）疾疫。			大舉兵伐魏。魏營國學。時學業大盛，州舉茂異，鄉貢孝廉。

	四年（乙酉）	五年（丙戌）
天時	五月，建康縣朔陰里生嘉禾〔一三〕，莖十二穗。十一月甲午〔一四〕，天清朗，西南有電光，聞如雷聲者三〔一五〕。	二月丙寅朔，日蝕。
地域		
官守	詔宏都督北討諸軍事〔一六〕。東將軍沈約爲丹陽尹。	
政事	正月，詔置五經博士各一人。廣開學宇，招納後進。於是以賀瑒及明山賓、沈峻、嚴植之補博士，各主一館。館有數百生徒，給其餼廩，其射策通明者除爲吏。分遣博士、祭酒巡州郡立學。祀南郊，大赦。初立孔子廟。十月，大舉兵伐魏，以揚州刺史、臨川王宏都督北討諸軍事，王公以下各上國租田穀助軍。是歲，大穰，米斛三十錢。初置敬業寺。	正月，封子綱爲晉安王。始豐獲八目龜一。置淨居寺。大赦。

天時	地域	官守	政事
六年（丁亥）七月甲子，太白晝見。八月戊戌，大風折木。京師大水，濤入御道七尺〔一七〕。		建安王偉爲揚州刺史。	三月，有象入京師。置左右驍騎〔一八〕、左右遊擊將軍。建安王偉爲揚州刺史，沈約爲尚書左僕射。八月，大赦。改閱武堂爲德陽堂，聽訟堂爲議賢堂。初置光宅寺。帝捨宅造寺，於小莊嚴寺造無量壽佛像，長一丈八尺，鑄銅不足，給功德銅三千斤。曹景宗、韋叡大敗魏師於鍾離。
七年（戊子）			詔吏部尚書徐勉定百官，凡一百九號。四月，皇太子納妃，大赦。六月，復建修二陵，周迴五里，改陵監爲陵令。初置涅槃寺。

天時	地域	官守	政事
八年（己丑）			正月，祀南郊，大赦。魏專尚釋氏，遠近承風，共有一萬三千餘寺。
九年（庚寅）	新作緣淮塘，北岸起石頭，迄東冶；南岸起後渚籬門，迄三橋。		三月己丑，幸國學，親臨講席，賜祭酒以下帛有差。詔皇太子以及王侯之子年可從師者皆入學。初置本業寺，在蔣山里。
十年（辛卯）六月，嘉蓮生一莖三花於樂遊苑。九月丙申，天西北隆隆有聲，赤氣下至地。十二月，山車見於臨城。		約加特進，遷中軍將軍、丹陽尹。	正月，祀南郊，大赦。尚書左僕射張稷出爲青、冀二州刺史。祀明堂。上敦睦九族，朝士有犯罪，屈法申之。百姓有罪，則按之如法。嘗因郊祀，有秣陵老人遮車駕，言曰：「陛下爲法，急於庶民，緩於權貴，非長久之道。誠能反是，天下幸甚。」上於是寬之。初作宮

天時	地域	官守	政事
			城門三重，及開二道。初置解脱寺，帝爲宣德皇后造，在太清里内。
十一年（壬辰）二月，野蠶成繭。			
十二年（癸巳）		約卒。武陵王紀爲揚州刺史。	正月，祀南郊，大赦。詔掩骼埋胔。新作太極殿，改爲十三間。六月，新作太廟，增基九尺。紀爲刺史，詔曰：「貞白儉素，是其清也。臨財能讓，是其廉也。知法不犯，是其慎也。庶事無留，是其勤也。」紀特爲帝愛，故先作揚州牧。

天時	地域	官守	政事
十三年（甲午） 老人星見。			二月，耕藉田，孝悌力田增爵一級。大赦。宋、齊藉田皆用正月，至是始用二月，及致齊先農。立子綸爲邵陵王，繹爲湘東王，紀爲武陵王。堰淮水，以灌壽陽。爲寶誌造勸善寺。
十四年（乙未） 魏宣武帝恪殂，太子詡立。		開府儀同三司王茂爲丹陽尹。	正月，冠太子於太極殿，大赦天下，賜爲父後者爵一級。祀南郊。是冬寒甚，浮山堰士卒死者什七八。魏胡太后作永寧寺，飾以珠玉錦繡。
十五年（丙申） 三月朔，日蝕。		宏坐法免。吳平侯景加侍中及太尉、揚州刺史。	冬十一月，交州刺史李叟斬反者李宗孝，傳首建康。景在州尤稱明斷，符教嚴整。有田舍老姥訴得符，還至縣，縣吏未即發，姥語曰：「蕭監刑符如火，

天時	地域	官守	政事
			汝手何敢留之！」其爲人所畏敬如此。
十六年（丁酉）		詔景以安東將軍監揚州，置佐史，即宅爲府。	正月，祀南郊。詔尤貧家勿收今年三調，恤理冤獄，並賑孤老鰥寡不能自存者。二月，耕藉田。赦罪人。勅太醫不得以生類爲藥。郊廟牲牷，皆代以麪，其山川諸祀則否。時朝野諠譁，以爲宗廟去牲，乃是不復血食，帝不從。冬，詔以宗廟猶用脯脩。更議以餅代脯，其餘盡用蔬果。起至敬殿景陽臺，置七廟座，每月中再設淨醮。
十七年（戊戌）			二月，大赦。臨川王宏妾弟法壽殺人，匿府中。上勅宏出之，即日伏罪。上幸光宅寺，有盗伏於驃騎航，上將行，心

天時	地域	官守	政事
			動，乃於朱雀航過。事發，稱爲宏所使。上泣，謂宏曰：「汝何爲者，我非不能爲漢文帝，念汝愚耳！」
十八年（己亥） 七月甲申，老人星見。			正月，祀南郊，大赦天下。初置惠日寺。
普通元年（庚子） 正月丙子，日蝕。七月，淮、江、海三瀆並溢。九月乙亥夜，有星見於東		臨川王宏遷太尉，復爲揚州刺史，侍中如故。	正月，改元，大赦。扶南、高麗及河南國皆遣使貢獻。

天時	地域	官守	政事
方〔一九〕，光爛如火。			
二年（辛丑）			正月，祀南郊。詔置孤獨園於建康，收養窮民。大赦。二月，祀明堂，改作南、北郊，徙藉田於東郊外十五里。琬琰殿火，延燒後宮三千餘間。
三年（壬寅） 五月壬辰朔，日蝕。			五月，大赦。詔公卿百寮各上封事，連帥郡國舉賢良方正直言之士。婆利、白提國遣使貢獻。造猛信尼寺。
四年（癸卯） 十一月癸未朔，日蝕。			正月，祀南郊，大赦。祀明堂。二月，耕藉田。議罷銅錢，始鑄鐵錢。狼牙脩國遣使貢獻。

天時	地域	官守	政事
五年（甲辰）六月乙酉，龍鬪於曲阿王陂〔二〇〕，西行至建陵，所過樹木皆折，地開數十丈。			征北將軍元樹率衆侵魏〔二一〕。置衆造寺。散騎常侍朱异始掌機密，軍旅謀議，方鎮改易，朝儀詔敕，皆典之。
六年（乙巳）			正月，祀南郊，大赦。上幸白下城，履行六軍頓所。召元法僧及元略還建康，法僧驅彭城吏民萬餘人南渡。
七年（丙午）		宏卒。孔休源爲宣惠將軍，監揚州事。	正月，大赦。詔在外羣臣各舉所知〔二二〕，凡是清廉，咸須聞薦。十一月，大赦。河南、高麗、林邑、滑國並遣使貢獻。宏卒。帝曰：「孔休源才識通敏，實應

天時	地域	官守	政事
			此選。」乃授宣惠將軍，監揚州事。神州都會簿領殷繁，休源剖斷如流，旁無私謁，晝決辭訟，夜覽墳籍，每車駕巡幸，常以軍國事委之，時人名爲兼天子。魏葛榮作亂稱帝，國號齊。
大通元年（丁未）			正月，祀南郊。詔流亡者復其宅業，蠲役五年，尤貧者勿令出今年三調，孝悌力田賜爵一級。創同泰寺，寺在宮後，別開一門，名大通門，對寺之南門，晨夕幸寺講議。辛未，上幸寺捨身。甲戌，還宮，大赦，改元。林邑、師子、高麗等國各遣使貢獻。置園居尼寺。

天時	地域	官守	政事
二年（戊申） 魏主子攸立。		休源加金紫光禄大夫。	二月，築寒山堰。四月，魏爾朱榮廢其君，殺胡太后，國大亂。北海、臨淮、汝南諸王並割地來奔，豫州、郢州、北青州、南荊州皆以地來降。
中大通元年（己酉） 震擊大航華表然尺。六月，都下疫甚。			正月，祀南郊，大赦。祀明堂。六月，都下疫甚，帝於重雲殿爲萬姓設救苦齋，以身爲禱。九月，上幸同泰寺，設四部無遮大會。釋御服，持法衣，行清淨大捨。以便省爲房，素牀瓦器，乘小車，私人執役。升講堂法座，爲四部大衆開《涅槃經》題。群臣以錢一億奉贖皇帝，三請乃許。又設四部無遮大會，道俗五萬餘人。會畢，御金輅還宮。御

天時		二年（庚戌）魏主恭立，尋爲高歡所廢。	三年（辛亥）魏高歡復立安定王朗，尋並恭弒之，立孝文帝之孫脩。魏自太祖丙戌立國，凡十二主，一百四十九年，而分東西。
地域			
官守			
政事	太極殿，大赦，改元。盤盤、蟜蟜國並遣使朝貢。初置禪巖寺。遣將軍陳慶之送元顥入洛陽，尋爲爾朱榮所弒。	幸同泰寺。林邑、扶南遣使貢獻。魏爾朱兆弒其君子攸，高歡起兵討之。	正月，祀南郊，大赦。二月，祀明堂。四月，太子統薨。太子自加元服，上即使省錄朝政，百司奏事填委。太子辨析詐謬，秋毫必睹，但令改正，不加按劾，平恕仁孝，詳見后傳中。太子葬其母丁貴嬪，遣人求墓地之吉者。或賂宦者俞三副求賣地，上命市之。葬畢，有

天時	地域	官守	政事
			道士云：「此地不利長子。」乃爲蠟鵝及諸物埋於墓側。宮監鮑邈之、魏雅初有寵於太子，邈之晚見疎，密啓上云：「雅爲太子厭禱。」上遣人檢掘，果得鵝物，大驚，將窮其事，徐勉固諫而止，但誅道士。太子終身慚憤，不能自明。及卒，朝野惋愕。建康男女奔走宮門，號泣道路。上徵其長子華容公歡，銜其前事，卒不立，立太子母弟晉安王綱爲皇太子。赦賜爲父後者爵一級，及忠孝文武精勤並如之。封華容公歡、枝江公謩、曲阿公督並爲王。久之，鮑邈之坐誘略人，罪不至死，太子綱追思昭明之

天時	地域	官守	政事
			冤，揮淚誅之。宗族有服屬者，並賜湯沐，食鄉亭侯，遠近爲差。狼牙脩國遣使貢獻。十月，幸同泰寺，講《涅槃經》。
四年（壬子） 七月甲辰，星隕如雨。		邵陵王綸爲揚州刺史。	二月，封諸王嫡子爲王。邵陵王綸有罪，免爲庶人，立太子綱之長子大器爲宣城王。十月，置制旨《孝經》助教一人，生十人，專通上所釋《孝經》義。高麗遣使朝貢。
五年（癸丑） 正月戊申，京師地震。己酉，長星見。五月，京師大水。西魏孝武帝入長安。		何敬容兼丹陽尹。	正月，祀南郊，忽聞異香三隨風至。及行事奏樂拜畢，有神光圓照壇上五色，食頃乃滅。大赦，祀明堂。二月，上幸同泰寺，講《般若經》，會者數萬人。南波斯、盤盤遺使朝貢。初置法苑寺。

天時	地域	官守	政事
六年（甲寅）夏四月癸丑，日蝕。十二月，西南有雷聲止地〔二三〕。		以臨賀郡王正德爲丹陽尹，尋出爲南兗州刺史。	二月，耕藉田，大赦。百濟遣使貢方物。十月丁卯〔二四〕，將軍元慶和率衆侵魏。
大同元年（乙卯）十月，黃塵如雪。			正月，大赦，改元。二月，祀明堂。耕藉田。高麗、丹丹、滑、波斯等國朝貢。上幸同泰寺，鑄銀像。初置頭陀寺、萬福尼寺、本願尼寺、嚴西觀。
二年（丙辰）十一月，雨塵如雪，攬之盈掬。是月，都下地生白毛，長二尺。			正月〔二五〕，詔求讜言，及令文武官舉士。上爲文帝作皇基寺，命有司求良材。曲阿弘氏自湘州買巨材東下，南津校尉孟少卿誣爲劫，殺之，沒其材以爲寺。二月，耕籍田。江予四上封事，極

天時	地域	官守	政事
			言政治得失。詔曰：「古人有言，屋漏在上，知之在下。朕有過失，不能自覺。尚書可加檢括詳啓。」十月，詔大舉伐東魏。幸同泰寺，設無碍大齋。魏遣使求和，許之。初置慈恩寺，普化、化成、福興、善業、寒林等寺。
三年（丁巳）四月壬寅，大雨，灰黃色。冬，地大震。年飢。			正月，祀南郊，大赦。二月，耕藉田。東魏遣兼散騎常侍李諧來聘。諧至建康，上引見，與語，應對如流。諧等出，上謂左右曰：「朕今日遇勁敵。卿輩常言北間全無人物，此等何自而來？」四月，朱雀門災。修長干寺阿育王塔，出佛爪髮舍利。上幸寺，設無碍會，大赦。使散騎常侍張皋报聘东魏。

天時	地域	官守	政事
四年（戊午） 正月辛酉朔，日蝕。			二月，耕籍田。東魏遣鄭伯雅來聘。七月，東冶徒李胤之得如來舍利，大赦。遣散騎常侍劉孝儀聘東魏。八月，詔淮南十二州饑饉，逋租宿債勿收。閱武於樂游苑。國子助教皇侃上《禮記疏義》五十卷。置洞靈觀。
五年（己未）		丹陽尹何敬容爲尚書令。	御史中丞、參禮儀事賀琛奏：「南北二郊及藉田往還並宜御輦，不復乘輅。」詔從之。祀宗廟仍乘玉輦。祀南郊。扶南獻生犀。魏人來聘。侍中柳豹聘於魏。是時都下訛言：「天子取人肝以飼天狗。」大小相驚，日晚閉門，持刀杖，數月乃止。

天時	地域	官守	政事
六年（庚申）閏五月丁丑朔，日蝕。始興生嘉禾，一莖十七穗。			二月，耕藉田。河南王遣使獻馬及方物。求經論十四條，並請制所定《涅槃經》、《般若經》、《金光明經》講疏一百三卷。東魏來聘。大赦。
七年（辛酉）			正月，祀南郊，大赦。祀明堂。二月，耕藉田。宮城西立士林館，延集學者。宕昌、蠕蠕各遣使貢方物。百濟王求《涅槃經疏》及醫工、畫師、《毛詩》博士，並許之。
八年（壬戌）			安成郡劉敬躬反，改元永漢，置官屬，進逼豫章。江州刺史、湘東王繹遣司馬曹子郢討斬之〔二六〕。罷所在女丁役。陳霸先平廣州反者。

天時	地域	官守	政事
九年（癸亥）正月丙申，地震，生毛。			自新亭鑿渠，通新林浦。置江潭苑未成，而侯景亂。
十年（甲子）十二月〔二七〕，大雪三尺〔二八〕。		敬容坐事免官。	上謁建寧陵，使太子守宮城。陵上有紫雲覆，久而乃散。帝望陵流涕，所沾草木變色。陵旁先有枯泉，是時流水香潔。帝哭於脩陵。又於皇基寺設法會，賜蘭陵老少位各一階，所經縣邑，放今年租調，因賦《還舊鄉》詩。幸京口城北固樓，更名「北顧」。幸回賓亭，宴鄉里故老及所經近縣迎侯者少長數千人，各賚錢二千。東魏遣魏季景來聘。

天時	地域	官守	政事
十一年（乙丑） 華林園震。			東魏遣李奬來聘。震華林園光嚴殿。帝自貶，拜謝上天，累刻乃止。置履道寺、渴寒寺。詔有罪者復聽入贖。散騎常侍賀琛啓陳四事，上惡其觸實，大怒。
中大同元年（丙寅） 二月，曲阿縣建陵隧口石辟邪起舞。有大蛇鬭隧中，其一傷，奔走。又青蟲食陵樹葉俱盡。四月丙戌，同泰寺浮圖災。六月辛			東魏遷蔡邕所書石經於鄴。三月，大赦。上幸同泰寺，講《三慧經》，捨身爲奴。皇太子已下群臣出錢億萬奉贖解請，大赦，改元。是夜，同泰寺浮圖災。上曰：「此魔也，道高魔盛，行善障生。」更起十二層浮圖，將成，值侯景亂而止。詔從今犯罪非大逆，父母、祖父母不坐。以岳陽王詧爲雍州刺史。上捨詧兄弟而立綱，內常愧之，詧兄弟亦

天時	地域	官守	政事
巳，天有聲如雷，及風水相薄之音。			懷不平。晉以朝多秕政，襄陽形勢之地，梁業所基，乃折節下士，招募勇敢，延納規諫，所部稱治。渴盤陀國貢方物。
太清元年（丁卯） 正月朔，日蝕不盡如鉤。二月，白虹貫日。			正月，祀南郊，大赦。祀明堂。二月，耕籍田。東魏司徒、濮陽王侯景以河南十三州地來降，以景爲大將軍，封河南王、大行臺，承制如鄧禹故事。平西諮議周弘正善占候，前此謂人曰：「國家數年後當有兵起。」及聞納景，曰：「亂階在此矣！」三月，上幸同泰寺，講《三慧經》，捨身如大通故事。司州刺史羊鴉仁等率兵應接侯景。四月，群臣以錢億萬奉贖〔二九〕，僧衆默許〔三〇〕。

天時		二年（戊辰） 正月朔，兩月相承如鉤，見西方。六月，天裂於西北，長十丈，闊二丈，光出如電，聲動如雷。七月庚寅朔，日蝕。十二月戊
地域		
官守		
政事	百辟詣鳳莊門上表請帝〔三一〕，帝三答皆稱頓首，服袞冕還宮，幸太極殿，如初即位之禮。大赦，改元。東魏遣李系來聘。神馬出，太子獻《寶馬頌》。置幽巖寺，立儀香尼寺。	三月〔三二〕，交州刺史楊瞟、司馬陳霸先破屈獠洞，斬李賁。五月，上遣建康令謝挺、徐陵聘東魏。侯景爲東魏慕容紹宗所敗，奔壽陽。聞朝廷與東魏和親，遂結賀王正德，自壽陽反，以誅佞臣朱異等爲名。上以邵陵王綸持節，董督衆軍討景。景攻歷陽，太守莊鐵以城降，因說景曰：「國家承平歲久，人不

天時	地域	官守	政事
申，天西北裂，有光如火。			習戰，宜速趨建康，可兵不血刃，而成大功。」上聞景臨江，問策於羊侃。侃請以二千人急據采石，使邵陵王襲取壽陽，使景進不得前，退失巢穴，烏合之衆，自然瓦解。朱異曰：「景必無渡江之志。」遂寢其議。己酉，景自横江濟，有馬數百匹，兵八千人。是夕，朝廷始命戒嚴。景分兵襲姑孰，朝廷猶不知正德之情，命屯朱雀門。寧國公大臨屯新亭，太府卿韋黯屯六門，繕脩宫城爲備。景至慈湖，建康大駭，赦東西冶、尚方鋮署及建康繫囚。以大器都督城内諸軍事，羊侃副之。西興公大春守石

天時

地域

官守

政事

頭，謝禧、元貞守白下，韋黯、柳津等守宮城諸門及朝堂。景至板橋，遣徐思玉來求見，實欲觀城中虛實。辛亥，景至朱雀桁，正德帥衆於張侯橋迎景，景乘勝至闕下，彭文粲等以石頭降景。景兵幡旗皆黑，繞城既匝，百道俱攻，縱火燒大司馬東西華門，羊侃鑿門竅下水沃火。景作木驢攻城，城上投石碎之。又作大頭木驢，侃作雉尾炬焚之。景執侃子鶱示侃，侃曰：「我傾宗報主猶恨不足，豈計一子！幸早殺之。」十一月戊午朔，臨賀王正德即帝位於儀賢堂，下詔稱普通。太子請上巡城，至大司馬

天時	
地域	
官守	
政事	門，城上聞鼙聲，皆鼓噪流涕，衆心粗安。景初至建康，謂朝夕可拔。及屢攻不克，人心離沮，縱士卒奪民米及金帛、子女，米一石直七八萬錢。邵陵王綸入援京師，趙伯超曰：「若從黃城大路，必與賊遇。不如徑指鍾山，突據廣莫門，圍解必矣。」綸從之。夜行失道，迂二十餘里。庚辰旦，營於蔣山。景見之，大駭，欲走，分三道攻綸，綸與戰，破之。乙酉，綸進軍玄武湖側，與景對陳。至暮，景約明日會戰，綸許之。安南侯駿見景軍退，以爲走，即與壯士逐之，景旋軍擊之，駿敗走，乘勝擊綸，

天時	地域	官守	政事
			諸軍皆潰。綸收餘兵千餘人入天保寺，景焚寺，綸奔朱方。衡州刺史韋粲、司州刺史柳仲禮入援，湘東王繹將銳卒三萬發江陵。仲禮夜入粲營，部分衆軍。旦日會戰，諸將各有據守。令粲頓青塘，粲以青塘當石頭中路，賊必爭，頗憚之。仲禮曰：「青塘要地，非兄不可。若疑兵少，當更遣軍相助。」乃使劉叔胤助之。
三年（己巳）三月壬午，火守心。乙酉，太白晝見。		王固封莫口亭侯，爲丹陽尹。	正月丁巳，柳仲禮自新亭徙營大桁。會大霧，韋粲軍迷失道，比及青塘，夜已過半。立柵未合，景望見，帥銳卒攻粲，粲與子弟俱戰死。仲禮往救，與景

天時	
地域	
官守	
政事	戰於青塘，大破之。仲禮稍將及景，而賊將支伯仁自後斫仲禮中肩，馬陷於淖，騎將郭山石救之，得免。初，臺城之閉也，公卿以食爲念，男女貴賤，並出負米，得四十萬斛，而不備薪芻魚鹽。至是，壞尚書省以爲薪，撤薦飼馬。軍士無膎，或煑鎧、熏鼠、捕雀食之。御甘露廚，有乾苔，味酸鹹，分給戰士。侯景衆亦飢，抄掠無所獲。東城有米，可支一年，景僞求和，運東城米入石頭。於是決放石闕前水，百道攻城，晝夜不息。三月丁卯，宮城陷，景遣王偉入文德殿，啓稱爲姦佞所蔽，領衆入朝，驚動聖躬，今詣闕待罪。上問：「景何在？

天時

地域

官守

政事

可召來。」景入見於太極東堂，上神色不變，問勞景，景不敢仰視。復至永福省見太子，亦無懼容。景退，謂王僧貴曰：「吾嘗跨鞍對陣，矢刃交下，而意氣安緩，了無怖心。今見蕭公，使人自懾，豈非天威難犯，吾不可以再見之。」乃矯詔大赦，自加大都督中外諸軍、錄尚書事。建康士民逃難四出。上外爲侯景所制，內懷不平，所求多不遂志，飲膳亦爲所節，憂憤成疾。五月丙辰，上臥淨居殿，口苦，索蜜不得，再曰「荷荷」，遂殂，年八十六。辛巳，發高祖喪，升梓宮於太極殿。是日，太子即帝位，大赦。景出屯朝堂，分兵守衛。

天時	地域	官守	政事
簡文帝 名綱，字世讚，武帝太子。 **大寶元年（庚午）** 東魏相高洋廢其主善見自立，國號齊。		西陽王大鈞爲丹陽尹。	正月，大赦，改元。侯景遣任約等帥衆二萬攻諸藩，又遣侯子鑒帥舟師八千，自帥徒兵一萬攻廣陵，尅之。以子鑒爲南兗州刺史，鎮廣陵。景還建康，納上女溧陽公主，甚愛之，請上禊宴於樂遊苑，暢飲三日，還宮。景與公主共據御牀，南面並坐，群臣文武列坐侍宴。進景位相國，封二十郡爲漢王，加殊禮。景自加宇宙大將軍、都督六合諸軍事。以詔文呈上，上驚曰：「將軍乃有宇宙之號乎？」侯景徵租入建康，齊行臺辛術帥衆度淮斷之，燒其穀百萬石，遂圍陽平。景自帥衆討楊白華於宣城，白華力屈而降。

天時	地域	官守	政事
二年（辛未）		大鈞遇害，武寧王大威爲丹陽尹，尋遇害。	三月，任約告急，景自帥衆西上。閏月，景發建康，自石頭至新林，舳艫相接。至西陽，與徐文盛夾江築壘。文盛擊破之，景遁還建康。王僧辯督衆軍討景，陳霸先帥所部會之，屯於巴丘。西軍乏食，霸先分糧三十萬資之。初，景既尅建康，常言：「吳兒怯弱，須拓定中原，然後爲帝。」自巴陵敗歸，猛將多死，恐不能久存，王偉說曰：「自古移鼎，必須廢立。」景從之，乃使謝答仁爲詔書，使呂季畧賫入，逼帝書之〔三三〕。廢帝爲晉安王，出居永福省，迎豫章王棟即帝位，殺王侯在建康者二十餘人。使彭雋、

天時	地域	官守	政事
			王脩纂弒太宗。十一月，加景九錫，置百官。己丑，棟禪位於景。景即帝位於南郊，其黨數萬皆吹脣鼓譟上殿。大赦，改元太始，封棟爲淮陰王。謝答仁、李慶緒攻建德，擒元頵、李占送建康。景截其手足以徇，經日乃死。
元帝 諱繹，武帝第七子，即位江陵，改元。 承聖元年（壬申）		侯景平。南平王恪爲揚州刺史。	正月，湘東王繹命王僧辯等東擊侯景。諸軍發尋陽，舳艫百里。陳霸先帥士三萬、舟艦二千，自南江出湓口，會僧辯於白茅灣，築壇歃血，共讀盟文，流涕慷慨。景聞之，甚懼，下詔赦湘東王繹、王僧辯之罪，衆咸笑之。三月丁丑，僧辯至姑孰，侯子鑒以步騎萬人挑

天時

地域

官守

政事

戰，又以船舫千艘載戰士，僧辯麾細船少卻，而以大艦斷其歸路，大敗之，子鑒僅以身免，走還建康。景大懼，涕下覆面，引衾而臥，良久歎曰：「誤殺乃公。」僧辯督諸軍至張公洲，乘潮入淮，進至禪靈寺前。景召石頭津主張賓，使引淮中艤㕑及海艫，以石䭾之，塞淮口，緣淮作城，自石頭至朱雀街十餘里，樓堞相接。僧辯問計於霸先，霸先曰：「前柳仲禮以十萬兵隔水而坐，韋粲在青溪，竟不渡岸。賊登高望之，表裏俱盡，故能覆我師。今圍石頭，須渡北岸。」壬午，霸先於石頭西落星山築柵，

天時	地域	官守	政事
			衆軍次連八城，直出石頭東北〔三四〕。景恐西州路絕，自帥侯子鑒等亦於石頭東北築五城，以遏大路。丁亥，王僧辯進軍招提寺北，景帥衆萬餘人、鐵騎八百餘陳於西州之西。霸先命諸將分處置兵。景衝將軍王僧志陳，僧志小縮，霸先遣將軍徐度將弩手二千横截其後。景兵卻，霸先與王琳、杜龕等以鐵騎乘之，僧辯以大軍繼進，景兵敗，退據其柵。盧暉畧開石頭北門降〔三五〕，僧辯入據之。景與霸先殊死戰，景帥百餘騎衝陳，陳不動，衆遂大潰。景以皮囊盛其江東所生之子挂之鞍後，與房世貴等

天時	地域	官守	政事
			百餘騎東走，就謝答仁於吳，杜崱入據臺城。是夜，軍士遺火，焚太極殿及東西堂，寶器、羽儀、輦輅無遺。戊子，僧辯迎太宗梓宮，升朝堂，帥百官哭踊如禮。命侯瑱追景，及於松江，進擊，敗之，擒彭儁、田遷、房世貴、蔡壽樂、王伯醜，瑱生剖儁腹，乃斬之。景與腹心數十人單舸走〔三六〕，推墮二子於水中。初，景納羊侃之女爲小妻，其兄鵾爲庫直都督，待之甚厚。景下海，欲向蒙山，鵾拔刀叱海師向京口，因謂景曰：「吾等爲王效力多矣，今至此終無所成，欲就王乞頭，以取富貴。」景未

天時	
地域	
官守	
政事	及答，白刃交下。景走入船中，鵾以矟刺殺之。右僕射索超世在別船，以景命召而執之。南徐州刺史徐嗣徽斬超世，以鹽納景腹中，送其尸建康。王僧辯傳首江陵，截足，使謝葳蕤送於齊，暴尸於市，士民爭取食之，並骨皆盡，溧陽公主亦預食焉。湘東王下令解嚴，以南平王恪爲揚州刺史，王僧辯爲司徒、鎮衛將軍，封長寧公，陳霸先爲征虜將軍、開府儀同三司、長城縣侯。恪卒，以僧辯爲揚州刺史。公卿藩鎮數勸進於湘東王。十一月丙子，即皇帝位於江陵，改元，大赦。

天時	地域	官守	政事
二年（癸酉）時欲還建業，以群臣議，不果。		正月，僧辯發建康，陳霸先代爲揚州刺史，鎮建康。九月，詔霸先復還京口，以僧辯復爲揚州刺史，鎮建康。	下詔將還建康，御史中丞劉瑴諫曰：「建業王氣已盡，與虜正隔一江，若有不虞，悔無及也。」尚書右僕射王褒曰：「今百姓未見輿駕入建康，謂是列國諸王，願早從四海之望。」上令群臣議。朱買臣曰：「建業舊都，山陵所在，荆蠻邊疆，非王者之宅，願勿疑，以致後悔。」上以建康彫殘，獨江陵全盛，從瑴等議。齊郭元建治水軍於合淝，將襲建康，上詔僧辯鎮姑孰，遣侯瑱等築壘東關，以待齊師。閏月丁丑，瑱與元建等戰於東關，齊師大敗。

天時	地域	官守	政事
三年（甲戌）		陳霸先復爲揚州刺史，鎮建康。	以王僧辯爲太尉、車騎大將軍，陳霸先爲司空。九月，魏遣兵五萬人寇江陵。十月，徵僧辯爲大都督、荆州刺史，命霸先徙鎮揚州。十一月，江陵城陷，帝爲魏人所殺，王僧辯、陳霸先共奉江州刺史、晉安王方智爲太宰，承制。
敬皇帝 諱方智，元帝第九子。 紹泰元年（乙亥） 十二月乙卯，太白出東方。西魏相宇			正月，梁王詧即皇帝位於江陵，改元大定。二月，齊主使殿中尚書邢子才馳傳詣建康，與王僧辯書，納貞陽侯淵明。三月，淵明至東關，斬裴之横，俘數千人，僧辯大懼，出屯姑孰，謀納淵明。五月癸卯，淵明入建康，望朱雀門而哭，道逆者以哭對。丙午，即皇帝位，

天時	地域	官守	政事
文覺廢其主廓自立，國號周。			改元天成。以晉安王爲皇太子，王僧辯爲大司馬，陳霸先爲侍中。初，僧辯將納淵明，霸先遣使苦爭，僧辯不從，霸先竊歎曰：「武帝子孫甚多，惟孝元能復讎雪恥，其子孫何罪，而忽廢之。吾與王公並處託孤之地，而王公一旦改圖，外依強國，何所爲乎？」會有告齊師大舉至壽春將入寇者，僧辯遣記室江旰告霸先，使爲之備。霸先留旰，舉兵襲僧辯，使徐度、侯安都帥水軍趨石頭，霸先帥馬步自江乘羅洛會之〔三七〕。侯安都至石頭北，棄舟登岸，軍人捧之，投女垣內，霸先兵亦自南門入。

天時	地域	官守	政事
			僧辯與子顧帥左右數十人苦戰，不敵，就執。是夜，霸先縊殺僧辯父子，布告中外，列僧辯罪狀。貞陽侯遜位，出就邸。冬十月己酉，晉安王即皇帝位，大赦，改元，中外文武賜位一等。加霸先尚書令、都督中外諸軍事、車騎將軍、揚南徐二州刺史。譙、秦二州刺史徐嗣徽，王僧辯之甥也，僧辯死，霸先東討義興，嗣徽乘虚將精兵五千襲建康，入據石頭，遊騎至闕下。安都閉門藏旗幟，示之以弱。及夕，嗣徽收兵還石頭，安都夜爲戰備。將旦，嗣徽又至，安都帥甲士三百，開東西掖門出戰，大

天時

地域

官守

政事

破之，嗣徽奔還石頭，不敢復逼臺城。十一月，霸先使徐度立柵於冶城。齊將柳達摩頓湖墅，應嗣徽，以米三萬石、馬千疋濟渡據石頭。霸先命侯安都夜襲湖墅，燒齊船千餘艘，令周鐵虎斷齊運輸。嗣徽攻冶城柵，霸先將精甲自西明門出擊之，嗣徽大敗。十一月，霸先對冶城立航，悉渡衆軍，攻其水南二柵〔三八〕，縱火燒柵，煙塵漲天，齊人敗走，達摩等入保石頭。霸先絕其汲路，城中無水，水一合貿米一升，米一升貿絹一匹，或炒米食之。達摩謂其衆曰：「我在北，聞謠言云：『石頭擣兩襠，

天時	地域	官守	政事
			擣青復擣黃。」昔侯景著青，已倒於此矣。今吾徒衣黃，豈不是謠言驗乎？」庚申，達摩請和，霸先僞許之，與盟約，任其將士南北。辛酉，霸先陳兵石頭門，送齊人歸北，收馬、仗、船、米不可勝計。齊主誅達摩。江寧令陳嗣、黃門侍郎曹朗據姑孰反，霸先命侯安都討平之。
太平元年（丙子） 九月，龍見於御路，自太社至於象魏。		霸先又爲揚州刺史，尋爲揚州牧。	正月，大赦，其與任約、徐嗣同謀者一無所問。霸先遣江旰說嗣徽南歸，嗣徽執旰送齊。二月，嗣徽、任約襲采石，執刺史張懷鈞，送於齊。三月，詔雜用古今錢。齊遣蕭軌、庫狄伏連、堯難

天時	地域	官守	政事
			宗、東方老等與約、嗣徽合兵十萬入寇，出柵口，向梁山，霸先帳内盪主黄叢逆擊，破之。齊師退保蕪湖，霸先遣沈泰等就侯安都，共據梁山禦之。五月丙申〔三九〕，齊軍至秣陵故城。霸先遣周文育屯方山，徐慶屯馬牧。齊人跨淮立橋柵度兵，夜至方山，嗣徽等列艦於青墩至七磯，斷周文育歸路。文育鼓譟而發，嗣徽等不能制，斬其驍將鮑砰。癸卯，齊兵自方山進及兒塘〔四〇〕，遊騎至臺，建康震駭，帝總禁兵出屯長樂寺。侯安都與嗣徽等戰於耕壇南，帥十二騎突其陳，破之，擒乞伏無勞。六月

天時	
地域	
官守	
政事	甲辰，齊兵潛至鍾山，安都與齊將王敬寶戰於龍尾。丁未，齊師至幕府山，霸先遣錢明將水軍出江乘，邀擊齊人糧運，盡獲其船米。齊軍乏食，殺馬、驢食之。庚戌，齊兵踰鍾山，霸先與衆軍分頓樂遊苑東及覆舟山北，斷其衝要。壬子，齊軍至玄武湖西北，據北郊壇，霸先引軍自覆舟山東移於南郊，與齊人相對。會大雨，平地水丈餘，齊軍日夜坐立泥中，足指皆爛，懸鬲以爨；而臺中及潮溝北水退路燥〔四一〕，梁軍每得番易。時四方壅隔，糧運不至，霸先將戰，調市人，得麥飯，分給軍士。會陳

天時	
地域	
官守	
政事	蒨饋米三千石〔四二〕，鴨千頭，伯先炊飯煮鴨，未明蓐食。比曉，霸先帥麾下出幕府山，安都謂部將蕭摩訶曰：「卿驍勇有名，千聞不如一見。」摩訶曰：「今日令公見之。」及戰，安都墜馬，齊人圍之，摩訶單騎大呼，直衝齊軍，齊軍披靡，安都乃免。霸先與吳明徹等衆軍首尾齊舉，縱兵大戰，安都自白下引兵，横出其後，齊師大潰，死者不可勝計，擒徐嗣徽及弟嗣宗，斬以徇，追奔至於臨沂。其江乘、攝山、鍾山等諸軍相次克捷，虜蕭軌、東方老、王敬寶等將帥四十六人。軍士得竄至江者，自盧

天時	地域	官守	政事
			龍縛筏以濟，中江而溺，流尸至京口，翳水彌岸，唯任約、王僧愔得免。衆軍出南兗州，燒齊艦。大赦，解嚴。斬齊將蕭軌等。九月，改元，大赦。以陳霸先爲丞相、錄尚書事、鎮衛大將軍、揚州牧、義興公。
二年（丁丑） 十月，禪位於陳。			三月，周文育送歐陽頠於建康，丞相霸先與頠有舊怨，釋而厚待之。四月，鑄四柱錢，一當二十。壬辰，改柱錢一當十。丙申，復閉細錢。齊遣使請和。八月，進霸先爲太傅，加黃鉞，殊禮，贊拜不名。九月，進爲相國，總百揆，封十郡爲陳公，九錫，陳國置百司。

陳

高祖姓陳，諱霸先，字興國，吳興長城下若里人。漢太丘長寔之後名達者，永嘉初爲長城令，悦其山水，家焉。常謂所親曰：「此地山川秀麗，當有王者興焉，二百年後，我子孫必鍾斯運。」高祖即達之十一世孫也。少倜儻，有大志，好史籍、讀書，明緯侯、孤虛、遁甲，不事産業。身長七尺五寸，日角龍顔，垂手過膝。嘗夜夢天開數丈，有朱衣四人捧日，納於口中，驚覺，腹内猶熱。初仕鄉爲里正，後逃義興。蕭暎鎮廣州，奏爲參軍，令招集士馬，大破賊軍，梁高祖遣使圖其形貌入觀之。討李賁，定交趾，拜高要太守。侯景作亂，高祖厚結豪傑侯安都、張偲等，率衆進屯南康，今贛州也。遣使詣江陵，稟節度於湘東王繹，遷南江州刺史，封長城侯。大寶二年，王僧辯督衆討侯景，師次湓城，高祖往會，授都督會稽、東陽、新安、臨海、永嘉五郡諸軍事，平東將軍，東揚州刺史。侯景平，拜司空，領南徐州刺史。元帝爲魏軍所殺，高祖與僧辯共迎立晉安王方智。北齊送貞陽侯蕭淵明歸主梁祀，僧辯納之，貶帝爲皇太子。高祖苦諫，不從。攻僧辯，殺之，廢貞陽侯，復奉方智爲帝。進高祖中外諸軍事，加班劍、鼓吹。明年，進位丞相、揚州刺史，加相國，封陳公，備九錫。尋進爵爲王，加二十郡，冕十有二旒，建天子旌旗，出警入蹕，乘金根車，駕六馬，備副車，置旄頭雲罕，樂舞八佾〔四三〕，設鐘簴宮懸。未幾，帝禪位於陳，高祖即皇帝位。自永定丁丑至禎明己酉，五主，三十三年，而併於隋。

天時	地域	官守	政事
高祖 永定元年（丁丑）		王沖領太子少傅，加特進、左光祿大夫，領丹陽尹。	十月辛未，梁敬帝禪位於陳，命太保王通、太尉長史王瑒奉皇帝璽綬〔四四〕，受終之禮，一依唐虞故事。乙亥，王即皇帝位於南郊，柴燎告天，還臨太極前殿。大赦，改元，詔百官文武進位有差。奉敬帝爲江陰王，居晉陵，太后爲

天時	地域	官守	政事
			太妃，皇后爲妃。以給事黄門侍郎蔡景歷爲秘書監兼中書通事舍人。是時，政事皆由中書省，置二十一局，各當尚書諸曹掌國機要，尚書惟聽受而已。幸鍾山，祠將帝廟。出佛牙於杜姥宅，設無遮大會，帝親出闕前膜拜。置刪定郎，治律令。
二年（戊寅）			正月，王琳引兵下至湓城，求援於齊，請納梁永嘉王莊。是月，上祀南、北郊，大赦，祀明堂。四月，享太廟。使人害梁敬帝，立武林侯諮之子季卿爲江陰王。幸大莊嚴寺，捨身，群臣上表請還宮。六月，詔司空侯瑱、領軍將軍徐度

天時	地域	官守	政事
			等討王琳〔四五〕。新作太極殿，欠一柱，忽有樟木大十八圍，長四丈五尺，自流泊陶家後渚，監軍鄒子度以聞，詔取木以構。八月，臨川王蒨西討，上幸冶城寺送之。王琳請還湘州，詔追衆軍還建康。幸莊嚴寺〔四六〕，設無礙會，捨乘輿法駕，群臣備禮迎還宮。
三年（己卯） 正月丁酉，大雪。 五月丙辰朔，日蝕。 六月癸卯〔四七〕，熒惑在心。		袁樞爲吏部尚書、丹陽尹。	正月，太極殿前有龍蹟見。廣州有僊人見於羅浮山小石樓，長三丈，通身潔白，衣服楚麗〔四八〕。周文育、周迪、黃法氍共討余公颺，豫章內史熊曇朗引兵會之，公颺降，送建康。曇朗殺文育而併其軍。有司奏，舊儀御前殿，合服

天時	地域	官守	政事
			朱紗袍袞冕，自今爲準。扶南遣使貢方物。周文育喪至，帝素服哭於朝堂，哀慟，因發疾。六月丁酉，遣太宰、尚書左僕射王通以疾告太廟，太宰、中書令謝哲告太社及南北郊。賜尚書令沈衆死。丙午，上崩於璿璣殿。上臨戎制勝，英謀獨運，性儉素，常膳不過數品，私宴用瓦器、蚌盤，後宮無珠翠之飾，不設女樂。時子昌在長安，内無嫡嗣，朝無重臣，惟杜稜典宿衛兵在建康。章皇后召稜及蔡景歷入宫中定議，秘不發喪，急召臨川王蒨於南皖，適侯安都軍還，遂俱至建康。安都與群臣定

天時	地域	官守	政事
			議，奉王嗣位。王謙讓不敢當，皇后以昌故，未肯下令。安都曰：「今四方未定，何暇及遠！臨川有大功於天下，須共立之。今日之事，後應者斬。」即按劍上殿，白皇后出璽，又手解蒨髮，推就喪次。遷大行於太極殿西堦，皇后乃下令以蒨纂承大統。是日，即皇帝位，大赦。八月甲申，葬武皇帝於萬安陵，今城東南三十里彭城驛側，廟號高祖。立子伯宗爲太子，沈妃爲皇后。十月，王琳奉梁永嘉王莊出屯濡須口，齊揚州道行臺慕容儼帥衆臨江，爲之聲援。詔侯瑱、侯安都及徐度將兵禦之。安州刺史吳明徹夜襲湓城，琳遣巴陵太守任忠擊破之，因引兵東下。

天時	文帝 諱蒨，昭烈王長子。 天嘉元年（庚辰） 二月辛卯，老人星見。
地域	
官守	以永修縣侯覬爲丹陽尹。
政事	正月，大赦，改元。賜鰥寡孤獨、孝悌力田粟各五斛，發使宣勞四方。辛酉，祀南郊。辛未，祀北郊。二月，琳帥衆舟東下，去蕪湖十里而泊。齊劉伯球、慕容子會將鐵騎屯西岸，爲之聲勢，瑱軍亦屯蕪湖。丙申，令軍中晨炊蓐食。時西南風急，琳自謂得天助，引兵直趣建康。瑱等徐躡其後，西南風翻爲瑱用，琳擲火炬，皆反燒其船。瑱發兵以擊琳艦，又以牛皮冒蒙衝小船，鎔鐵洒之，琳軍大敗，軍士溺死者十二三，餘皆棄船登岸，所殺殆盡。齊步騎在西岸者自相蹂踐，陷蘆荻泥淖中。擒劉伯

天時	
地域	
官守	
政事	球、慕容子會。琳乘舴艋冒陳走至湓城，與妻妾左右十餘人奔齊。詔衣冠士族、將帥戰兵陷王琳黨中者皆赦之，隨材銓敘。三月，江州刺史周迪追斬熊曇朗於新淦，虜男女萬餘口，宗黨無少長皆棄市。是月，驃騎將軍、湘州牧、衡陽王昌薨於魯山江中，謚獻王，立第七子伯信爲衡陽王，奉獻王祀。五月，侯安都父文捍爲始興內史卒官，上迎其母還建康，母固求停鄉里，爲置東衡州，以安都從弟曉爲刺史，安都子秘纔九歲，以爲始興內史，並令侍養。六月，詔葬梁元帝於江寧，車旗禮章，悉用梁

天時	地域	官守	政事
			典。八月，詔非兵器及國容所須金銀珠玉、衣服雜玩悉皆禁斷。詔自今孟春訖於夏首，大辟事已疑者宜且中停。
二年（辛巳）四月丙子朔，日蝕。十月甲子，日蝕。		始興王伯茂爲揚州刺史。	正月，高麗、倭國及百齊並遣使貢方物。大赦。十二月，太子中庶子虞荔、御史中丞孔奐以國用不足，奏立煑海鹽賦及榷酤之科，從之。初，高祖以帝女豐安公主妻留異之子貞臣，徵異爲南徐州刺史，遣其長史王澌入朝。澌每言朝廷虛弱，異信之，與王琳潛通。琳敗，異以兵戍下淮，詔司空、南徐州刺史侯安都討之。

天時	地域	官守	政事
三年（壬午） 九月戊辰朔，日蝕。			正月辛亥，祀南郊。二月辛酉，祀北郊。徵江州刺史周迪鎮湓城，又徵其子入朝，顧望不至。獨豫章太守周敷先入朝，進安西將軍，給鼓吹，賜女妓金帛，令還豫章。迪以敷出己下，不平，陰與留異相結，遣兵襲敷。敷戰，破之。又遣兵襲湓城，監江州事華皎遣兵逆擊，破之。上以閩州刺史陳寶應之父爲光祿大夫，子女皆受封命，編入屬籍。而寶應以留異女爲妻，陰與異合。虞茘弟寄流寓閩中，茘思之成疾，上爲徵之，寶應留不遣。梁末喪亂，鐵錢不行，民間私用鵝眼錢。甲子，改鑄五銖錢，一當鵝眼之

天時	
地域	
官守	
政事	十。三月，安成王頊自周還建康，詔以爲中書監、中衛將軍。頊妃柳氏及子叔寶猶在穰城，復遣毛喜如周，請周人歸之。以安右將軍吳明徹爲江州刺史，督黄法氍、周敷討周迪。大赦。留異始謂臺軍必自錢塘上，既而侯安都步由諸暨出永康，異大驚，奔桃枝嶺。安都因山勢爲堰，會水漲，安都引船入堰，起樓艦，與異城等，發拍碎其樓堞。異與其子忠臣奔晉安，依陳寶應。安都虜其妻子，盡收鎧仗而還。遣使聘齊。十月，詔以軍旅費廣，百姓空虛，凡供乘輿、飲食、衣服，宮中調度，至於百司，並從省約。

天時	地域	官守	政事
四年（癸未）三月乙丑朔，日蝕。己巳〔四九〕，太白晝見。六月丁未夜，白虹兩道出北斗間。重雲殿災。			侯安都恃功驕横，聚文武之士千人，部下將帥多不遵法度，侍宴酒酣，或箕踞傾倚。嘗陪樂遊園禊飲，謂上曰：「何如作臨川王時？」上不應。再三言之，上曰：「此雖天命，抑亦明公之力。」宴訖，啓借供帳水飾，欲載妻妾於御堂宴飲。上雖許之，意甚不懌。重雲殿災，安都帶甲而入，上惡之，用爲江、吳二州刺史。六月，帝引安都宴於嘉德殿，又集其部下將帥會於朝堂，坐上收安都，囚於嘉德西省，下詔暴其罪惡，賜死，宥其妻子，資給其喪。七月己丑〔五〇〕，皇太子納妃王氏〔五一〕，在位文武賜帛

天時	地域	官守	政事
五年（甲申）二月庚寅朔，日蝕。四月，太白、歲星合在奎中。八月丁亥朔，日蝕。			有差。是歲，初祭始興昭烈王於建康，用天子禮。 正月辛巳，祀北郊。陳寶應據建安、晉安二郡，水陸爲栅，以拒章昭達。昭達與戰不利，因據上流，命軍伐木爲筏，施拍其上。會大雨，江漲，昭達放筏衝寶應水栅，盡壞之。又出兵攻其步軍，方合戰，將軍余孝頃自海道適至，併力乘之，寶應大敗，追擒之，並擒留異及族黨送建康斬之。異子貞臣以尚主，得免。上聞虞寄嘗諫寶應，命昭達禮遣詣建康。既見，勞之曰：「管寧無恙。」以爲衡陽王掌書記。

天時	地域	官守	政事
六年（乙酉） 七月辛巳朔，日蝕。癸未，大風自西南至，纔廣百餘步，激壞靈臺、候館。			正月，皇太子加元服，王公以下賜各有差。以安成王頊爲司空。頊以帝弟之重，勢傾朝野，御史中丞徐陵彈之。上見陵章服嚴肅，爲斂容正坐，頊在殿上侍立仰視，上流汗失色。陵遣御史引頊下殿，上爲之免頊侍中、中書監，朝廷肅然。周人來聘。七月甲申，儀賢堂前架無故自壞。都督程靈洗自鄱陽倍道擊周迪，迪與麾下竄山中，臨川太守駱牙斬之，傳首建康。
天康元年（丙戌） 正月乙卯，日蝕。		尚書令、安成王頊爲揚州刺史。	正月，周遣小載師杜杲來聘。丙子，大赦，改元。三月，以安成王頊爲尚書令。上不豫，臺閣衆事並令尚書僕射到仲舉、

天時	地域	官守	政事
			五兵尚書孔奂共決之。太子伯宗柔弱，上憂其不能守位，謂頊曰：「吾欲遵太伯之事。」頊拜伏泣涕，固辭。上又謂仲舉、奂等曰：「今三方鼎峙，四海事重，宜須長君，卿等宜遵此意。」孔奂流涕對曰：「太子春秋鼎盛，聖德日躋，安成王介弟之尊，足爲周旦。若有廢立之心，臣愚，不敢聞詔。」上曰：「古之遺直，復見於卿。」乃以奂爲太子詹事。四月癸酉，帝崩於有覺殿。太子即位，大赦。六月丙寅，葬文皇帝於永寧陵，進號世祖。十月，享太廟，周遣使來弔。

天時	地域	官守	政事
廢帝 諱伯宗，文帝嫡子。 光大元年（丁亥） 正月癸酉朔，日蝕。十一月戊戌朔，日蝕。			正月乙亥，大赦，改元。辛卯，祀南郊，大赦。南豫州刺史余孝頃坐謀反，誅。湘州刺史華皎反，潛引周兵爲援。以丹陽尹吳明徹爲湘州刺史，帥舟師三萬趣郢州，淳于量帥舟師五萬繼之，共襲皎。六月，以司空徐度爲車騎將軍，總督建康諸軍，步道趣湘州。皎遣使誘章昭達，昭達執送建康。又誘程靈洗，靈洗斬之。梁以皎爲司空，遣王操將兵二萬會之。周權景宣將水軍，元定將陸軍，衛公直總之，與皎俱下，戰於沌口，皎等大敗，與戴僧朗單舸奔江陵。擒元定，送建康，皎黨四十餘人並伏誅。

天時	二年（戊子） 四月辛巳，太白晝見。六月丁卯，慧星見。十一月壬辰朔，日蝕。
地域	
官守	安成王頊進位太傅，領司徒、揚州牧。
政事	正月，安成王頊進位太傅，領司徒、揚州牧，加殊禮，劍履上殿，入朝不趨，贊拜不名。以淳于量爲中軍大將軍。安成王獻玉璽一紐。新羅、林邑、狼牙脩國並遣使朝貢。時安成王與僕射到仲舉、中書舍人劉師知等常在禁中參決庶務，而安成王爲揚州刺史，左右甲仗三百人入尚書省。十一月，師知、仲舉陰說帝矯太后令，詔安成可遷東府，經治州務。安成將出，毛喜馳人，止之曰：「王今出外，便受制於他人，譬如曹爽，願作富家翁不可得也，請覆之。」安成乃稱疾，召師知留與語，遣喜入白太后，

天時		宣帝 諱頊，世祖母弟，始興昭烈王第二子。 太建元年（己丑）
地域		
官守		長沙王叔堅爲丹陽尹。
政事	太后曰：「今伯宗年幼，政事並委二郎，此非我意。」喜出，報安成。安成囚師知，付廷尉獄，賜死。自是，大小政事，皆決於安成。乃諷慈訓太后廢帝爲臨海王，送之藩邸。	正月甲午，安成王即皇帝位，改元，大赦，進文武位一等。復太后尊號曰太皇太后，沈氏爲文皇后，立妃柳氏爲皇后，世子叔寶爲太子，子叔陵爲始興王，奉昭烈王祀。乙未，謁太廟。使御史出四方，觀省風俗。辛丑，祀南郊。戊午，享太廟。二月，耕籍田。歐陽紇在廣州十餘年，威惠著於百越。自華皎

天時	地域	官守	政事
			之叛，帝心疑之，徵爲左衛將軍。紇懼，其部下多勸之反，遂舉兵攻衡州。詔遣車騎將軍章昭達討紇。享太廟。
二年（庚寅）四月乙巳，太白晝見。十月辛巳朔，日蝕。			正月丙午，享太廟。歐陽紇召陽春太守馮僕至南海，誘與同反。僕遣使告其母洗夫人，母曰：「我爲忠貞，經今兩世，不能惜汝負國。」遂發兵帥酋長迎章昭達，昭達倍道兼行至始興。紇聞昭達奄至，不知所爲，出頓洭口〔五二〕，多聚沙石，盛以竹籠，置於水柵之外。昭達令軍人銜刀，潛行水中以斫，籠篋皆解。因縱大艦，隨流突之，紇衆大敗，擒紇，斬於建康市。三月丙申，皇

天時	地域	官守	政事
			太后崩於紫極殿，祔葬萬安陵。閏月，上謁太廟。齊遣使來弔。十月乙酉，享太廟。
三年（辛卯） 四月戊寅朔，日蝕。			正月，以著作郎徐陵爲尚書僕射〔五三〕。辛酉，祀南郊。辛未，祀北郊。二月辛巳，祀明堂。耕籍田。大赦。齊遣使來聘。丹丹、天竺、盤盤等國貢方物。周使納言鄭詡來聘。八月，太子釋奠於太學。十月甲申，享太廟。
四年（壬辰） 三月癸卯朔，日蝕。八月丁丑，景雲見。九月庚子			正月，以尚書僕射徐陵爲左僕射，中書監王勱爲右僕射。庚午，享太廟。二月乙酉，封子叔卿爲建安王。遣使如周，周使杜杲來聘。上謂曰：「若欲合從圖

天時	地域	官守	政事
朔，日蝕。十一月己亥夜，大震。			齊，宜以樊、鄧見與。」對曰：「合從圖齊，豈弊邑之利！必須城鎮，宜待得之於齊，先索漢南，使臣不敢聞命。」九月，大赦。詔徐度、杜稜、程靈洗等配食武帝廟庭，章昭達配食文帝廟庭。十月，周遣小匠師楊緄等來聘。乙酉，享太廟。
五年（癸巳）二月，夜有白氣如虹，自北斗貫紫微宮。九月壬辰晦，夜明。			正月，以吏部尚書沈君理爲右僕射。齊遣崔象來聘。辛巳，祀南郊。甲午，享太廟。二月辛丑，祀明堂。三月，詔吳明徹都督征討諸軍事，裴忌監軍事，統衆十萬伐齊。明徹出秦郡，都督黃法氍出歷陽。齊遣軍救歷陽，法氍擊破之。

天時	地域	官守	政事
			又遣尉破胡、長孫洪略救秦州，蕭摩訶破之。破胡走，洪略戰死。五月，瓦梁城、陽平郡皆降。徐槾克廬江城。歷陽窘蹙，乞降，法氍急攻，克之。詔法氍徙鎮歷陽。治明堂。十月，吳明徹攻壽陽，堰肥水灌城，城中多病腫泄，死者十六七。乙巳，拔之。擒王琳、王貴顯、盧潛等送建康，梟首朱雀航。
六年（甲午）二月壬午朔，日蝕。四月庚子，彗星見。			正月，大赦江右、淮北諸州。壬午，享太廟。周人來聘。二月，耕籍田。六月，尚書右僕射周弘正卒。十月，周遣御正弘農楊尚希、禮部盧韜來聘。

天時	地域	官守	政事
七年（乙未） 二月丙戌朔，日蝕。九月，甘露三降樂遊苑。十二月辛亥朔，日蝕。			正月辛未，祀南郊。左衛將軍樊毅克潼州城。辛巳，祀北郊。四月甲午，享太廟。監豫州陳桃根獻青牛，詔遣還民。又表上織成羅文錦被各二百首，詔於雲龍門外焚之。詔將士死王事者，尅日舉哀。改作雲龍、神虎二門。周遣使來聘。閏月，車騎大將軍吳明徹將兵擊齊彭城，敗齊兵於呂梁。丁未，幸樂遊苑，採甘露，宴群臣，於覆舟山上立甘露亭〔五四〕。十二月，南康郡獻瑞鍾一口。殷不害自周還，優詔拜司農卿，尋遷光祿大夫。

天時	地域	官守	政事
八年（丙申） 正月庚辰，西南紫雲見。六月戊申朔，日蝕。			二月（五五），以開府儀同三司吳明徹爲司空。四月己未，享太廟。尚書左僕射王瑒卒（五六）。太子叔寶欲以左戶部尚書江總爲詹事，吏部尚書孔奐曰：「江有潘、陸之華，而無園綺之實，輔弼儲宮，竊有所難。都官尚書王廓世有懿德，識性敦敏，可以居之。」太子固爭，卒以總爲詹事。總與太子爲長夜之飲，養良娣陳氏爲女。太子亟微行遊總家，上怒，免總官。九月，以子叔彪爲淮南王，叔齊、叔文皆爲郡王。

天時	地域	官守	政事
九年（丁酉）七月，大風雨。震萬安陵華表。癸卯，震瓦官寺重門，一女子死。十一月己亥晦，日蝕。			正月辛卯，祭北郊。二月，耕藉田。上聞周人滅齊，欲爭徐、兗，詔吳明徹督諸軍伐周。新作東宮成，太子徙居之。
十年（戊戌）六月，大雨，震太皇寺刹、莊嚴寺露盤、重陽閣東樓、千秋門內槐樹、鴻臚寺府門。	秋八月，改秦郡爲義州。十月，罷義州及南琅琊、彭城二郡。立建興郡，領建安、同夏、烏山、江乘、臨沂、湖熟等六縣，屬揚州。	始興王叔陵爲揚州刺史。	正月，吳明徹圍周彭城，戰敗，爲周人所執，憂憤而卒。三月，命淳于量爲大都督，總水陸諸軍事，以備周。大赦。九月乙巳，立方明壇於婁湖，以揚州刺史、始興王叔陵爲王官伯，臨盟百官。上幸婁湖誓衆，分遣大使，以盟誓班下四方，上下相警戒。十月戊子，以尚書左僕射陸繕爲尚書僕射。

天時	地域	官守	政事
十一年（己亥）正月，龍見於南兗州永寧樓側池中。		叔陵爲大都督，總水步衆軍，尋丁所生母彭氏憂去。	二月癸亥，耕籍田。初用大貨六銖錢。三月，詔淮北義人率戶口歸國者，建其本屬舊名置立郡縣，即隸近州賦，給田宅。八月，上閲武於大壯觀，命任忠帥步騎十萬陳於玄武湖，陳景仲樓艦五百出瓜步江，振旅而還。豫章內史、南康王方泰在郡暴掠，驅錄富人，徵求財貨。上閲武，方泰當從，啓稱母疾不行，而微服往民間淫人妻，爲有司所奏。上大怒，下獄免官，削爵土，尋復之。九月，周遣梁士彥等寇淮南，仍遣杜杲、薛舒來聘。以陸繕爲尚書左僕射。十一月辛卯，大赦。詔淳于量爲上

	天時	地域	官守	政事
				流水軍都督，樊毅都督北討諸軍事，任忠都督北討前軍事，帥步騎趣陽平，秦郡武毅將軍蕭摩訶帥步騎趣歷陽。十二月，南北兗、晉三州及盱眙、山陽、陽平、馬頭、秦、歷陽、沛、北譙、南梁等九郡民並自拔還江南。周又取譙、北徐州，自是江北之地盡沒於周。遣平北將軍沈恪、電威將軍裴子烈鎮南徐州，開遠將軍徐道奴鎮柵口〔五七〕，前信州刺史楊寶安鎮白下。
十二年（庚子）	六月，大風吹壞皋			正月，以任忠爲南豫州刺史，督緣江軍防事。五月，以尚書右僕射、晉安王伯恭爲僕射。八月，周鄖州總管司馬消難

天時	門中闉。九月，天東南有聲，如風水相激〔五八〕，三夜乃止。十月甲寅，日蝕。
地域	
官守	
政事	以所統九州八鎮之地來降，詔以消難爲大都督、司空、隋公，給鼓吹女樂一部。庚申，詔任忠帥衆趣歷陽，陳慧紀趣南兗州〔五九〕，消難爲大都督水陸諸軍事。庚午，淳于陵克臨江郡。癸酉，魯廣達克周之郭默城。丙子，淳于陵克祐州城。丁亥，周將王延貴帥衆援歷陽，任忠擊破之，擒延貴，送建康。詔：「夏中亢旱傷農，畿內爲甚，其丹陽、吳興、晉陵、建興、義興、東海、信義、陳留、江陵等十郡並謝署，即年田稅祿秩並各原半。」

天時	地域	官守	政事
十三年（辛丑）九月癸亥夜，大風從西北來，發屋拔樹，大雨雹。十二月辛巳，彗星見西南。		新安王伯固爲都督、揚州刺史。	以晉安王伯恭爲尚書左僕射，袁憲爲右僕射。二月，耕籍田。三月，隋以上開府儀同三司賀若弼爲吳州總管，鎮廣陵，和州刺史韓擒虎爲廬州總管，鎮廬江。隋主有併吞江南之志，問將帥於高熲，熲薦二人，故置於南邊，使潛經略，以上柱國長孫覽、元景山並爲行軍元帥，發兵入寇，命熲節度諸軍。七月，徵士馬樞卒。樞寓居京口，梁邵陵王綸爲徐州刺史，引爲學士，後隱茅山。陳天嘉元年，徵爲度支尚書，辭不應命。有《道覺論》行於世。十一月，隋遣兼散騎侍郎鄭撝來聘。

天時	地域	官守	政事
十四年（壬寅） 四月，自建康至荆州江水色赤如血。八月丁酉，天赤如火。九月夜，天東北有聲如蟲飛，移漸西北。乙卯，太白晝見。		義陽王叔達爲丹陽尹。	正月己酉，上不豫。始興王叔陵陰有異志。甲寅，上殂，叔陵抽剉藥刀斫傷太子中項。母柳后來救，又斫后數下。乳媪吳氏自後掣其肘，太子乃得免。長沙王叔堅縛叔陵，叔陵脫走，出雲龍門，馳車還東府，召左右斷清溪道。赦東城囚，以充戰士。又遣人往新林追其所部兵，仍自披甲，登城西門，募百姓及諸王、將帥，莫有至者，惟新安王伯固單馬應之。叔堅白柳后，遣左右司馬申以太子命，召右衛將軍蕭摩訶帥馬步數百趣東府，屯城西門。叔陵惶恐，送鼓吹與摩訶，謂之曰：「事捷，必以公爲台

天時　地域　官守　政事

鼎。」摩訶紿之曰：「須王心膂節將自來，方敢聽命。」叔陵遣所親戴溫、譚騏驎詣摩訶，執以送臺，斬其首徇東城。叔陵自知不濟，入内沉其妃張氏及寵妾七人於井。帥步騎數百，自航欲趣新林奔隋，行至白楊路，爲臺軍所邀，陳仲華斬其首，伯固爲亂軍所殺，諸子宥爲庶人。帝遺詔庶事務從儉約，金銀之飾不以入壙，冥器皆令用瓦。帝本有恢弘之度，時國步初弭，創痍未復，淮南之地並入於齊。帝志復舊境，而强弱懸絶。及周滅齊，乘勝而舉，略地江際，自此懷懼。既而力修城隍，爲扞禦

天時	地域	官守	政事
			之備，獲銘曰：「二百年後，當有癡人修吾破城者。」時莫測所從云。丁巳，太子即皇帝位，大赦。尊皇后爲皇太后。帝病創，卧承香殿。太后居栢梁殿，百司衆務皆決於太后。帝創愈，乃歸政焉。隋開府儀同三司鄧孝儒攻甑山，鎮將軍陸綸以舟師救之，敗績，涓口、甑山、沌陽守將皆棄城走。遣使請和於隋，歸其湖墅。隋高熲奏禮不伐喪，遂班師。立子永康公胤爲皇太子。六月，隋遣使來弔。九月，設無碍會於太極殿，捨身及乘輿、服御，大赦。

天時	地域	官守	政事
後主 諱叔寶，宣帝嫡子。 至德元年（癸卯） 二月己巳朔，日蝕。八月丁卯朔，日蝕。九月丁巳，天東南有聲如蟲飛。十二月戊午夜，天開自西北至東南，其內青黃雜色，隆隆若雷聲。		長沙王叔堅進驃騎將軍、開府儀同三司、揚州刺史，尋遷司空，將軍、刺史如故。岳陽王叔昭爲丹陽尹。太子深封始安王，爲揚州刺史。以南琅琊、彭城二郡太守南平王嶷及會稽王莊爲揚州刺史。	正月壬寅，大赦，改元。初，上病創，政無大小，皆決於長沙王叔堅，權傾朝廷。尚書孔範、中書舍人施文慶構之於上，出爲江州刺史。立子深爲始安王，遣兼散騎常侍賀徹等聘於隋。四月，郢州城主張子機遣使請降於隋，隋主以和好不納。隋遣兼散騎常侍薛舒、兼通直散騎常侍王劭來聘。長沙王叔堅未之江州，復留爲司空，實奪之權。十一月，遣散騎常侍周墳、通直散騎常侍袁彥聘於隋。帝聞隋主狀貌異人，使彥畫像而歸。帝見，大駭曰：「吾不欲見此人。」亟命屏之。十二月，隋遣曹令則、魏澹

天時	地域	官守	政事
			來聘。司空長沙王叔堅既失恩，乃爲厭媚求福。或告其事，帝囚於西省，將殺之，叔堅曰：「臣本無他心，既犯天憲，罪當萬死。臣死之日，必見叔陵，願宣明詔，責之於泉下。」帝赦之，免官而已。頓利國遣使朝貢。
二年（甲辰） 正月甲子，日蝕。		岳陽王叔慎爲丹陽尹。	正月，分遣大使巡省風俗〔六〇〕。以吏部尚書江總爲僕射。秋七月，遣散騎常侍謝泉等聘於隋。將軍夏侯苗請降於隋，隋主以通和不納。皇太子加元服，在位文武賜帛有差，孝悌力田爲父後者爵一級，鰥寡孤獨不能自存者穀五斛〔六一〕。冬十一月，隋主遣散騎常侍

天時	地域	官守	政事
			薛道衡等來聘，戒道衡：「當識朕意，勿以言辭相折。」是歲，上於光昭殿前起臨春、結綺、望僊三閣，各高數十丈，連延數十間，其窗牖壁帶縣楣欄檻皆以沉檀爲之，飾以金玉珠翠。其下積石爲山，引水爲池，雜植奇花異卉。上自居臨春閣，張貴妃居結綺閣，龔、孔二貴嬪居望僊閣，並複道交相往來。又有王、李二美人，張、薛二淑媛，袁昭儀、何婕妤、江脩容並有寵，迭遊其上。以宫人有文學者袁大捨等爲女學士。僕射江總雖爲宰輔，不親政務，與孔範等文士十餘人侍上遊宴後

天時	地域	官守	政事
			庭，無復尊卑之序，謂之「狎客」。賦詩互相贈答，采其尤豔麗者被以新聲，其曲有《玉樹後庭花》、《臨春樂》等，大略皆美諸妃嬪之容色。君臣酣飲，自夕達旦。張貴妃名麗華，本兵家女，爲龔貴嬪侍兒，上見而悦之，得幸，生太子深。上怠於政事，百司啓奏並因宦者蔡兒、李善度進請，上倚隱囊，置張妃於膝上，共決之。内外結連，縱横不法。於是孔、張之權薰灼，四方皆從風諂附。上惡聞過失，每有惡事，必曲爲文飾。群臣有諫者，輒以罪斥。中書舍人施文慶以明閑吏職，大被親幸。又薦

天時

地域

官守

政事
沈客卿、陽惠朗、徐哲、曁慧景等有吏能，以陽惠朗爲太市令，曁慧景爲尚書金倉都令史，聚斂無厭，士民嗟怨，客卿總督之。歲入過於常格數十倍，上益以文慶爲知人，轉相汲引，珥貂蟬者五十人。孔範自謂文武俱能，舉朝莫及，從容白上曰：「將帥起自行伍，匹夫敵耳。深見遠慮，豈其所知！」上以問文慶，文慶以爲然，司馬申復贊之。自是將帥微有過失，即奪其兵，奪任忠部曲以配範及蔡徵。由是文武解體，以致覆滅。

天時	三年（乙巳）正月戊午朔〔六二〕，日蝕。八月戊子，老人星見。
地域	
官守	
政事	豐州刺史章大寶在州貪縱，朝廷以太僕卿李暈代之。大寶襲殺暈，舉兵反，攻建安，不尅，衆潰逃入山，爲追兵所擒，夷三族。七月，遣散騎常侍王話等聘於隋，隋使李若等來聘。北地傅縡事上東宮，累遷至中書通事舍人，負才使氣，施文慶、沈客卿共譖受高麗使金，上收縡下獄，縡獄中上書，指陳帝荒淫云：「恐東南王氣自斯而盡。」殺之。十一月，詔修孔子廟。幸長干寺。大赦。高麗、百濟使來朝貢。

天時	地域	官守	政事
四年（丙午）			夏四月，遣周磻等聘於隋。五月，立子莊爲會稽王。秋八月，隋遣散騎常侍裴豪等來聘。九月，幸玄武湖，閲武，宴群臣賦詩。十月，以江總爲尚書令，謝伷爲尚書右僕射。
禎明元年（丁未） 正月乙未，地震。 五月乙亥朔，日蝕。	割揚州吳郡置吳州，割錢塘縣爲郡屬焉。	以蕭嚴爲東揚州刺史。	正月戊寅，大赦，改元。二月，遣兼散騎常侍王亨等聘於隋。四月，隋遣兼散騎常侍楊同等來聘。十一月甲午，隋主如馮翊，親祠故社，内史令李德林以疾不從，隋主自同州敕書追之，與議伐陳之計。初，隋受禪以來，與陳鄰好甚篤，書稱姓名頓首，帝答之，益驕，末曰：「想彼統内如宜，此宇宙清泰。」隋

天時	
地域	
官守	
政事	主不悅，以示朝臣。上柱國楊素以爲主辱臣死，再拜請罪。隋主問取陳之策於高熲，對曰：「江南水田早熟，量彼取穫之時，聲言掩襲，彼必屯兵守禦，我便解甲。再三如此，必以爲常。猶豫之頃，我乃濟師。又江南儲積非地窖，因風縱火焚之，不出數年，自可財力俱盡。」隋用其策，陳人始困。於是楊素、賀若弼、高勵、崔仲方等爭獻平江南之策。及受蕭巖等降，隋主益忿，謂高熲曰：「我爲民父母，豈可限一衣帶水而不拯乎？」命大作戰船。楊素在永安造大艦，名曰「五牙」。上起樓五層，高

天時	地域	官守	政事
			百餘尺，左右前後置六拍竿，並高五十尺，容戰士八百人。次曰「黄龍」，置兵百人。自餘平乘〔六三〕、舴艋等各有差。時江南妖異特衆，臨平湖草久塞，忽然自開。帝惡之，乃自賣於佛寺爲奴以厭之。又於建康造太皇寺，起七級浮圖，未畢，火從中起，焚之。吳興章華好學，善屬文，朝臣以其素無伐閲，競排詆之，除大市令，不得志，乃上書極諫，末云：「如不改絃易張，臣見麋鹿復遊於姑蘇。」帝大怒，斬之。

天時	地域	官守	政事
二年（戊申）夏四月，群鼠無數自蔡洲岸入石頭，緣淮至於青塘兩岸，數日自死，隨流入江。五月甲午，東冶鑄鐵，有物赤色如火，大數升，自天墜鎔所，隆隆有聲如雷，鑄錢飛出牆外〔六四〕，燒人家。			正月，立子恮爲東陽王，恬爲錢塘王。遣散騎常侍袁雅等聘於隋。又遣周羅睺將兵屯峽口，侵隋峽州。三月，隋遣散騎常侍程尚賢等來聘。戊寅，隋下詔出師，璽書暴帝二十惡，散寫三十萬紙，遍諭江外。覆舟山、蔣山松栢木冬月常出木汁，後主以爲甘露之瑞，俗呼爲「雀餳」。又有神人自稱老子，遊於都下，與人言而不見形，言吉凶多驗。後主夢黃衣圍城，有血霑階。至臥床頭，而火起。又有狐入床下，捕之不見。六月〔六五〕，廢太子胤爲吳興王，立始安王深爲太子。帝初欲以深爲嗣，嘗從容

天時	地域	官守	政事
言丁巳，大風自西北激濤水入石頭城，秦淮暴溢，漂沒船舫。又船下有聲云：「明年亂。」視之，得嬰兒，三尺，無頭。又蔣山衆鳥鼓翼拊膺曰：「奈何帝！」又府城無故自壞。又青龍出建陽門，井中湧赤霧，地生白黑毛，又大風拔朱雀門。			之。蔡徵順旨稱讚，袁憲厲色折之曰：「皇太子國家儲副，億兆宅心，卿是何人，輕言廢立！」帝卒從徵議。又欲廢沈后，立張貴妃，國亡，不果。冬十月，帝遣王琬、許善心聘於隋，請還，不聽。隋以出師，有事於太廟，命晉王廣、秦王俊、清河公楊素皆爲行軍元帥，廣出六合，俊出襄陽，素出永安，劉仁恩出江陵，王世績出蘄春，韓擒虎出廬州，賀若弼出廣陵，弘農燕榮出東海，凡總管九十，兵五十一萬八千，皆受晉王節度。以高熲爲晉王元帥長史，王韶爲司馬，軍中事皆決高熲，謂薛道

天時	地域	官守	政事
			衡曰：「今茲大舉，江東必可剋乎？」曰：「剋之。嘗聞郭璞有言：『江東分王三百年，復與中國合。』席卷之勢，事在不疑。」江濱鎮戍聞有隋軍，相繼奏聞，施文慶、沈客卿並抑而不言。及隋軍臨江，諸防戍船艦悉還都下，江中無一兵。後主聞隋軍至，曰：「王氣在此，齊兵三來，周人再至，皆並摧沒，彼何爲者耶？」孔範曰：「長江天塹，虜軍豈能飛度耶！邊將欲作功勞，妄言事急。臣每患官卑，虜若度江，臣定作太尉公矣！」或妄言北軍馬死，範

天時	
地域	
官守	
政事	曰：「此是我馬，何爲而死？」帝笑以爲然，故不爲深備，奏伎縱酒、賦詩不輟，明年，國亡。

【校勘記】

〔一〕八年甲辰：原作「元年丁酉」，據《梁書》卷一《武帝紀》改。

〔二〕骻：原作「體」，據《南史》卷六《梁本紀》及《建康實錄》卷一七改。又「骨」上原衍一「地」字，據《南史》卷六刪。

〔三〕右：原作「左」，曰：原作「白」，並據《梁書》卷一《武帝紀》上、《南史》卷六《梁本紀》上改。

〔四〕王：原闕，據《建康實錄》卷一七補。

〔五〕閤：原作「門」，據《梁書》卷一《武帝紀》上、《南史》卷六《梁本紀》改。

〔六〕焉：原作「馬」，據上下文意改。

〔七〕縣男：原作「侯」，據《梁書》卷一《武帝紀》上、《南史》卷六《梁本紀》上改。

〔八〕十：原作「八」，據《梁書》卷一《武帝紀》及《建康實錄》卷一七改。

〔九〕一：原作「八」，《南史》卷六《梁本紀》上作「已下四十八人」，但《梁書》卷一《武帝紀》上、《資治通鑑》一四四並作「四十一人」，《資治通鑑》卷一四三又云：「是時，帝所寵左右凡三十一人，黄門十人。」據改。

〔一〇〕「詔」字上，至正本有「下」字。

〔一一〕尚書删定郎：原闕，據《建康實録》卷一七補。

〔一二〕經易：至正本作「輕易」。

〔一三〕朔：原作「定」，據《梁書》卷一《武帝紀》上改。

〔一四〕十一月甲午：原作「十二月」，據《梁書》卷二《武帝紀》中改。

〔一五〕如：原闕，據《梁書》卷二《武帝紀》中補。

〔一六〕北討諸軍事：原作「諸軍鎮」，據《梁書》卷二《武帝紀》中改。

〔一七〕濤入御道七尺：《梁書》卷二《武帝紀》云：「八月戊戌，大風折木，京師大水，因濤入，加御道七尺。」

〔一八〕騎：原作「衛」，據《梁書》卷二《武帝紀》中改。

〔一九〕星：原作「日」，據《梁書》卷三《武帝紀》下改。

〔二〇〕王：原闕，據《梁書》卷三《武帝紀》下、《南史》卷七《梁本紀》中補。

〔二一〕樹：原作「澍」，據《梁書》卷三九本傳改。

〔二二〕羣臣：原作「郡縣」，據《梁書》卷三《武帝紀》下改。

〔二三〕止地：《梁書》卷三《武帝紀》下、《南史》卷七《梁本紀》中並作「閏十二月丙午，西南有雷聲二」。

〔二四〕十月丁卯：原作「四月」，據《梁書》卷三《武帝紀》下、《南史》卷七《梁本紀》中及《資治通鑑》卷一五六改。

〔二五〕正月：《梁書》卷三《武帝紀》下、《南史》卷七《梁本紀》中作「三月」。

〔二六〕曹子郢：原作「王僧辯」，據《梁書》卷三《武帝紀》下及《建康實錄》卷一七改。

〔二七〕十二：原作「十一」，據《梁書》卷三《武帝紀》下、《南史》卷七《梁本紀》。

〔二八〕三：原作「八」，據《梁書》卷三《武帝紀》下、《建康實錄》卷一七改。

〔二九〕錢：原闕，據《梁書》卷三《武帝紀》下、《南史》卷七《梁本紀》中補。

〔三〇〕僧：原闕，據《建康實錄》卷一七補。

〔三一〕請帝：原闕，據《建康實錄》卷一七補。

〔三二〕三月：原作「正月」。按《梁書》卷三《武帝紀》下、《南史》卷七《梁本紀》中、《資治通鑑》卷一六一皆繫此事於三月己未。今據改。

〔三三〕之：原本無，據至正本補。
〔三四〕東：原作「西」，據《陳書》卷一《高祖紀》上改。
〔三五〕北門：原作「城」，據《陳書》卷一《高祖紀》上改。
〔三六〕數十：至正本作「數千」。
〔三七〕羅：至正本作「落」。
〔三八〕二：原作「一」，據《陳書》卷一《高祖紀》、《建康實録》卷一七改。
〔三九〕丙申：《陳書》卷一《高祖紀》作「甲申」。
〔四〇〕兒：原作「倪」，《資治通鑑》卷一六六同，《梁書》卷六《敬帝紀》、《陳書》卷一《高祖紀》上、《南史》卷九《陳本紀》上皆作「兒塘」，今據改。
〔四一〕水退：原闕，據《建康實録》卷一七補。
〔四二〕三千石：原作「二千斛」。《南史》卷九《陳本紀》作「米三千石」，《資治通鑑》卷一六六作「米三千斛」，「三千石」較優，據改。
〔四三〕舞：原闕，據《建康實録》卷一七補。
〔四四〕瑒：原作「暢」，據《陳書》卷一《高祖紀》上、《建康實録》卷一七改。

〔四五〕領軍將軍：原闕，據《陳書》卷二《高祖紀》下、《南史》卷九《陳本紀》上及《資治通鑑》卷一六七補。
〔四六〕莊：原作「華」，據《陳書》卷二《高祖紀》下改。
〔四七〕癸卯：原作「癸丑」，據《陳書》卷二《高祖紀》下、《南史》卷九《陳本紀》上改。
〔四八〕楚麗：原作「麗楚」，據《陳書》卷二《高祖紀》下乙。
〔四九〕己巳：原作「乙巳」，據《建康實錄》卷一九改。
〔五〇〕己丑：原作「乙未」，據《陳書》卷三《世祖紀》改。
〔五一〕王：原作「朱」，據《陳書》卷三《世祖紀》及《資治通鑑》卷一七〇改。
〔五二〕涯：原作「江」，據《陳書》卷一一《章昭達傳》改。
〔五三〕以著作郎徐陵爲尚書僕射：原作「以尚書右僕射徐陵爲左僕射」。按三年，徐陵僅由著作郎升爲僕射，而爲左僕射在四年正月，今據改。
〔五四〕覆舟山：原作「覆舟寺」，據《建康實錄》卷二〇改。
〔五五〕二月：原作「一月」，據《陳書》卷五《宣帝紀》、《南史》卷一〇《陳本紀》下及《資治通鑑》卷一七二改。

〔五六〕場：原作「暘」，據《陳書》卷五《宣帝紀》改。

〔五七〕柵：原作「撫」，據《陳書》卷五《宣帝紀》改。

〔五八〕激：至正本作「擊」。

〔五九〕慧：原作「志」，據《陳書》卷一五、《南史》卷六五本傳改。

〔六〇〕大：原作「八」，據《陳書》卷六《後主紀》、《南史》卷一〇《陳本紀》改。

〔六一〕斛：原作「石」，據《陳書》卷六《後主紀》改。

〔六二〕正：原作「二」，據《陳書》卷六《後主紀》及《建康實錄》卷二〇改。

〔六三〕平乘：至正本作「半乘」。

〔六四〕鑄錢：至正本作「鐵錢」。

〔六五〕六月：原作「五月」。據《陳書》卷六《後主紀》、《南史》卷一〇《陳本紀》下改。

至正金陵新志卷三中之上

金陵表四

隋唐五代

隋、唐都長安，五代都汴梁。五代非正統，而舊志繫以南唐行事，今姑從之。

天時	地域	官守	政事
隋文帝 姓楊，諱堅，弘農華陰人。周大象二年，封隋王。明年，受周禪。開皇九年，	九年，平陳，建康城邑宮室並蕩耕墾。於石頭城置蔣州，廢丹陽郡，併秣陵、建康、同夏三縣入江寧。	郭衍爲蔣州刺史。王韶鎮石頭。以蔣州刺史郭衍爲洪州總管。	開皇九年正月乙丑朔，陳主朝會羣臣，大霧四塞，人人鼻皆辛酸。陳主昏睡，至晡時乃寤。是日，賀若弼自廣陵濟京口〔一〕，擒虎自采石濟江。庚午，弼拔京口，執刺史黃恪。擒虎進攻姑孰，拔

天時	滅陳，遂爲正統。九年己酉末年甲子，天下戶口踰八百九十萬。
地域	
官守	
政事	之，執樊巡。弼、擒虎軍南北並進，諸戍望風盡走。弼分兵斷曲阿之衝而入。陳主命豫章王叔英屯朝堂，蕭摩訶屯樂遊苑，樊毅屯耆闍寺，魯廣達屯白土岡之東。晉王廣遣杜彥與韓擒虎步騎貳萬屯新林。陳主晝夜啼泣，臺內處分一以委施文慶。文慶既知諸將疾己，恐其有功，啓請率皆不行。弼攻京口，摩訶請兵逆戰，不許。弼至鍾山，摩訶又請乘壘塹未堅，出兵掩襲，又不許。任忠請固守臺城，緣淮立柵，分兵斷江路，無令彼信得通，陳主又不從。明日，欻然曰：「兵久不決，令人腹煩，可呼蕭郎一

天時	地域	官守	政事
			出擊之。」任忠叩頭苦請勿戰，孔範又奏請作一決，當爲官勒石燕然。陳主從之。摩訶曰：「從來行陣，爲國爲身。今日之事，兼爲妻子。」陳主通於摩訶妻，摩訶初無戰意，唯廣達力戰，隋師退走者數四。弼引兵趣孔範，範兵暫交即走，諸軍大潰，員明擒摩訶。任忠馳入臺城，見陳主言敗狀，出降擒虎於石子岡，引擒虎直入朱雀門。陳人欲戰，忠揮之曰：「老夫尚降，諸君何事！」衆皆散走，袁憲請正衣冠，御前殿，依梁武帝見侯景故事。陳主不從，曰：「吾自有計。」從後堂景陽殿將投於井。

天時

地域

官守

政事

憲苦留，夏侯公韻以身蔽井，陳主與爭，久之乃得入。既而，軍人窺井，呼之不應，欲下石，乃聞叫聲。以繩引之，與張貴妃、孔貴嬪同束而上。沈后居處如常。太子深閉閤而坐，宗室王侯在建康者百餘人，陳主恐其爲變，皆召入屯朝堂。及臺城失守，相帥出降。弼乘勝至樂遊苑，魯廣達督餘兵苦戰，會日暮，乃解甲，面臺城再拜慟哭，遂就擒。弼夜燒北掖門入，聞擒虎已得後主，呼視之，叔寶恐，向弼再拜。弼謂曰：「小國之君，當大國之卿，拜乃禮也。入朝不失作歸命侯，無勞恐懼。」

天時	
地域	
官守	
政事	高熲先入建康，晉王廣使馳詣熲，令留張麗華。熲曰：「昔太公蒙面以斬妲己，今豈可留麗華？」乃斬之於清溪。廣變色曰：「昔人云：『無德不報。』我必有以報高公。」由是恨熲。丙戌，晉王廣入建康，斬施文慶、沈客卿、陽慧朗、徐析、史暨慧於石闕下，以其皆爲民害。王頒，僧辯之子也，夜發陳高祖陵，焚骨取灰，投水而飲之。晉王廣以聞，上命赦之。詔陳文、武、宣三陵各給五戶看守。晉王廣命叔寶手書招上江諸將，諸將大臨三日，放甲降，得州四十〔二〕，郡一百，縣四百。詔建康城

天時	地域	官守	政事
			邑並平蕩，耕墾於石頭城，置蔣州。晉王廣班師，留王韶鎮石頭，委以後事。三月己巳，陳叔寶與其王公百司發建康，詣長安。帝御廣陽門觀，引陳叔寶及太子諸王二十八人，司空司馬消難以下至尚書郎二百餘人，宣詔勞之，賜封長城侯，文武皆隨才擢用。陳境之內，給復十年，餘州免其年租賦。江表自東晉以來，刑法疎緩，世族陵駕寒門。平陳之後，牧民者盡更變之。蘇威又作《五教》，使民無長幼誦之，士民嗟怨。民間復訛言隋欲徙之入關，遠近驚駭，於是越州高智慧、蔣山李稜等舉兵反，

天時	地域	官守	政事
			自稱大都督。陳之故境，大抵皆反，大者有衆數萬，小者亦數千，執縣令，或掏其腸，或臠其肉食之，曰：「更能使儂誦《五教》邪！」詔以楊素爲行軍總管，討之。智慧等敗，餘黨散入海島，或守溪洞。素分遣將水陸追捕，後斬智慧於泉州，餘黨悉降。十一年春正月，以平陳所得古器多爲妖變，悉命毁之。十八年夏四月，以蔣州刺史郭衍爲洪州總管。

天時	地域	官守	政事
煬帝 諱廣。 元年（乙丑） 末年（丙子）	大業初，置丹陽郡，有蔣州，領縣三：江寧、當塗、溧水。		
恭帝 諱侑。 義寧元年（丁丑） 越王 諱侗。 皇泰元年（戊寅）			

天時	地域	官守	政事
唐高祖 姓李，名淵，受隋禪。 元年（戊寅） 末年（丙戌）	武德二年，置揚州東南道行臺尚書省。三年，以江寧、溧水二縣置揚州，析置丹陽、溧陽、安業三縣，更江寧曰歸化，以句容、延陵二縣置茅州。六年，復爲揚州。又以延陵、句容隸之。省安業入歸化，更歸化曰金陵。七年，平輔公祏，更名蔣	杜伏威爲揚州刺史、總管江淮以南軍事、東南道行臺尚書令，封吳王，賜姓李氏。伏威入朝，輔公祏爲揚州刺史。趙郡王孝恭由東南道行臺爲揚州大都督，李靖爲府長史，襄邑王神符檢校揚州大都督。	武德元年，煬帝在江都荒淫益甚，見中原已亂，欲都丹陽，保據江東，命羣臣廷議之。虞世基等皆以爲善，右侯衛大將軍李才極陳不可，請還長安。李桐客曰：「江東卑濕，土地險狹，内奉萬乘，外給三軍，民不堪命，恐亦將散亂耳。」御史劾桐客毀謗朝政，於是公卿皆阿意言：「江東民望幸已久，陛下過江，撫而臨之，此大禹之事。」乃命治丹陽宮，將徙都之。時從駕多謀叛歸，而宇文化及、司馬德戡、裴虔通帥賊弑帝。武康沈法興爲吳興太守，聞化及弑逆，舉兵攻毗陵、餘杭、丹陽，皆下之，

天時

地域

州，置金陵縣，廢東南道行臺。九年，廢都督，徙治江都，更金陵曰白下，延陵、句容隸潤州，丹陽、溧水、溧陽隸宣州。

官守

政事

據江表十餘郡，自稱江南道大總管，承制置百官。時杜伏威據歷陽，陳稜據江都，李子通據海陵，俱有窺江表之心。三年六月，以和州總管、東南行臺尚書令、楚王伏威爲使持節，總管江淮以南諸軍事，揚州刺史。是歲，子通即僞位於江都，國號吴，渡江攻法興，取京口。法興遣其僕射蔣元超拒之，戰於庱亭，元超敗死，法興棄毗陵，奔吴郡。於是，丹陽、毗陵等郡皆降子通。杜伏威遣行臺左僕射輔公祏將卒數千攻子通，以將軍闞稜、王雄誕爲之副。公祏渡江攻丹陽，克之，進屯溧水。子通帥

天時	
地域	
官守	
政事	衆數萬拒之，公祏簡精兵千人，執長刀爲前鋒，使千人踵其後。王雄誕又以其屬數百人夜出擊之，因風縱火，子通大敗，江南之地，盡入於伏威，伏威徙居丹陽。六年七月，淮南道行臺輔公祏反。初，伏威與公祏相友善，公祏年長，伏威兄事之，軍中畏敬與伏威等。伏威忌之，乃署其養子闞稜爲左將軍，王雄誕爲右將軍，潛奪其兵權。公祏知之，怏怏不平，與左遊僊陽學道辟穀以自晦。及伏威入朝，留公祏守丹陽，乃詐稱伏威治書，令其起兵，殺雄誕，尋稱帝丹陽，國號宋，修陳故宮居之。署

天時	地域	官守	政事
			置百官，以左遊僊爲兵部尚書、越州總管。乙丑，詔來州行營僕射趙郡王孝恭以舟師趣江州，李靖以交廣之衆趣宣州，黄君漢出譙、亳，李世勣出淮泗，以討公祏。孝恭將發，與諸將宴集，命取水，忽變爲血，在坐皆失色。孝恭曰：「此公祏授首之徵也。」七年，孝恭擊公祏别將於樅陽，攻鵲頭鎮，拔之。三月戊戌，孝恭剋丹陽。先是，公祏遣其將馮慧亮、陳當世將舟師三萬屯博望山，陳正通、徐紹宗將步騎二萬屯青林山，仍於梁山連鐵鎖，以斷江路，築卻月城，延袤十餘里。孝恭帥李靖、

天時	
地域	
官守	
政事	李世勣等進師，慧亮等堅壁不出，李靖曰：「公祏精兵雖在此水陸二軍，然所自將亦爲不少。惠亮等城柵尚不能拔〔三〕，公祏保據石頭豈易取哉！進攻丹陽，旬月不下，慧亮等躡吾後，腹背受敵，此危道也。」孝恭以羸兵攻賊壘，而勒精兵結陣以待。攻壘者不勝而走，賊出兵追之，行數里，遇大軍，與戰，大破之。公祏大懼，棄城東走，欲就左遊僊於會稽。至句容，從兵能屬者纔五百人。至武康，爲野人所攻，西門君儀戰死，執公祏送丹陽，梟首。分捕餘黨，悉誅之，江南平。以孝恭爲東南道行臺

天時	地域	官守	政事
			右僕射。尋廢行臺，爲揚州大都督，靖爲府長史。八年十二月，以襄邑王神符檢校揚州大都督，始自丹陽徙州府及居民於江北。
太宗 名世民。 元年（丁亥）	貞觀七年，更白下曰江寧縣。		
末年（己酉）			
高宗 名治。 元年（庚戌） 末年（癸未）			

天時	地域	官守	政事
則天后名曌。 元年（甲申） 末年（甲辰）			光宅元年，時諸武用事，唐宗室人人自危。眉州刺史李敬業貶柳州司馬，弟盩厔令敬猷免官，盩厔尉魏思溫被黜，會於揚州，各自以失職謀作亂，以匡復爲辭，使其黨監察御史薛仲璋求奉使江都，令雍州人韋超詣仲璋告變云：「揚州刺史陳敬之謀反。」仲璋收敬之繫獄。敬業乘傳而至，矯稱揚州司馬，來之官，云：「奉密旨，以高州酋長馮子猷謀反，發兵討之。」於是開府庫，驅囚徒、工匠數百，授以甲，斬敬之於繫所。錄事參軍孫處行拒之，亦斬以徇，僚吏無敢動者。遂起一州之兵，復曰嗣

天時	地域	官守	政事
			聖元年。敬業自稱匡復府上將，領揚州大都督，旬日間，得勝兵十餘萬。則天以李孝逸將兵十餘萬討敬業。魏思溫説敬業曰：「明公以匡復爲辭，宜帥大衆鼓行而進，直指洛陽，則天下知公志在勤王，四面響應矣。」薛仲璋曰：「金陵有王氣，且大江天險，足以爲固。不如先取常、潤爲定霸之基，然後北向以圖中原〔四〕，進無不利，退有所歸，此良策也。」思溫曰：「山東豪傑以武氏專制憤惋不平，聞公舉事，皆蒸麥飯爲糧，伸鋤爲兵，以俟南軍之至。不乘此勢以立大功，乃更蓄縮，欲自謀巢穴，

天時	地域	官守	政事
			遠近聞之，其誰不解體？」敬業不從，攻潤州，執刺史李思文。聞李孝逸將至，進擊之，孝逸因風縱火，敬業大敗，其將王那相斬敬業首來降，揚、楚、潤三州平。
中宗 名顯。 元年（乙巳） 末年（己酉）			
睿宗 名旦。 元年（庚戌） 末年（辛亥）			

天時	地域	官守	政事
玄宗 名隆基。 元年（壬子） 末年（乙未）	開元四年二月二十六日，升江寧縣爲望縣。	林洋爲丹陽郡太守。	
肅宗 名璵。 元年（丙申） 末年（壬寅）	至德二載正月十六日，以潤州江寧縣置江寧郡。乾元元年，改爲昇州，置浙江西道節度兼江寧軍使，領昇、潤、宣、歙、饒、江、蘇、常、杭、湖十州，治昇州，後尋	至德元載，顔真卿封丹陽縣子。乾元元年，以昇州刺史韋黄裳爲浙江西道節度使兼江寧軍使，領昇、潤等十州，治昇州。乾元二年，顔真卿拜浙西節度使，治昇州，旋召還，爲刑部侍郎。侯令儀爲浙西節	上皇入蜀，命諸子分總天下節制，永王璘領四道節度使。璘子襄城王峴有勇力，好兵。薛鏐等爲謀主，以爲今天下大亂，惟南方完富，宜據金陵，保有江表，如東晉故事。上聞之，敕璘歸覲，璘不從。上召高適與之謀，適陳江東利害，且言璘必敗之狀。十二月，以高適來鎮，與江東節度使韋陟共圖璘。甲辰，璘擅引舟師東巡，沿江而下，軍容

天時	地域	官守	政事
	徙治蘇州。乾元二年，設浙江西道觀察處置都團練守捉及本道營田使，更領丹陽軍使。上元元年，劉展陷昇州。上元二年，浙江西道觀察使徙治宣州，罷領昇州。寶應元年四月十五日，廢昇州。	度使、昇州刺史。令儀棄城走，展以姜昌羣領昇州刺史，宗犀爲景陽軍使。	甚盛。吳郡太守兼江南東路采訪使李希言平牒璘，詰之。璘分兵遣將襲之。至德二載二月，璘敗死，其黨薛鏐等皆伏誅。乾元二年，顏真卿拜浙西節度使。劉展將反，真卿豫飭戰備。都統李峘以爲生事，非短真卿，召還爲刑部侍郎。上元元年十一月，宋州刺史劉展領淮西節度副使，時有謠言曰：「手執金刀起，東方節度使。」王仲昇使邢延恩入奏：「展倔強不受命，姓名應謠讖，請除展江淮都統，代李峘，俟其釋兵，赴鎮執之。」上從之。以展爲都統，淮南東、江南西、浙西三道節度使。展疑，

天時

地域

官守

政事

曰：「事苟不欺，印節可先得。」延恩馳詣廣陵，解峘印節以授展。展得印節，乃上表謝。延恩知展已得其情，還廣陵，與李峘、鄧景山發兵拒之。移檄州縣，言展反，展亦言峘反。峘引兵度江，與潤州刺史韋儇、浙西節度使侯令儀屯京口，鄧景山屯徐城。展倍道先期至，使人問景山曰：「此何兵也？」景山不應。展使其將孫待封、張法雷擊之，景山衆潰，與延恩奔壽州，展入廣陵。李峘闢北固爲兵場，插木以塞江口。展軍於白沙，設疑兵於瓜洲，多張火鼓，若將趨北固者，如是累日，峘悉

天時	地域	官守	政事
			鋭兵守京口。展乃自上流濟襲下蜀，峘軍潰，奔宣城。展陷潤州，昇州軍士萬五千人謀應展攻金陵，不克而遁。侯令儀懼，以後事授兵馬使姜昌羣，棄城走，昌羣與其將宗庠詣展降。丙申，展陷昇州。初，上命平盧都知兵馬使田神功將所部精兵三千屯任城，鄧景山既敗，敕神功討展。展聞之，有懼色，自廣陵將兵八千拒之，選精兵二千渡淮，擊神功於都梁山。展敗走，至天長，以五百騎據橋拒戰，又敗。展亡渡江，神功入廣陵及楚州，大掠城中，地穿掘略遍。二年正月，神功先遣范知新將四千

天時		代宗 名豫。元年（癸卯）末年（己未）
地域		大曆十二年，浙江西道觀察使罷領丹陽軍使。
官守		
政事	人自白沙濟，趣下蜀，鄧景山等將千人自海陵濟，東趣常州，神功與邢延恩將三千人軍於瓜洲。壬子，濟江。展將步騎萬餘陳於蒜山，神功以舟載兵趣金山，會大風，不得渡，還軍瓜洲。而范知新已至下蜀，展擊之，不勝。將軍賈隱林射展，中目而仆，遂斬之，餘黨皆平，平盧兵大掠十餘日。	

天時	地域	官守	政事
德宗名适。 元年（庚申） 末年（甲申）	十四年，合浙江東西道置都團練觀察使。建中元年，分浙江東、西道都團練觀察爲二道。二年，合浙江東、西二道觀察置節度使，治潤州，尋賜號鎮海軍節度使。節度使韓滉築石頭。	韓滉爲浙江東西節度使。興元元年，以杜黃裳爲江淮宣慰副使。	建中四年，浙江東西節度使韓滉聞朱泚作亂，閉關梁，禁馬牛出境，築石頭城，穿井近百，所繕館第數十，塢壁起建康，抵京峴，樓堞相屬，以備車駕度江，且自固也。上疑之，以問李泌，對曰：「滉公忠清儉，自車駕在外，滉貢獻不絕。且鎮撫江東十五州，盜賊不起，滉之力也。所以修石頭城者，滉見中原板蕩，謂陛下將有永嘉之行，爲迎扈之備耳。此乃人臣忠篤之慮，奈何以爲罪邪？滉性剛嚴，不附權貴，故多謗毀。其子皐爲考功員外郎，不敢歸省，正以謗語沸騰故。臣請以百口保滉。」

順宗 名誦。

元年（乙酉）

天時

地域

官守

政事

又曰：「關中米斗千錢，倉廩耗竭，願面諭韓皐，令滉速運糧儲。」上曰：「善。」即下泌章，令韓皐謁告歸覲，面賜緋衣，諭以「卿父比有謗言，朕今知其所以，釋然不復信」。因言「關中闕糧，歸語卿父，宜速致之」。皐至，滉感泣，即自臨水濱發米百萬斛。皐留五日，冒風濤而遣之。既而陳少遊聞滉貢米，亦獻二十萬石。

天時	地域	官守	政事
憲宗 元年（丙戌） 末年（庚子）	李錡遣兵治石頭城。	李錡爲節度使。	元和二年夏，蜀既平，藩鎮惕息，鎮海節度使李錡不自安，求入朝，上許之，遣中使慰勞。錡實無行意，遂謀反。先是，錡選腹心五人爲蘇、常、湖、杭、睦五州鎮將，各有兵數千，伺察刺史動靜。至是，錡各使殺其刺史，遣牙將庾伯良將兵三千治石頭城，尋敗，伏誅。
穆宗 名恒。 元年（辛丑） 末年（甲辰）	長慶二年，竇易直爲浙西觀察使。三年，李德裕爲浙西觀察使。		

天時	地域	官守	政事
敬宗 名湛。 元年（乙巳） 末年（丙午）			
文宗 名昂。 元年（丁未） 末年（庚申）			太和九年，李德裕爲浙西觀察使。漳王傅母杜仲陽坐宋申錫事，放歸金陵，詔德裕存處之。會德裕已離浙西，牒留後李蟾，使如詔旨。至是，左丞王璠、戶部侍郎李漢奏德裕厚賂仲陽，陰結漳王，圖爲不軌。路隋曰：「德裕不至此，果如所言，臣亦應得罪。」言者稍息。夏四月，以德裕爲賓客分司。

天時	地域	官守	政事
武宗 名炎。 元年（辛酉） 末年（丙寅）	會昌四年十一月，升句容縣爲望縣。		
宣宗 名忱。 元年（丁卯） 末年（己卯）			
懿宗 名漼。 元年（庚辰） 末年（癸巳）			

天時	地域	官守	政事
僖宗 名儇。 元年（甲午） 末年（戊申） 昭宗 名曄。 元年（己酉） 末年（甲子）	光啓三年，復以上元、句容、溧水、溧陽四縣置昇州。	大順元年，張雄爲昇州刺史。景福二年，馮弘鐸爲昇州刺史兼武寧軍節度使。天復二年，封楊行密爲吳王。行密以李神福爲昇州刺史。三年，行密以神福爲淮南行軍司馬，秦裴爲昇州刺史。	景福元年，楊行密破孫儒，復入揚州。自此，有國於淮南，並據金陵。天復二年，封行密吳王。武寧節度使馮弘鐸介居宣、揚之間，自恃樓船之強，不事兩道。寧國節度使田頵欲圖之，募弘鐸工人造戰艦，工人辭以無堅木，頵曰：「第爲之，吾止須一用耳。」弘鐸將馮暉、顔建説弘鐸先擊頵，弘鐸從之，帥衆南上，聲言攻洪州。頵帥舟師逆戰於

天時	
地域	
官守	未幾，改洪州制置使。
政事	葛山，大破之。弘鐸收[illegible]，沿江將入海。行密恐其爲後患，遣使[illegible]軍，乘輕舟迎之，舉兵感悅。署弘鐸淮南節度副使，館給甚厚。行密以李神福爲昇州[illegible]史。三年，行密承制，以昇州刺史李神福爲淮南行軍司馬、鄂岳行營招討使，將兵擊杜洪。田頵襲昇州，得神福妻子，遣使謂曰：「公見機，與公分地而王。不然，妻子無遺。」神福曰：「吾以卒伍事吳王，今爲上將，義不以妻子損吾志〔五〕。頵有老母，不顧而反，三綱且不知，烏足與言乎？」斬使者而進。與頵將檀、建戰，因風縱火，建大

天時	地域	官守	政事
			敗。又戰於皖口，建僅以身免。顒自將水軍逆戰，神福曰：「賊棄城而來，此天亡也。」臨江堅壁不戰，使告行密，遣臺濛、王茂章引兵斷其歸路。顒爲濛所敗，奔還宣城，濛攻克之。行密以神福爲寧國節度使，神福以杜洪未平，固讓不拜。天祐三年，楊渥以昇州刺史秦裴爲西南行營都招討使，將兵擊鍾匡時於江西，後拔洪州，虜匡時等五千人以歸。楊渥自兼鎮南節度使，以裴爲洪州制置使。

天時	地域	官守	政事
景宗 名柷。 元年(乙丑) 末年(丙寅)			
五代 梁太祖 姓朱，名晃。 元年(丁卯) 末年(甲戌)〔六〕		開平元年，以楊行密子渥爲弘農王，子隆演世襲。至乾化二年，徐溫等推隆演爲吳王，溫自領昇州刺史，留廣陵。以養子知誥爲防遏樓船副使，治昇州。知誥以功遷昇州刺史〔七〕，溫爲鎮海	開平三年三月，徐溫以金陵形勢，戰艦所聚，以假子元從指揮使知誥爲昇州防遏兼樓船副使，往治之。宣州觀察使李遇乃忠武王舊將，有大功，以溫自牙將秉政，不平，對使者有忿辭。乾元二年，溫以淮南節度副使王檀爲宣州制置使，數遇不入朝之罪，遣都指揮柴再用將昇、潤、池、歙兵，納檀於宣州，踰月不克。李遇少子爲淮南牙將，溫執至

天時

地域

官守

軍節度使。

政事

城下示之。其子啼號求生，遇不忍，開門請降，溫使再用斬之，夷其族。徐知誥以功遷昇州刺史。知誥事溫甚謹，安於勞辱。時諸州長吏多武夫，專以軍旅爲務，不恤民事。知誥在昇州，獨選用廉吏，修明政教，招延四方士大夫，傾家貲無所愛。洪州進士宋齊丘好縱横之術，謁知誥，奇之，辟爲推官，與判官王令謀、參軍王翊專主謀議，以牙吏馬仁裕、周宗、曹悰爲腹心。

天時	地域	官守	政事
末帝名項。 元年（乙亥） 末年（壬午） 唐滅之。貞明五年，楊隆演即吳國王位，置百官，僭用天子禮，改元武義。龍德元年，楊溥襲位，改元順義。		元年，吳以鎮海節度使徐溫爲管內水陸馬步諸軍都指揮使、兩浙都招討使、守侍中、齊國公，鎮潤州，以昇、潤、常、宣、歙、池六州爲巡屬，軍國庶政參決如故。知誥留廣陵秉政。	貞明二年，吳昇州刺史徐知誥治城市府舍甚盛。五月，徐溫行部至昇州，愛其繁富，潤州司馬陳彥謙勸溫徙鎮海軍治所於昇州，溫從之。徙知誥爲潤州團練使，知誥求宣州，溫不許。知誥不樂，宋齊丘密言於知誥曰：「三郎驕縱，敗在朝夕，潤州去廣陵隔一水耳，此天授也。」知誥悅，即之官。三郎謂溫長子知訓也。溫以陳彥謙爲鎮海節度判官，溫但舉大綱，細務悉委彥謙，江淮稱治。四年，徐知訓爲副都統朱瑾所殺。徐溫入朝，疑諸將皆預瑾之謀，欲大行誅戮。知誥與嚴可求具陳知訓過惡，所

天時

地域

官守

政事

以致禍之由，溫稍解，責知訓將佐不能匡救，皆抵罪。溫還鎮金陵，總吳朝大綱，自餘庶政，皆決於知誥。吳劉信攻虔州，不能克，使人說譚全播，取質納賂而還。溫大怒，杖信使者，授其子英彦兵三千，曰：「汝父據上游之地，將十倍之衆不能下一城，是反也。汝可以此兵往，與父同反。」又使昇州牙內指揮使朱景瑜與之俱。信聞溫言，大懼，引兵還擊虔州。先鋒始至，虔兵皆潰，譚全播奔雩都，追執之。嚴可求屢勸溫以次子知詢代知誥知吳政，知誥與駱知祥謀出可求爲楚州刺史。可求既受命至

天時	
地域	
官守	
政事	金陵，見溫，說以先建吳國，以繫民望。溫大悅，復留可求參總庶政。知誥知可求不可去，以女妻其子續。六年，吳王見徐溫父子專政，遂成寢疾。五月，溫自金陵入朝，議當爲嗣者，或希溫意，言曰：「蜀先主謂武侯『嗣子不才，君宜自取』。」溫正色曰：「吾果有意取之，當在誅張顥之初，豈在今日！使楊氏無男有女，亦當立之，敢妄言者斬。」十一月，吳金陵城成，陳彥謙上費用之籍。徐溫曰：「吾既任公，不復會計。」悉焚之。

天時	地域	官守	政事
唐莊宗 姓李，名存勗。 元年（癸未） 末年（乙酉）			同光元年，吳人有告壽州團練使鍾泰章侵市官馬者，知誥遣滁州刺史王稔巡霍丘，因代之，以泰章爲饒州刺史。徐溫召至金陵，使陳彥謙詰之者三，皆不對。或問泰章何以不自辨，泰章曰：「吾在揚州，號稱壯士，壽州步騎，不下五千，苟有他志，豈單騎能代之乎！我義不負國，黜爲縣令亦行，況刺史乎！何爲自辨，以彰朝廷之失。」二年，吳王如白沙觀樓船，更命白沙曰迎鑾鎮。徐溫自金陵來朝。

天時	地域	官守	政事
明帝 名亶。 元年（丙戌） 末年（癸巳） 天成二年，楊溥稱帝，改元乾貞。二年，改太和。六年，改天祚。	三年八月，徐知誥廣金陵城二十里，且營宮城，以備吳王遷都，不果。	徐溫卒，吳以知誥爲鎮海寧國節度使，鎮金陵，總錄朝政，如溫故事。	天成二年十月，吳徐溫卒。初，溫子知詢以其兄知誥非徐氏子，數請代之。嚴可求、徐玠亦屢勸焉。陳夫人曰：「知誥自我家貧賤時養之，奈何富貴而棄之？」可求等言不已。溫欲勸吳王稱帝，遣知詢奉表勸進，因留代知誥執政。知誥草表求洪州節度使，俟旦上之，是夕凶問至，乃止。知詢亟歸金陵。二年十一月，知誥表稱輔政歲久，請歸老金陵，乃以其子景通爲司徒、同平章事，留江都輔政。三年，知誥作禮賢院於府舍，聚圖書，延士大夫，與孫晟及海陵陳覺談議時事。四年，宋齊丘

天時	地域	官守	政事
			勸知誥徙吴主都金陵，知誥乃營宫城於金陵。九月，知誥以國中水火屢爲災，曰：「兵民困苦，吾安可獨樂？」悉縱遣侍妓，取樂器焚之。宋齊丘事吴，守員外郎，上策勸農桑，曰：「徵民税，宜虚擡時價，以折紬絹，及蠲課調。」於時朝議喧然，謂齊丘此策虧損官錢不少，阻之。齊丘貽書知誥，即答曰：「此勸農上策也。」行之。自是江淮不十年間，野無閒田，桑無隙地。

天時	地域	官守	政事
潞王 名從珂。 元年（甲午） 末年（乙未） 晉滅之。二月甲申，金陵大火。乙酉，又大火。吳大和中，徐知誥典金陵。鍾山之陽積飛蝗尺餘厚，有數千僧，白晝聚首瘞之盡。		吳以徐景通爲節度副大使。十月，加中書令徐知誥尚父、太師、大丞相、大元帥，封齊王，備殊禮，以昇、潤、宣、池、歙、常、江、饒、信、海十州爲齊國。知誥辭尚父、丞相、殊禮。	清泰元年，知誥別治私第於金陵，虛府舍以待吳主。其人多不欲遷都者，都押衙周宗言於知誥曰：「主上西遷，公復須東行，不惟勞費甚大，且違衆心。」吳主遣宋齊丘如金陵，諭知誥罷遷都。先是，知誥久有傳禪之志，以吳主無失德，恐衆心不悅，欲待嗣君。齊丘亦以爲然。一旦，知誥臨鏡鑷白髭，曰：「國家安而吾老矣，奈何？」周宗知其意，請如江都，微以傳禪諷吳主，且告齊丘。齊丘以宗先己，心疾之，遣使力諫，以爲天時、人事未可，請斬宗以謝，吳主乃黜宗爲池州刺史〔八〕。七月，

天時	地域	官守	政事
			知誥召齊丘還金陵，以爲諸道都統判官，加司空，於事皆無所關預。齊丘屢請退居，知誥以南園給之。十月，加知誥大丞相、尚父、嗣齊王、九錫，辭不受。十一月，知誥召其子景通還金陵，爲鎮海寧國節度副大使，以次子景遷爲左僕射、參知政事，留江都輔政。二年，吳加徐景遷同平章事，知誥令尚書郎陳覺輔之，謂覺曰：「吾少年時〔九〕，與宋子嵩論議，好相詰難。子嵩攜衣笥望秦淮門欲去者數矣，吾嘗戒門者止之。今老矣，猶未徧達時事。況景遷年少當國，故屈吾子以輔之耳！」布

天時	地域	官守	政事
			衣錢亮寓居金陵，唐季天祐中嘗謂人曰：「金陵王氣復興，當有申生子應運於此。」建都後，吳帝命徐知誥典郡，亮謁之，退謂左右曰：「建業之地，復興帝都，即郡侯是也。」徐溫聞，徙知誥它郡，廣修廨署，闊布城池以厭之。亮又曰：「此乃修道之主也。」溫亡，知誥受禪，於金陵建帝都，改名昇，即戊申生也，封亮爲霸國先生。
晉高祖 石敬塘。 元年（丙申） 末年（壬寅）	吳天福元年，詔齊王徐知誥置百官，以金陵府爲西都。知誥改金陵爲江寧	唐以齊王璟爲昇、陽二州牧。	天福元年十二月，知誥以鎮南節度使、太尉、中書令李德誠，德勝節度使、兼中書令周本位望隆重，欲使之帥衆推戴。本曰：「我受先王大恩，自徐溫父

天時

天禧二年，即吳天祚三年，楊溥禪位於徐知誥，遷據金陵，自此有國江南。知誥本姓李氏，徐溫養以爲子，遂冒徐姓。既受吳禪，明年復姓李氏，更名昪，國號唐，改元昪元。六年，李景襲位，改元保大。唐昪元六年歲壬寅，十一月

地域

府，牙城曰宮城，廳堂曰殿，始建太廟、社稷。

官守

政事

子用事，恨不能救楊氏之危，又使我爲此，可乎？」其子弘祚強之，不得已，帥諸將表陳知誥功德，請行冊命，又詣金陵勸進。宋齊丘謂德誠之子建勳曰：「尊公，太祖元勳，今日掃地矣。」於是吳宮多妖，吳主曰：「吳祚其終乎？」左右曰：「此乃天意，非人事也。」二年春正月，吳太子璉納齊王知誥女爲妃，知誥以左、右司馬宋齊丘、徐玠爲左右丞相，馬步判官周宗、內樞判官黟人周廷玉爲內樞使，自餘百官皆如吳朝之制。置騎兵八軍，步兵九軍。二月戊子，吳主使宜陽王璪如西都，冊命齊王。王受

天時	地域	官守	政事
丁丑，溧水縣天興寺桑樹生木人。			冊，赦境內。冊王妃曰后，更名誥。立子景通爲王太子，固辭不受。吳王令謀老病，或勸之致仕，令謀曰：「齊王大事未畢，吾何敢自安？」疾亟，力勸徐誥受禪。是月，吳主下詔禪位於齊。李德誠等復詣金陵，帥百官勸進，宋齊丘不署表。冬十有一月甲申，齊王誥即皇帝位於金陵，大赦，改元昇元，國號唐。遣右丞相玠奉冊詣吳主，稱：「受禪老臣誥謹拜稽首，上皇帝尊號曰高尚思玄弘古讓皇〔一〇〕，宮室、乘輿、服御皆如故，正朔、徽章、服色悉從吳制。」唐主宴羣臣於天泉閣，李德誠曰：「陛下

天時

地域

官守

政事

應天順人，惟宋齊丘不樂。」因出齊丘止德誠勸進書。唐主執書不視，曰：「子嵩三十年舊交，必不相負。」丙申，以吳張延翰、張居詠、李建勳並同平章事，加齊丘大司徒。齊丘雖爲左丞相，不預政事，心愠懟，聞制詞云「布衣之交」，抗聲云：「臣爲布衣時，陛下爲刺史。今日爲天子，可不用老臣矣。」還家請罪。唐主手詔謝之，亦不改命。久之，齊丘不知所出，乃更上書，請遷讓皇於它州，及斥遠吳太子璉，絕其昏，唐主不從。二年五月，改潤州牙城爲丹陽宮，以李建勳爲迎奉使，徙讓皇居丹陽宮。

天時	地域	官守	政事
			或有獻毒酒方於唐，唐主曰：「犯吾法自有常刑，安用此爲？」羣臣爭請改府寺州縣名，玠曰：「咸非急務，不可從。」唐主然之。唐太府卿趙可封請唐主復姓李，立唐宗廟。十一月，吳讓皇卒，唐主廢朝二十七日，追謚曰睿皇帝。四年，唐江王徐知證等累表請立宗廟，唐主許之。又請上尊號，以爲虛美，且非古，遂不受。不以外戚輔政，宦者不得預事，皆他國所不及。己卯，唐主爲李氏考妣發哀，與皇后斬衰居廬，如初喪禮，朝夕臨，凡五十四日，詔國事委齊王璟詳決，惟軍旅以聞。庚寅，唐主更名昪。

天時	
地域	
官守	
政事	詔百官議二祚合享禮。辛巳，祀南郊。癸未，大赦。唐主將立齊王璟爲太子，固辭，乃以爲諸道兵馬大元帥、判六軍諸衛、守太尉、錄尚書事、昇揚二州牧。五年，唐倉吏歲終獻羨餘萬石，唐主曰：「出納有數，苟非掊民刻軍，安得羨餘！」卻之。十月壬寅，大赦。詔中外奏章無得言睿聖，犯者以不敬論。術士孫智求以四星聚斗分野有災，勸唐主巡東都。庚戌，唐主發金陵，至江都，欲遂居之。以冰凍，漕運不給，乃還。唐主性節儉，常躡蒲履，盥頮用鐵盎，暑則寢於青葛帷，左右使令老醜宮人，

天時	地域	官守	政事
			服飾粗略。死國事者，雖士卒皆給祿三年。分遣使者按行民田，以肥瘠定其稅，民稱平允。自是，江淮調兵興役及他賦斂皆以稅錢爲率，至今用之。唐主勤於聽政，以夜繼晝。還自江都，不復宴樂，頗傷躁急。内侍王紹顔上書，以爲今春以來，羣臣獲罪者衆，中外疑懼。唐主手詔釋其所以然，令紹顔告諭中外。七年，宋齊丘固求預政事，唐主聽入中書視事。數月，親吏夏昌圖盜官錢三千緡，齊丘判貸其死。唐主大怒，斬昌圖。齊丘稱疾，請罷，從之。齊丘既罷省事，不復朝謁，唐主遣壽王景遂勞問〔一一〕，

天時

地域

官守

政事

許鎮洪州，始入朝。侍宴酒酣，齊丘曰：「陛下中興，臣之力也，奈何忘之？」唐主怒曰：「公以游客干朕，今爲三公，亦足矣。乃與人言朕鳥喙如勾踐，難與共安樂，有之乎？」齊丘曰：「臣實有此言。臣爲游客時，陛下乃偏裨耳。今日殺臣，可矣。」明日，唐主手詔謝之曰：「朕之褊性，子嵩所知。少相親，老相怨，可乎？」丙午，以齊丘爲鎮南節度使。唐主自爲吳相，興利除害，變更舊法甚多。及即位，命法官尚書删定爲《昇元條》三十卷行之。開運三年，滅閩。

天時	地域	官守	政事
齊王 名重貴。 元年（癸卯） 末年（丙午） 契丹滅晉，漢代之。唐主李景襲位，改元保大。		金陵尹、燕王景遂爲諸道兵馬元帥。	天福八年，唐宣城王景達剛毅開爽，烈祖愛之，屢欲以爲嗣，宋齊丘亟稱其才，唐主以齊王璟年長而止，璟以是怨齊丘。唐主幼子景逷母种氏有寵，璟母宋皇后稀得進見。唐主如璟宮，遇璟親調樂器，大怒，誚讓數日。种氏乘間言：「景逷雖幼而慧，可以爲嗣。」唐主怒曰：「子有過，父訓之，常事也。國家大計，女子何得預知！」即命嫁之。唐主嘗夢吞靈丹，旦而方士史守冲獻丹方，餌之，浸成躁急。羣臣奏事，往往暴怒。然或有辨中理者，亦斂容謝而從之。給事中常夢錫言陳覺、馮延己、

天時

地域

官守

政事

魏岑皆佞邪小人，不宜侍東宫。司門郎中蕭儼表稱陳覺姦回亂政。唐主頗感寤，未及去，會疽發背，秘不令人知。庚午，疾亟，齊王璟入侍。唐主謂璟曰：「吾餌金石，始欲益壽，乃更傷生，汝宜戒之。」是夕殂，秘不發喪，下制以齊王監國，大赦。孫晟恐馮延己等用事，欲稱遺詔令太后臨朝稱制，李貽業以爲詐，晟懼而止。唐元宗即位，大赦，改元保大。以齊丘爲太保兼中書令，周宗爲侍中。唐主以爲先朝舊勳，故順人望，召爲相，政事皆自決之。馮延己、延魯、魏岑雖齊邸舊僚，皆依附陳

天時	地域	官守	政事
			覺，與查文徽更相汲引，侵蠹政事，唐人謂覺等爲五鬼。唐主緣烈祖意，以天雄節度使兼中書令、金陵尹、燕王景遂爲諸道兵馬元帥，徙封齊王，宣告中外，約以傳位。景遂固辭，不許。景遂自誓必不敢爲嗣，更其字曰退身。冬十月，唐主遣洪州營屯都虞候嚴恩將兵討張遇賢，以通事舍人金陵邊鎬爲監軍。鎬用虔州人白昌裕爲謀主，擊遇賢，屢破之。遇賢禱於神，神不復言，其徒大懼。昌裕勸鎬伐木開道，出其營後襲之，執遇賢，斬於金陵市。唐侍中周宗年老，恭謹自守，齊丘百計傾之，宗泣

天時	地域	官守	政事
			訴於唐主。唐主由是薄齊丘，出爲鎮海軍節度使。齊丘忿懟，表乞歸九華山，唐主知其詐，從之，賜號九華先生，封青陽公，食一縣租税。齊丘治大第於青陽，服御將吏，皆如王公，而憤邑尤甚。唐主於宫中作高樓，召侍臣觀之，衆皆歎美。蕭儼曰：「恨樓下無井。」唐主問其故，對曰：「以此不及景陽樓耳。」唐主怒，貶舒州觀察使。二年八月，唐兵圍建州既久，建人離心。丁亥，唐先鋒橋道使上元王建封先登，遂克建州，閩主延政降。十月，王延政至金陵，唐主以爲羽林大將軍。斬楊思恭

天時	地域	官守	政事
			以謝建人。十二月，唐齊王府屬謝仲宣言於景達曰：「宋齊丘，先帝布衣之交，今棄之草萊，不厭衆心。」唐主乃使景達自至青陽召之。三年正月，以齊丘爲太傅兼中書令，奉朝請，不預政事。以昭武節度使李建勳爲右僕射，與中書侍郎馮延己同平章事。初，唐主置宣政院於禁中，以翰林學士、給事中常夢錫領之，專典機密，與中書侍郎嚴續皆忠直無私。唐主謂夢錫曰：「大臣惟嚴續中立，然無才，恐不勝其黨，卿宜左右之。」未幾，夢錫罷宣政院，續亦出爲池州觀察使。後主淫於浮圖，民嘗

天時

地域

官守

政事

有二人繼踵而諫，一人獲徒三年，一人獲流罪歙州。汪渙上書云：「臣今第三諫也，若以前諫得罪比之，臣合於流上加等至死，臣是以將一命納在昌朝。臣聞梁武帝至事佛也，刺血寫經，散髮與僧踐，捨身爲寺奴，屈膝禮和尚，及終也，餓死臺城。今陛下事佛雖未見有此，臣恐他日猶不得如梁武臺城之事。」後主覽書曰：「此敢死之士。」授以昭文館校書郎。

天時	地域	官守	政事
漢高祖 姓劉，名暠。 元年（丁未） 末年（戊申）			天福十二年，唐主以太傅兼中書令宋齊丘爲鎮南節度使，又以羽林大將軍王延政爲安化節度使、鄱陽王，鎮饒州。
隱帝 名承祐。 元年（己酉） 二年（庚戌） 周滅之。			乾祐二年，唐主復進用魏岑。吏部郎會稽鍾謨、尚書員外郎李德明始以辨慧得幸，參預國政。二人皆恃恩輕躁，雖不與岑爲黨，而國人皆惡之。

天時	周太祖 姓郭，名威。 元年（辛亥） 末年（甲寅） 二年，建康災，焚廬舍營署，踰月乃止。
地域	
官守	
政事	廣順元年，唐百官共賀湖南平。起居郎高遠曰：「我乘楚亂，取之甚易，觀諸將之才，恐守之甚難耳！」唐主自即位以來，未嘗親祠郊廟，嘗曰：「俟天下一家，然後告謝。」一舉取楚，謂諸國指麾可定。魏岑侍宴言：「臣少遊元城，樂其風土，陛下定中原，乞魏博節度使。」唐主許之，岑趨下拜謝。其主驕臣佞如此。初，蒙城鎮將咸師朗將部兵降唐，唐主以其兵爲奉節都，從邊鎬平湖南，唐悉收湖南金帛、珍玩、倉粟之屬，及至舟艦、亭館、花果之美者，皆徙於金陵。遣楊繼勳收湖南租賦，繼

天時	地域	官守	政事
			勳等務爲苛刻。行營糧料使王紹顔減士卒糧賜，奉節指揮使孫朗、曹進怒，二年正月庚申夜，帥其徒作亂，邊鎬出兵格鬭，朗斬關奔朗州。王逵問朗：「欲復取湖南，可乎？」朗曰：「朗在金陵數年，備見其政事，朝無賢臣，軍無良將，忠佞無別，賞罰不當，朗請爲公先驅，取湖南如拾芥耳！」逵悅。唐司徒致仕李建勳卒，戒家人曰：「時事如此，吾得良死，幸矣！勿封土立碑，聽人耕種於上，免爲他日開發之標。」及江南亡，諸貴人塚無不發者，惟建勳塚莫知其處。唐江西觀察使、楚王馬希

天時

地域

官守

政事

尃入朝，唐主留之，後數年，卒於金陵，謚曰恭孝。三年〔一二〕，草澤邵棠上言：「近遊淮上，聞周主恭儉，增修德政。吾兵新破於潭、朗，恐其有南征之意，宜爲之備。」大旱，井泉涸，淮水可涉，饑民度淮而北者相繼。保大十一年，境内旱，民大饑疫，死亡大半，下令郡縣煮粥賑之，饑民食者皆死，城内外傍水際積尸，臭不可行。保大中，給事中唐鎬改易巾櫛，低巾短柄，官寮士庶舉效之。袁州隱士易元象曰：「低巾短柄，國家不祥之兆。」明年，周世宗度淮，國主稱臣。

天時	世宗 名榮。 元年（乙卯） 末年（己未）
地域	
官守	
政事	顯德二年，唐以嚴續爲門下侍郎、同平章事。十一月乙未，周李穀、王彥超、韓令坤等十二將伐唐。唐人聞周兵至而懼。劉仁贍神氣自若，部分守禦，無異平日，衆情稍安。唐主以劉彥貞將兵二萬趣壽州，同平章事皇甫暉爲應援使，姚鳳爲應援副使〔一三〕，將兵三萬屯定遠。召鎮南節度使宋齊丘還金陵，謀國難。以殷崇義爲吏部尚書，知樞密院。柴母者，吳將柴再用之妻，克宏之母。保大中，周師北人，越人東侵，命將師拒之，踟躕未決。母上表：「臣妾長男克宏堪任指使。」樞密李徵古奏曰：「此

天時	地域	官守	政事
			人雖良將子，素無聲望，請勿用。」母又上表曰：「臣妾故夫再用，佐吳立大勳。妾見克宏舉止動靜有父風，用之，必能集事。如不勝任，甘受族誅。」嗣主召克宏詢之，克宏曰：「周師北人，尚隔長江。馬鞭雖長，未能及腹。臣請舉兵先掃越人，然後北安淮甸。」嗣主然之，授以萬衆，翌日出兵。嗣主勑曰：「司天監奏出兵利南門。」及出兵，克宏取他門出。勑問騎讓之，對曰：「南門屬火，臣本姓柴，火能焚柴，兵家所忌，是以不敢。」至毘陵，大敗越人，斬馘獻俘，不可紀數。嗣主復授克

天時	
地域	
官守	
政事	宏衆，北渡長江，未及淮壖，中途而卒。或曰：「徵古以前言之失，忌而鴆之。」唐主兵屢敗，懼亡，乃遣翰林學士鍾謨、工部侍郎文理院學士李德明奉表稱臣，獻御服、茶藥、金銀器、繒錦、牛酒。謨、德明素辯口，世宗知其欲游說，盛陳甲兵而見之曰：「爾主自謂唐室苗裔，宜知禮義，異於他國。與朕止隔一水，未嘗遣一介修好。惟泛海通契丹，舍內事外〔一四〕，禮義安存〔一五〕？且汝欲說我令罷兵邪！我非六國愚主，豈汝口舌所能移？可歸語汝主，亟來見朕，再拜謝過，則無事矣。不然，

天時	地域	官守	政事
			朕欲往觀金陵城，借府庫勞軍，汝君臣得無悔乎！」謨、德明震栗，不敢一言。宋太祖奏唐天長制置使耿謙降，獲芻糧二十餘萬。韓令坤攻泰州，拔之，刺史方訥奔金陵。唐主遣使求救於契丹，何繼筠獲而獻之。唐主復以右僕射孫晟爲司空，遣奉表入見，獻金銀器、羅綺。李德明言於周，請歸白唐主獻江北之地。許之，賜唐主詔，又賜其將相書，使熟議而來。宋齊丘等因譖德明賣國求利，斬德明於市。唐齊王景達將兵二萬自瓜步濟江，自距六合二十餘里設柵不進。諸將請擊之，宋太祖曰：「吾

天時

地域

官守

政事

衆不滿二千，若往擊之，則彼見我寡。不如俟其來而擊之，破之必矣。」居數日，唐出兵趨六合，太祖奮擊，大破之，殺獲近五千，餘衆尚萬餘，走渡江，爭舟溺死者甚衆，於是唐之精兵盡矣。唐駕部員外郎朱元因奏事，論用兵方略，唐主以爲能，命將兵復江北諸州。四年，唐壽州陷，劉仁贍死之。齊王景達及陳覺戰敗，奔歸金陵，惟靜江指揮使陳德誠全軍而還。十一月，李重進破唐濠州南關城，又攻拔其羊馬城，城中震恐。本州團練使郭廷謂上表言：「臣家在江南，請先遣使詣金陵稟命，

天時		恭帝 名崇訓，世宗子。即位百餘日，禪位於宋太祖趙匡胤。
地域		
官守		
政事	然後出降。」帝許之。及使還〔一六〕，知唐不能救，命錄事參軍李延鄒草降表〔一七〕。延鄒責以忠義，投筆曰：「大丈夫終不負國爲叛臣作降表。」廷謂斬之，舉濠州降。五年，周取淮南，惟廬、舒、蘄、黃未下，唐主遣陳覺奉表，獻江北四州，歲輸貢納。於是江北悉平，得州十四，縣六十。唐主遣馮延己獻銀、絹、錢、茶、穀共百萬以犒兵。	庚戌，敕淮南節度使楊行密、故昇府節度使徐溫等墓並量給守戶。唐主避周諱，更名景，下令去帝號，稱國主，凡天子儀制皆有降損，去年號，用周正

天時	唐主李景改元交泰，又改中興。宋初去帝號，改稱江南國主。
地域	
官守	
政事	朔。唐主內附，未嘗遣使至其國。五月己酉，始命馮延魯、鍾謨使於唐，賜以御衣、玉帶等，及犒軍帛十萬並《欽天曆》。唐主以金陵去周纔隔一水，洪州險固，居上游，集羣臣議徙都之。七月，始鑄當十大錢，文曰「文通泉貨」；又鑄當二錢，文曰「唐國通寶」，與開元錢並行。是歲，周世宗殂，太子崇訓立，命趙太祖匡胤北伐，至陳橋兵變，擁還汴梁，崇訓禪位。

【校勘記】

〔一〕濟京口：原闕，據《建康實録》卷二〇補。

〔二〕四十：原作「三十」。據《北史》卷一《隋本紀》、《隋書》卷二九《地理志》改。

〔三〕惠亮等城柵：至正本作「令傳諸柵」。

〔四〕向：原作「面」，據至正本改。

〔五〕損吾：至正本作「易其」。

〔六〕「元年」至「甲戌」：原本無，據至正本補。

〔七〕刺史：原作「刺州」，據至正本改。

〔八〕刺史：原作「副使」，據《新五代史》卷六二《李昪世家》改。

〔九〕少：原作「今」，據至正本改。

〔一〇〕弘：原作「引」，據《新五代史》卷六二《李昪世家》改。

〔一一〕遂：原闕，據《景定建康志》卷一二、《新五代史》卷六二《南唐世家》補。

〔一二〕三年：至正本作「五年」。

〔一三〕副使：至正本作「都監」。
〔一四〕舍內事外：至正本作「捨華事夷」。
〔一五〕存：至正本作「在」。
〔一六〕及：至正本「無」。
〔一七〕李：原闕，據《資治通鑑》卷二九三、《十國春秋》卷二七及至正本補。

至正金陵新志卷三中之中

金陵表五

宋

初都汴梁，徽、欽二帝北狩，高宗南渡，建都杭州，建康爲行都，通三百一十七年，皆爲年表。

天時	地域	官守	政事
宋太祖 趙氏，名匡胤。 建隆元年 （庚申）			正月，周命太祖出師拒契丹，將士擁還汴梁，即皇帝位，封周主崇訓爲鄭王。 三月，唐李景進賀登極，絹二萬匹，銀一萬兩，長春節御服、金帶，金器一千

天時	地域	官守	政事
正月癸卯，日下復有一日，黑光相盪。宋受周禪，定色赤，臘用戌，以火德王天下。			兩，銀器五千兩，綾羅錦綺一千匹。七月，貢乘輿服御物，又貢賀平澤、潞金銀羅絹。十一月，上征李重進，景遣犒師，復遣子從鎰買宴〔一〕。上使諸軍習戰艦於迎鑾鎮，景懼甚。小臣杜著僞作商人來歸。彭澤令薛良坐事責池州文學，亦來奔。上命斬著於下蜀市，配良隸廬州牙校，景少安。然終以孱弱，遂決遷都之計。
二年（辛酉）			二月，景使賀長春節。遣通事舍人王守正使江南，勞遷都也。是月，景遷南都，城邑迫隘，欲誅始謀者。樞密唐鎬發病卒。六月，景殂於南都。七月，以

天時	
地域	
官守	
政事	喪歸金陵。子從嘉即位，改名煜。句容尉張佖上書陳十事，煜嘉納，擢監察御史。八月，徐邈奉其主景遺表來上，遣馮謐來貢金器二千兩、銀器二萬兩、綾羅繒綵三萬匹，仍上表具陳襲位之意，上優詔答之。遣鞍轡庫使梁從義如江南弔祭，賜絹三千匹。十月，唐主以皇太后山陵遣韓熙載、田霖來助葬。命王仁贍使江南，以煜新立，申慶賜也。煜以南都留守韓王從善爲司徒兼侍中、諸道兵馬副元帥，鄧王從鎰爲司空、南都留守。令諸司無職事官四品至九品日二員待制內殿，各上封事三兩條。有才高位

天時	地域	官守	政事
			下者私喜其言得達，而迄莫施仁，衆遂失望。十二月，煜追尊其父爲皇帝，廟號元宗。
三年（壬戌） 夏大旱。			四月乙未，詔奉使江南者毋得將其所用錢過江北。雖通職貢，然亦增修戰備。七月，煜遣翟如璧謝賜生辰國信，貢金器二千兩、銀器一萬兩、錦綺綾羅一萬匹。禁火葬。
乾德元年（癸亥）			十一月，煜貢賀南郊禮銀一萬兩、絹一萬疋，賀冊尊號絹萬匹。取荆南及湖南。作嘉量，頒天下。女真入貢。蠲登州沙門島居租賦，令專治舟船，度所貢馬匹。郊祀，大赦，改元。

天時	地域	官守	政事
二年（甲子）夏大旱。			二月，煜貢納改葬安葬銀一萬兩，綾絹各萬匹，別貢銀二萬兩，金器、龍鳳茶、酒器數百事。十一月，煜妻周氏卒，遣作坊副使魏平弔祭。
三年（乙丑）			二月滅蜀。煜貢長春節御衣二襲，金酒器千兩，錦綺羅縠各千匹，銀器五千兩。十四日，又貢賀收復西川銀五萬兩，絹五萬匹。十月，煜母鍾氏卒，遣染院副使李光圖充弔祭使。
四年（丙寅）			七月，煜上言：「占城國使入貢，道出臣國，遺臣犀角一株，牙二株，白龍腦三十兩，蒼龍腦十片，乳香千斤，沉香三千斤，煎香七十斤，石亭脂五十斤，白

天時	地域	官守	政事
			檀百斤，紫礦五十斤，荳蔻二萬顆，龍腦三斤，檳榔五十斤，藤花簟四領，占城孤班古縵二段，闍婆禮偃鸞國古縵一段，闍婆沙鵶古縵一段，繡古縵一段，繡水織布五匹，沙鵶錦繡古縵一段，以其物來上。」詔還之。煜以邸院稍乏贍供，將茶二十萬斤納於建安軍。詔給價錢。
五年（丁卯） 三月，五星聚奎。六月戊午朔日蝕。			

天時	地域	官守	政事
開寶元年（戊辰）			二月，煜請依乾德四年例納茶給錢。從之。十一月，郊祀，大赦，改元。
二年（己巳）			六月，煜以車駕北征，使弟從謙來貢茶、藥、器、幣。
三年（庚午）四月辛卯朔，日蝕。			
四年（辛未）			十一月，煜遣弟鄭王從善爲郊禋來朝貢，始去唐號，改印文爲「江南國印〔二〕」。賜詔乞呼名。從之。先是，煜以銀五百兩遺丞相趙普，普告於上，上曰：「此不可不受，當使之勿測。」及從

天時	地域	官守	政事
五年（壬申） 九月丁巳朔〔三〕，日蝕。			善人覲，常賜外，密賚白金如遺普數。江南君臣聞之，服上偉度。滅南漢。 二月，上既平廣南，欲經理江南，因從善入貢，留之，煜大懼。是月，始損制度，下令稱教，改中書、門下爲左、右内史府，尚書省爲司會府，御史臺爲司憲府，翰林爲修文館，樞密院爲光政院。從善爲楚國公，從鎰爲江國公，從謙爲鄂國公。宮殿悉去鴟吻。閏二月，以李從善爲泰寧節度使，賜第京師。上使從善致書風煜歸朝，煜不從，但增歲貢而已。南都留守林仁肇有威名，朝廷忌之，用計間煜，遂殺仁肇。

天時	地域	官守	政事
六年（癸酉）			
七年（甲戌） 二月庚辰朔，日蝕。			上命有司造大第，號禮賢宅，以待李煜及錢俶，先來朝者賜之。相繼遣梁迴、李穆使江南諭旨。煜辭疾，不至，乃命曹彬及潘美伐江南。彬等入辭，上謂彬曰：「南方之事，一以委卿，切勿暴略生民，務廣威信，使自歸順，不須急擊也。」且以匣劍授彬曰：「副將而下，不用命者斬之。」潘美等皆失色。十月九日，煜進絹二十萬匹，茶二十萬斤，買宴絹萬匹，錢五千貫，御衣、金帶、金銀器用數百事。聞將舉兵，故有是獻。

天時	
地域	
官守	
政事	十三日，又貢銀五萬兩，絹萬疋，以王師傅其城，懼而來告。閏十月丁卯，彬敗江南二萬餘衆於采石磯，擒楊收、孫震等，獲戰馬三百餘匹。江南無戰馬，朝廷每年賜百匹，至是驅爲前鋒。郝守濬自荆南以大艦並黄黑船跨江爲浮梁，試於石牌口。十一月，詔移采石磯，續三日而成，不差尺寸。初，江南人樊若水舉進士不第，上書言事，不報，乃釣魚采石江上，以繩度江廣狹。詣闕，陳取江南策。上令學士院召試，賜及第。如若水之策，造大艦爲浮梁以濟師。至是用之，王師如履平地。煜初聞之，謂兒

天時	地域	官守	政事
			戲耳，乃遣鄭彥華督水軍萬人〔四〕，杜真領步軍萬人逆王師。彬等敗之於新林寨，獲樓船、戰櫂三十餘艘〔五〕。十二月，又敗江南軍五千餘人於白鷺洲，金陵始下令戒嚴。
八年（乙亥） 六月，彗星出柳，長數丈。七月辛未朔，日蝕。	以江寧府爲昇州，以蕪湖、繁昌、廣德三縣隸宣州，以青陽、銅陵二縣隸池州。	楊克遜十一月知昇州軍事，兼管當江南州水陸轉運使。	初，江南後主即位，夢羊陞武德殿御床，意甚惡之。及金陵之陷，補闕楊克遜知昇州，首坐此府。正月，彬又敗江南軍於新林港口，斬首三千級，獲船六十餘艘。吳越王錢俶拔常州利城寨，敗江南軍。田欽祚敗江南萬餘衆於溧水，斬都統李雄等十七人。初，李景之割江北也〔六〕，雄爲江南義軍首領，拒周有

天時	
地域	
官守	
政事	功，歷袁、汀二州刺史，至是爲統軍使，戒諸子曰：「吾必死國難，爾曹勉之！」是役也，雄父子八人偕死，非同行者亦歿於他陣。曹彬敗其衆數千人於白鷺洲，拔昇州關城，江南軍千餘人溺水，守陴者遁入城。三月，又敗其衆於江中，生擒五百人。四月，又敗之於秦淮北。六月，又敗其軍二萬餘衆於昇州城下，奪戰艦數十艘。十一月，彬等進攻金陵。初次秦淮，江南水陸軍十餘萬背城而陣。時舟楫未具，潘美曰：「豈限此一衣帶水邪！」率所部先濟，江南兵大敗。煜復出兵，泝流奪采石浮梁，

天時	
地域	
官守	
政事	美旋擊破之，擒其將七人。王師入境，國主日於後苑引僧道誦經、講《易》。神衛統軍都指揮使皇甫繼勳年少，專任兵事，初無效死意，但欲國主速降，而口不敢發。後國主自出巡城，見王師滿野，始大懼，遂殺繼勳。自此兵機處分皆自澄心堂出，張洎等實專之也。朱令贇自湖口擁衆入援，號十萬，順流而下，將焚采石浮梁。王明率所部屯獨樹口，遣其子馳入奏，且請增造戰船。上曰：「此非救急之策也。令贇朝夕至，金陵之圍解矣。」乃密使令明於州浦間多立長木〔七〕，若帆檣之狀。令贇望見，

天時	地域	官守	政事
			疑有伏，即稍逗留。時江水淺涸，不利行舟，令贇獨乘大航，建大將旌旗。至皖口，步軍都指揮使劉遇急擊之，令贇縱火拒戰。會北風甚，火反及之，其衆大潰，擒令贇等。金陵獨恃此援，於是孤城愈危蹙矣。王師初起，江南以京口要害，當得良將，以劉澄舊事潘邸，國主尤親任之，乃擢爲潤州留後。澄至鎮，無鬬志。吳越兵初至，營壘未成，左右請出兵攻之，澄不從。聞金陵圍急，遂以城降。潤州平，外圍愈急，遣徐鉉入貢，求緩兵。大臣言鉉博學有才辯，宜有以待之。上笑曰：「第去，非

天時	地域	官守	政事
			爾所知。」既而鉉至，言煜以小事大，如子事父，其說累數百言。上徐曰：「爾謂父子者，爲兩家可乎？」鉉不能對。鉉還，尋復入奏，言江南無罪，辭氣益厲。上怒，按劍謂鉉曰：「不須多言！江南亦有何罪！但天下一家，臥榻之側，豈可容他人鼾睡乎？」鉉惶恐而退。先是，曹彬等列三寨攻城〔八〕，潘美居其北，以圖來上。上視之，指北寨謂使者曰：「此宜深溝自固，江南人必夜出兵來寇。爾亟去，語曹彬併力速成之，不然，將爲所乘矣。」彬承命，自督丁夫掘塹。塹成，江南人果夜出兵襲

天時　地域　官守　政事

北寨。彬等縱其至，徐擊之，皆殲焉。王師圍金陵，自春徂冬，勢愈窮蹙，上因使者諭彬以勿傷城中人。若猶困鬭〔九〕，李煜一門切毋加害。於是彬每緩攻，累遣人告煜曰：「某月某日城必破，宜早爲之所。」一日，彬忽稱疾，諸將問疾，彬曰：「諸公若共信誓，破城日不妄殺一人，則彬之病愈矣。」諸將遂焚香約誓，彬稱疾愈。十一月二十七日，城陷，彬整軍至宫城，煜奉表納降，與其羣臣迎拜於門。彬慰安之，申嚴禁暴之令，士大夫皆賴彬保全。府庫委轉運使按籍，一無所問。及還，舟中

天時	地域	官守	政事
			皆圖籍衣衾而已。捷音至，羣臣入賀。上泣謂左右曰：「宇縣分割，民受其禍。攻城之際，必有橫罹鋒刃者，此實可哀也。」即詔出米十萬石賑城中飢民，大赦江南，僞署文武官釐務者並仍舊令。呂龜祥詣金陵，籍煜圖書赴闕下，得六萬餘卷。九月，以行營都監、內客省使丁德裕爲常、潤等州經略巡檢使。
九年（丙子） 十月，太祖崩，弟匡義立，更名炅，廟號太宗。	置江寧府上元縣都監寨〔一〇〕。		正月辛未，曹彬遣郭守文奉露布，以江南國主李煜及父子官屬四十五人來獻。有司議獻俘之禮如劉鋹〔一一〕，上曰：「煜嘗奉正朔，非鋹比也。」乃封煜爲違命侯，而錄用其子弟大臣。召見徐鉉，

天時	地域	官守	政事
十二月，改太平興國元年。			責以不早勸煜歸朝，聲色甚厲。鉉對曰：「臣爲江南大臣，而國滅亡，罪固當死，不當問其他。」上曰：「忠臣也，事我如事李氏。」賜坐，慰撫之。又責張洎曰：「汝教李煜不降，使至今日。」因出帛書示之，乃王師圍城，洎所草召江上救兵蠟彈書也。洎頓首請死曰：「書實臣之所爲。犬吠非其主，此其一耳，他尚多。今得死，臣之分也。」上奇之，謂曰：「卿大有膽，朕不罪卿。今事我，無替昔之忠也。」詔諸軍虜得人口七歲以上，官給絹人五匹收贖，其七歲以下兒女並給付本主，毋得隱藏。李

天時		二年（丁丑）十一月丁亥朔，日有蝕之，既。
地域		
官守		二月，克遜赴闕，賈黃中以禮部員外郎知州事。
政事	繼隆善馳驛，日走四五百里。征江南，嘗往來覘兵勢，太祖謂曰：「昇州平，持捷書來，當厚賞汝。」繼隆奏曰：「金陵破在旦夕，臣在途中遇大風，天地晦冥，城破之兆也。」翌日，捷書至，太祖召謂曰：「果如所料。」除莊宅使。夏四月，郊祀，大赦。取蔣山大鐘置太平興國寺，即唐興龍寺。	江南轉運使樊若水言，於昇州出銅處置官鑄錢，即改鑄鐵錢爲農器，以給流民之歸附者。置江南榷茶場，仍嚴茶、鹽禁。

天時	地域	官守	政事
三年（戊寅）			吳越王錢俶入朝，獻所屬州郡。北漢平。
四年（己卯）			
五年（庚辰）		五月，黃中除知制誥，劉保勳以戶部郎中知州事。十月，保勳赴闕，韓遂以樞密副承旨知州事。	賈黃中知昇州，府舍有一室，封記具全。黃中至州，啓之，得李氏珠寶數十櫃，皆未著於籍者，即表上之。上曰：「非黃中，則亡國之寶汙法害人矣。」賜錢三十萬。
六年（辛巳） 五月，大旱。九月乙未朔，日			大赦。冬十一月，郊，大赦。

天時	地域	官守	政事
蝕。十二月朔，日蝕。			
七年（壬午）三月癸巳朔，日蝕。十二月戊午朔，日蝕。			昇人刁衎上疏，請禁淫刑，上悅之。
八年（癸未）二月戊午朔，日蝕。			上謂張齊賢曰：「江左初平，民間不便事一一條奏。」齊賢曰：「舊以錢爲幣，今改用銅錢，最便。」上曰：「漢時，吳王即山鑄錢。江南多出銅，爲朕經營之。」初，李氏歲鑄六萬貫，自克復，增冶匠，然歲不過七萬貫。二月，詔先禁

天時	地域	官守	政事
			江南諸州民家私蓄弓劍甲鎧，違者論其罪。
雍熙元年（甲申）		三月，遂赴闕，尚書比部員外郎、直史館許驤知州事。	求遺書。羣臣請封禪，以火災罷。遣使諸路察獄。十一月，郊，大赦。
二年（乙酉）十二月庚子朔，日蝕。		七月，驤爲江南轉運副使。九月，尚書水部郎中源護知州事。	禁增置寺觀。夏四月，遣使賑江南飢。
三年（丙戌）六月戊戌朔，日蝕。			

天時	地域	官守	政事
四年（丁亥）			
端拱元年（戊子）		七月，護改知福州。九月，屯田郎中雷有終知州事。	親耕籍田。詔諸路賑饑。
二年（己丑） 七月，彗星出東井，凡三十餘日。九月，鎮星、熒惑入南斗。			下詔罪己，寬恤邊郡。羣臣上尊號，帝詔卻去之。宰相呂蒙正等固請，上曰：「如皇帝二字，亦不可兼稱，此起自秦始皇，後代因之不改。朕欲止稱王，以諸子封王，有所妨碍。朕志先定，勿煩確奏。」夏旱，遣使分道決獄，是夕雨。

天時	地域	官守	政事
淳化元年（庚寅）		正月，有終改知廣州，以侍御史盧文正知州事。	是年，兩賜諸路印本九經〔一二〕，令長吏與衆官共閱之。
二年（辛卯）閏二月辛未朔，日蝕。三月，詔以旱蝗，欲自焚，翌日雨。		三月，文正改知越州，以權易使、常州刺史陳欽祚知州事。	女真言契丹以兵隔其朝貢之路，請擊之。詔不許。
三年（壬辰）二月乙丑朔，日有蝕之，既。五月，旱。六月，黑風晝晦。			十月，命雷有終制江淮兩浙茶鹽。

天時	地域	官守	政事
四年（癸巳）二月己未朔，日蝕。八月丙辰朔，日蝕。九月，大水。			正月辛卯，郊。江浙、淮、陝比歲旱蝗，遣使分路巡撫，詔令有未便者條奏。
五年（甲午）十一月戊寅朔，日蝕。	置上元縣淳化鎮。	六月，欽祚赴闕，尚書虞部郎中高象先知州事。十二月，象先赴闕，兵部員外郎郭異知州事。	江寧人秦傳序以開州監軍死事，其子奭泝峽求其尸。至夔，船覆而死。世以父死於忠，子死於孝，奏至，上嗟惻久之。錄傳序次子煦爲殿直，賜錢十萬。京西、江浙大饑，罪應持杖劫人家藏粟，止誅爲首。高麗請伐契丹，詔卻之，自是不復入貢。

天時	地域	官守	政事
至道元年（乙未）		三月，異改知越州。四月，李偉以西京作坊使知州事。	九月，詔給江寧府每月係省酒三石。限僧尼額。
二年（丙申）		十二月，偉改知洪州。	分遣内臣爲諸路轉運司承受公事，以察州郡刑政、官吏治迹，更次入奏。
三年（丁酉） 二月，太宗崩。太子恒即位，廟號真宗。		二月〔一三〕，宋覃以西京左藏庫使知州事。	除昇州今年秋税，旱故也。

天時	地域	官守	政事
咸平元年（戊戌） 二月，彗出營室北。五月戊午朔，日蝕。十月丙戌朔，日蝕。		覃赴闕。十月，以西京左藏庫使張繼美知州事。	上謂侍臣曰〔一四〕：「天下物宜，民間利害，惟轉運使得以周知〔一五〕，當令赴闕奏報〔一六〕，朕將延見詢問。」
二年（己亥） 九月庚辰朔，日蝕。		六月，繼美卒。八月，以給事中呂祐之知州事。	十一月丙戌，郊。
三年（庚子） 三月戊寅朔，日蝕。			荆湖江浙都巡檢使楊允恭卒於昇州〔一七〕，賜錢二十萬，絹百匹，又以錢二十萬、帛五十匹給其家。江浙饑，令夏侯嶠、邢昺詢民病苦。

天時	地域	官守	政事
四年（辛丑）		四月，以建武軍節度觀察留後劉知信知州事〔一八〕。	
五年（壬寅）七月甲午朔，日蝕。			
六年（癸卯）十一月，有星孛於井、鬼。			

天時	地域	官守	政事
景德元年（甲辰） 六月〔一九〕，旱，人多渴死。		九月，召知信赴闕，以尚書兵部員外郎、直史館馬亮知州事。	正月朔，大赦。契丹入寇，寇準決親征之議。王欽若等言於上，請幸金陵。上以問準，準曰：「誰爲陛下畫此策者，罪可斬也！」乃止。後上駐蹕韋城，羣臣復有以金陵之謀告上宜且避敵鋒者〔二〇〕，上又問準，準曰：「敵人迫近，四方危急，陛下惟可進尺，不可退寸。若回輦數步，則萬衆瓦解，敵乘其勢，金陵亦不可得而至矣。」
二年（乙巳） 八月，有星孛於紫微。	改陶吳鋪爲金陵鎮。	十月，亮加工部郎中。	亮務求人瘼。揚州風俗，失意相讐，往往乘風縱火，亮大殲惡少。子城東北乃唐德昌宮故地，後庭鉛粉在焉，亮坎袤丈，得汞二百餘斤鬻之，獲緡百萬，以備供帳。正月，大赦。

天時	地域	官守	政事
三年（丙午）京師地震。	置秣陵鎮於江寧縣。		正月，置帝平倉。
四年（丁未）五月丙申朔，日蝕〔二一〕。		八月，亮赴闕，以禮部尚書張詠知州事。	上以詠公直，有時望，再任益部，著聲績，不當湓小郡，令中省召問〔二二〕，將委以青社或真定，使自擇，辭不就。又問金陵，欣然請行。
大中祥符元年（戊申）正月，天書降。四月朔，天書降大內。六月，天書又降太山。			四月，天書降大內，王旦等五上表，請封禪。從之。作玉清昭應宮，大赦。謁先聖廟，加謚曰玄聖文宣王。尋以聖祖諱，改玄聖爲至聖。

天時	地域	官守	政事
二年（己酉）			夏四月，昇州火，遣使賑卹之。自封禪之後，士大夫爭奏符瑞、獻贊頌，崔立獨言：「江淮旱及金陵大火，是天所以戒驕矜也，而中外多上雲霧草木之瑞，此何足爲治道言哉？」入内供奉官鄭志誠自茅山使還，言至昇州見黄雀飛蔽日，往往從空而墜，又聞空中若水聲。上曰：「是何異常，而州不以言也？」因出書示王旦，曰：「此皆民勞之兆。張詠在彼，吾無慮矣。」城中多火，詠廉得不逞之人潛肆燔爇者斬之，由是遂絕。四月，詔抽昇州雜犯配軍，揀選移配淮南州軍，有少壯堪披帶者即部送赴

天時	地域	官守	政事
			闕，當議近上軍分安排。如不願量移及赴闕者，聽。五月二十八日，召輔臣於崇政殿北廊觀茅山池中所獲龍，作《觀龍歌》，復送於茅山池中。命諸州置天慶觀。詔許曲阜先聖廟立學，賜應天府書院額，追封孔門弟子。
三年（庚戌）			州民以詠秩滿，願借留，即授工部尚書，令再任，仍賜詔褒獎，給昇州公用錢歲千貫。舊制五百貫，時詠知州，故優之。八月六日，以昇州亢旱火災，遣內侍撫問軍民，犒設將校耆老及醮禱名山大川神祇有益於民者。

天時	地域	官守	政事
四年（辛亥）		八月，張詠兼江南東路安撫使，兼提舉兵甲巡檢捉賊公事。知州兼安撫使始此〔一三〕。	殿直范延貴押兵過金陵，詠問沿途來曾見好官員否，延貴以萍鄉邑宰張希顔對。詠曰：「何以言之？」延貴曰：「自入縣境，橋道完，田野闢，市無賭博，更鼓分明，以是知其必善政也。」詠大笑曰：「希顔固善矣，天使亦好官員也。」即日同薦於朝。希顔後爲發運使，延貴閤門祇候，皆爲能吏。五月，詠言當州水陸要衝，多有兇惡之輩放火爲盜，累犯惡蹟者，請並許刺配充軍。詔葺江寧府太平興國寺及寶志塔殿。八月，帝將祀汾陰，屬江淮不稔，令諸路各帶安撫使，乃命知昇州張詠兼江南東路安撫使，

天時	地域	官守	政事
			出手札諭詠等：「轄下州軍雖不係災傷去處，亦常安撫，無令惰農，扇搖逃移。」大赦。
五年（壬子） 八月丙申朔，日蝕。		九月，詠赴闕，以樞密直學士、尚書工部侍郎薛暎知州事〔二四〕。	詠上言：「臣守忝六曹祠部，乃本行司局，而例申公狀，似未合宜。望自今尚書丞郎知州者，除申省外，其本行曹局上案檢。」從之。詠頭瘍甚，御下急峻，賓僚少不如意，動加詬詈。通判成悅爲吏勤事，嘗以法規正，無所阿順，詠不禮焉，人頗少之。詠累求分務西路，壬寅，命工部侍郎、集賢院學士薛暎代之。暎至昇州，言官有牛，賦民出租。牛死，不得蠲。上覽奏，矍然曰〔二五〕：「此

天時	地域	官守	政事
			豈朝廷所知邪？」遂詔諸州條上，悉蠲之。上覽昇州奏，謂輔臣曰：「當時弔伐彼方，所以持久者，蓋太祖約束曹彬不許殺人故也。」暎乃唐中書令元超八世孫，好學該博〔二六〕，典藩府，其治嚴明，吏不敢欺。每五鼓冠帶，黎明據案決事，寒暑無一日異。遣知制誥陳堯咨致告，加實志謚曰真覺大師，作五嶽觀。
六年（癸丑）			
七年（甲寅）			大赦。詔模刻天書，奉安玉清宮。改五嶽觀爲會靈宮。作元皇觀。

天時	地域	官守	政事
八年（乙卯）六月己酉朔，日蝕。		十月，暎改差知揚州，以尚書工部侍郎馬亮知州事，再至。	亮言：「往歲有同年及第戴永赴官嶺表，謂臣曰：『苟不生還，以遺孤爲託。』未幾，永卒。訪得其子，纔數歲，收育於家。既長，妻以幼女。願賜釋褐，振其遺緒。」上嘉亮之信義，以戴國祥試將作監主簿。上玉皇聖號〔二七〕。大赦。淮浙饑。
九年（丙辰）		十月，亮知揚州。十一月，保信軍節度使丁謂知州事。	詔定七十二公國號。以言偃故吳人，追封丹陽公。

天時	地域	官守	政事
天禧元年（丁巳）	置常寧鎮於句容縣。		六月十一日，謂言城北後湖旱，紐租五百五十餘貫，乞特與減放。從之。改長干寺爲天禧寺，號塔曰聖感。八月十五日，詔昇州蔣山太平興國寺歲度僧二人，給米百石。恭謝南郊，大赦。
二年（戊午） 六月，彗出北斗。	以昇州爲江寧府建康軍節度，治上元、江寧二縣。	二月三日，以皇子壽春郡王行江寧尹，充建康軍節度、管内觀察處置等使，封昇王。八月十三日，羣臣三上表，請立昇王爲皇太子。	

天時	地域	官守	政事
三年（乙未）三月戊午朔，日蝕。天書降乾祐山。		五月，謂赴闕。九月，以少府監薛顏知府事。	
四年（庚申）四月，大風，晝晦。			
五年（辛酉）七月甲戌朔，日蝕。		十月，顏赴闕，以尚書右丞、集賢學士馬亮知府事，三至。	初。亮將代去，夢舌上毛生，有僧解曰：「舌上毛生，剃不得，當再任。」至是，果移知江寧府，邑居相慶。

天時	地域	官守	政事
乾興元年（壬戌） 一月，真宗崩，太子禎即位，廟號仁宗。			
天聖元年（癸亥）		正月，亮差知廬州。二月〔二八〕，以刑部尚書王欽若知府事。八月，欽若赴闕。閏九月，光祿卿王隨知府事。	六月，欽若言：「溧水縣有朱砂，已差人取掘進呈，並燒試水銀一百一十三斤。見在三等朱砂四百八十七斤，未敢起發上京。今來並無朱砂苗脈。」詔更不採取。宰相馮拯病，太后有復相欽若意，取上所作飛帛，書「王欽若」三字，置湯藥合中，口宣召之。欽若至國門，始命徙知潤州。王隨代欽若，隨在江

		二年（甲子）
天時		
地域		
官守		
政事	寧，歲大饑，時轉運使移府，發常平倉米，計口日給，隨置不聽，曰：「民饑由兼併閉糴以邀高價耳。」乃大出官粟，而私價遂平。它郡計口以糴者，不能自足，輒多流死。處士侯遺於茅山營書院，教授生徒，積十餘年，自營糧食。隨奏欲於茅山齋糧莊田內量給三頃，充書院贍用。從之。十一月，禁江南邪巫。置益州交子務，此用交會之始。郊祀。	

天時	地域	官守	政事
三年（乙丑）		八月，隨赴闕，授給事中、權知審刑院。九月，以尚書刑部侍郎李迪知府事。	
四年（丙寅）十月甲戌朔，日蝕。			江寧府童子夏錫幼能爲文，召試，賜出身。
五年（丁卯）		七月，迪改知兗州，以工部尚書、集賢院學士馬亮知府事。	鑿義井於城南天禧寺側。十一月癸丑，郊。

天時	地域	官守	政事
六年（戊辰）二月，大風，晝晦。三月丙申朔，日蝕。有星流於西南，大如斗，聲如雷，自北流於西南，光燭殿庭，尾長數丈，久之散爲蒼白雲。			亮累上表，求致仕歸老。特授守太子少保致仕，仍支全俸，及加一子官，就差知廬州合肥縣事。別降聖旨，如將來亮要上京，本州借人船津送〔二九〕，朝野榮之。

天時	地域	官守	政事
七年（己巳）八月丁亥朔，日蝕。		亮守太子少保致仕，歸廬州。四月六日，平章事張士遜除刑部尚書，出知府事。	初，曹利用得罪，士遜常爲解其事，太后怒。帝以士遜東宫舊臣，乃進秩知江寧府。四月，大赦。禁創寺觀。罷職田，詔以其租送官，計所直給之。
八年（庚午）		九月四日，召士遜赴闕。十月二十六日，以給事中滕涉知府事。	十一月，郊。
九年（辛未）		涉卒。	詔江寧府知府自今並與三司判官、轉運使、副使一等上差遣。
明道元年（壬申）江淮旱。		四月，以光祿卿李允元知府事。	改元，大赦。以上元縣主簿吴嗣復爲館閣校勘。仍詔館閣校勘自今須召試，毋得陳乞。江淮旱災，官發廩米爲糜，以哺流民。江寧府觀察推官元絳躬自給

天時	地域	官守	政事
			視，飢病者數萬，皆得以濟。府上其事，召見，除秘書省著作佐郎。
二年（癸酉） 二月，有星孛於東北。六月甲午朔，日蝕。		四月，允元就差充淮南、江浙、荆湖都大制置發運使。尚書左丞、參知政事晏殊罷爲禮部尚書、知江寧府。不至，尋改亳州。八月十二日，給事中李若谷知州事。	舊制，集賢院學士在京師始給實俸。於是若谷以集賢院學士知江寧府，而自請之。壬辰，詔在外者亦給實俸，遂著爲令。賑江淮饑。
景祐元年（甲戌） 有星孛於張、翼。		四月二十六日，若谷赴闕。二十九日，尚書刑部員外郎、充天章閣待制陳執中知府事。	四月二十三日，若谷言：「乾元節常年進奉銀一千兩，絹一千匹。伏緣當府不產銀，以是配買。累歲災傷，人民貧困，已將省庫見管土産紬絹二千匹上

天時	地域	官守	政事
			進，候豐稔依舊買銀進。」詔令後買銀並依市價，不得虧損人民。以星變，大赦。
二年（乙亥）		十二月二十一日，執中移知揚州。	郊，以太祖定配，太宗、真宗迭配。
三年（丙子）		二月，樞密直學士、尚書工部侍郎張若谷知府事。	九月，定子爲嫁母心喪，解官法。
四年（丁丑）七月，有星數百，西南流至壁東，其光燭地，黑氣長丈餘，出畢宿下。			詔非藩鎮不立學。知潁州蔡齊乞立學，從之。十二月，京師，并、代等州地震，或泉湧火出，如黑沙狀，連年不止。

天時	地域	官守	政事
寶元元年（戊寅） 正月，有衆星西北流，熒惑犯南斗。		十一月，若谷赴闕，右諫議大夫盛京知府事。	以水旱爲憂，詔諸州旬上雨雪狀。十一月，郊。西夏趙元昊發兵反，尋僭號，改元大慶。
二年（己卯）			
康定元年（庚辰） 正月丙辰朔，日蝕，黑風，晝晦。		四月二十七日，京赴闕，給事中郎簡知府事。	京守江寧，天資仁厚，不忍以法繩下，而吏化服，亦不忍欺以事。其去既久，閭巷猶思之。禁以金箔飾佛像。

天時	地域	官守	政事
慶曆元年（辛巳） 京師雨藥。		三月二十六日，簡改知揚州。八月，龍圖閣直學士、起居舍人葉清臣知府事。	復義倉。十一月，郊。
二年（壬午）			申嚴銷金禁，自宮掖始。
三年（癸未） 十一月，五星出東方，占云中國大安。河北雨赤雪。		四月七日，清臣赴闕。十八日，右諫議大夫劉沆知府事。九月十二日，沆除龍圖閣直學士，移知潭州。十二月十二日，右諫議大夫楊告知府事。	蘇頌知江寧縣。建業承李氏後，版籍賦輿皆無法制，頌每因治訴，旁問鄰里丁產多寡，悉得其詳。一日，召鄉老更定戶籍，民有自占不實者，必曰：「汝家尚有某丁某產，何不自言？」相顧而驚，無敢隱者，一縣以爲神明。

天時	四年（甲申）
地域	
官守	
政事	湖南蠻賊初動，差知昇州劉沆授龍圖閣學士，令專了蠻事。諫官歐陽修言沆守方面，不可動。諫官余靖言：「昇州開寶寺塔爲天火所燒，五行之占，本是災變，朝廷宜戒懼以答天意。尋聞遣人於塔基掘到舊瘞舍利，內廷看畢，送至本寺，許令士庶燒香瞻禮。道路傳言，謂舍利在內廷光怪，臣恐巧佞之人因作怪異。昔梁武帝造長干塔時，舍利亦嘗有光。及臺城之敗，何能致福？視此可以鑒矣！」十一月壬午，郊。

天時	地域	官守	政事
五年（乙酉）四月丁亥朔，日蝕。		十月朔，告卒。十一月十五日，右諫議大夫、充集賢院學士李宥知府事〔三〇〕。	
六年（丙戌）有流星出營室南，大如杯。京師大震，雨雹。五月辛巳朔，日蝕。			州人邵必被差爲編修唐書官。必言史出衆手，非是，卒辭之。十一月，郊。
七年（丁亥）			

	天時	地域	官守	政事
八年（戊子）			二月二十二日，宥赴闕，以龍圖閣直學士、右諫議大夫張奎知府事。	正月壬午，江寧府治火。宥懼有變，闔門不救，一府盡焚，惟存一便廳，乃唐玉燭殿。上怒甚。又以諫官言，江寧上始封之地，守臣視火不謹，府寺悉焚，宜擇材臣繕治之。進張奎爲諫議大夫、知府事。至則簡材料工，府居立全。鉏姦植良，恩刑並施。不踰年，江表稱治。
皇祐元年（己丑）	正月甲午朔，日蝕。二月，彗出虚。是年，南方有異氣如破船，		四月十七日，奎赴闕，以端明殿學士、兼龍圖閣學士、給事中張方平知府事。	

天時	地域	官守	政事
如敗山。又中夜有白氣亘天，其首若鋒刃，如血汙色。			
二年（庚寅）		十一月，方平移知杭州。	
三年（辛卯）		四月初三日，右諫議大夫皇甫泌知府事，始帶提轄本路兵甲。	詔江寧府帶提轄本路兵甲盜賊公事，兼屯禁兵。
四年（壬辰）		四月，泌赴闕。二十三日，劉湜以天章閣待制知府事。	上謂輔臣曰：「頃江南歲饑，貸種糧數十萬斛，且屢經倚閣〔三一〕，而轉運司督索不已〔三二〕。如聞民貧不能盡償〔三三〕，

天時	地域	官守	政事
			非遣使安撫，遠方無由上達，其蠲之。」
五年（癸巳） 十月丙申朔，日蝕。旱蝗。			狄青征儂智高。十一月，郊。
至和元年（甲午） 四月甲午朔，日蝕。		七月二十三日，提轉戸部郎中，就差知廣州。九月十二日，龍圖閣直學士、工部侍郎向傳式知州事。	

天時	地域	官守	政事
二年（乙未）			二月庚子，殿中侍御史趙抃論宰臣陳執中言：「朝廷差除，動守規範。執中賞罰在手，率意卷舒。如劉湜自江寧府移知廣州，最處煙瘴重難之地，而湜被命遠行，待制之職仍舊。及向傳式自南京移知江寧府，既是優安近便之任，乃轉傳式龍圖閣直學士。此執中悖謬，宜罷免者也。」
嘉祐元年（丙申） 八月庚戌朔，日蝕。		九月十八日，傳式赴闕，龍圖閣直學士、刑部郎中包拯知府事。十二月二十日，拯赴闕，授右司郎中、知開封府。	正月大赦。

天時	地域	官守	政事
二年（丁酉）		二月二日，尚書工部郎中、龍圖閣待制王琪知府事。	十月二十二日，審官院言：「勘會江寧府等，是京府及安撫使、都鈐轄分領州鎮，其差通判欲今後並以知州資序人差充〔三四〕。任滿，無公私過犯，候到院與陞半年名次。」從之。
三年（戊戌） 八月乙亥朔，日蝕。		八月，琪除知制誥，就移知蘇州。九月，以龍圖閣直學士、吏部郎中梅摯知府事。	淮南、江浙、荊湖發運使許元初爲發運判官，久之，爲副使，既久爲正使。上謂執政曰：「發運使總領六路八十一州，宜得其人，以久任之。今元累上章求解，不若獎勵以盡其材。」乃特賜元進士出身，除侍御史，復兼前任。

天時	地域	官守	政事
四年（己亥）正月日蝕。用牲祭社。	翰林學士胡宿言：「陛下建國於昇，猶次列國，非所以重始封之地。宜進昇爲大國，毋得封。」從之。	詔江寧府置江南東路兵馬鈐轄。十二月，摯改右諫議大夫，移知河中府。	二月，弛茶禁。程顥主上元簿，攝邑事，均田塞隄，及民之政爲多；脯龍折竿，教民之意亦備詳。見本傳。
五年（庚子）正月，大星隕東南，如雷。		二月三日，工部郎中、知制誥王琪知府事，再至。四月，移知陳州。六月，右正言、充龍圖閣待制馮京知府事。	
六年（辛丑）六月朔，日蝕。		四月九日，京改翰林侍讀學士。	

天時	地域	官守	政事
七年（壬寅）		二月二十四日，司農卿魏琰知府事。六月二十九日，琰赴闕，右司員外郎、直史館郭申錫知府事。十月十三日，申錫改禮部郎中，移知滄州。左諫議大夫王贄知府事。	
八年（癸卯） 三月，仁宗崩，太子曙即位，廟號英宗。			

	天時	地域	官守	政事
治平元年（甲辰）	雨土者再。		四月十六日，給事中、天章閣待制彭思永知府事。	
二年（乙巳）	春，大風，晝晦。十月，雨木冰。		十月十九日，思永赴闕，爲御史中丞。	
三年（丙午）	三月，有彗見西方。庚申晨，見於室。本大如月，長七尺許。		二月十七日，右諫議大夫呂溱知府事。十一月二十七日，溱赴闕，尚書禮部郎中、集賢殿修撰龔鼎臣知府事。	禁銷金。詔三歲一貢舉。召僉書江寧節度判官孫昌齡爲殿中侍御史。立潁王頊爲皇太子，大赦。是歲，契丹國改號大遼。

天時	辛巳昏，見於昴，如太白，長丈有五尺。壬午，孛於畢，如月，至五日沒。九月戊子朔，日蝕。	四年（丁未） 正月，英宗崩，太子頊即位，廟號神宗。正月朔，大風、霾。
地域		
官守		二月十六日，鼎臣改戶部郎中。五月二十八日，赴闕。尚書工部郎中、知制誥王安石知府事。十月二十三日，安石赴闕，孫思恭知府事。
政事		詔民間私造寺觀賜名壽聖。上謂輔臣曰：「王安石歷先帝朝，召不起，果病邪？有要邪？」曾公亮對曰：「安石文學器業宜膺大用。累召不起，必以疾病，不敢欺罔。」吳奎曰：「安石向任糾察刑獄，爭刑名不當，有旨釋罪，不

天時	地域	官守	政事
			肯入謝，意以爲韓琦抑己，故不肯入朝。」公亮曰：「安石真輔相才，奎所言熒惑聖聽。」奎曰：「臣嘗與安石同領羣牧，備見其臨事迂闊，用之必紊紀綱。公亮熒惑聖聽，非臣也。」上未審，奎重言之。詔安石知江寧府。衆謂安石必辭，及詔到，即詣府視事。或曰公亮力薦安石，蓋欲以傾韓琦。安石既受命知江寧，上將復召用之，嘗謂吳奎曰：「安石真翰林學士也。」奎曰：「安石文行實高，事恐迂闊。」上弗信，於是卒召用之。孫思恭上書言地震由小人盛，出知江寧府。十月三日，詔選使臣差禁

天時	地域	官守	政事
			軍一二百人駐劄江寧府龍安港，增棹船三兩隻，移巡檢廨宇，止絕鹽賊。
熙寧元年（戊申）正月甲戌朔，日蝕。		四月二十八日，以龍圖閣直學士、左諫議大夫吳中復知府事。	中復至江寧府，時屬部郵兵苦巡轄者苛刻，輒共拘縛鞭之。及獄具，乃不應死，中復以便宜戮其首，餘悉配流，奏著於令。
二年（己酉）地震。		五月十九日，中復移知真定府。八月二十日，以尚書兵部員外郎、知制誥錢公輔知府事。	王安石參知政事。上嘗曰：「朕思祖宗百戰得天下，今以一州生靈付一庸人，常痛心疾首。」行青苗法。置常平官。

天時	地域	官守	政事
三年（庚戌）十月，雨木冰。			上批監察御史裏行王子韶外要守正之名，內懷朋姦之實，所上章疏與面奏事前後反覆不一，落職，知江寧府上元縣。立保甲法。十月二十一日，詔江寧府織羅務自來差內侍監當，自今並三班差人。上語輔臣曰：「以課利場務，不欲令少年宦者與聞。」故有是詔。十一月九日，詔江寧府錄事參軍係繁難去處，今後左職官，知縣及奏舉縣令人充。
四年（辛亥）		公輔移知揚州。六月八日，以尚書工部郎中、充集賢殿修撰沈起知府事。	詔差役弊民，其罷之，更出直募人充役，令人戶等第輸免役錢。

天時	地域	官守	政事
五年（壬子）雨土。		二月二十三日，尚書兵部員外郎、直史館傅堯俞知府事。	閏七月，分京東武衛軍權駐泊江寧府。議者以東南兵籍寡少，多以盜賊爲言，故遣戍焉。行市易法。
六年（癸丑）四月甲戌朔，日蝕。		二月二十九日，堯俞移知河陽。四月十八日，以右諫議大夫沈立知府事。	詔諸路各置教授。
七年（甲寅）		六月十五日，立移知宣州，觀文殿大學士、特進、吏部尚書王安石知府事，再至。	安石出知府事，詔出入如二府儀，朝會綴中書門下班，依舊提舉修撰經義。賜江寧府常平米五萬石修水利。十一月，郊。

天時	地域	官守	政事
八年（乙卯）正月，雨木冰、雨土及黃毛。八月庚寅朔，日蝕。彗出軫。		三月一日，安石赴闕，拜同中書門下平章事、昭文館大學士。六月，以祠部郎中、直史館叶均知府事。	始，安石薦韓絳及呂惠卿代己。惠卿既得相，恐安石復入，逆閉其途，凡可以害安石者，無所不用其至。惠卿數與絳忤，絳乘間白上，復相安石。上從之。翌日，遣御藥院劉直方齎詔召安石，安石不辭，倍道赴闕。行戶馬法。大赦。求直言。
九年（丙辰）		十一月，均赴闕，以左僕射、門下侍郎平章事、昭文館大學士王安石罷政，判府事，尋爲集禧觀使。	安石之再入也，多稱病求去。及子雱死，力請解機務。上亦滋厭安石所爲，故又出判江寧。安石懇辭，丐以本官領宮觀。上遣內侍梁從政齎詔獎諭，須視事乃還。從政留建康累月，安石請不已，許以使相爲集禧觀使。又累辭使

天時	地域	官守	政事
			相，乃以本官爲觀文殿大學士、領觀使，復放歸田里。王安國爲大理寺丞、江寧府監當。命下，而安國病死矣。初，安石夫人之弟吳生者謁安石於金陵，寓止佛寺，與太守叶均忤，轉運毛沆、判官李琮牒州遣二皂逮吳生。吳生奔安石家，適中使至，撫問安石。回日，首以此奏，於是葉、毛、李皆罷，而以呂嘉問爲守。又除王安上提點江東刑獄，遷治所於金陵。
十年（丁巳）		十月四日，尚書司封郎中、直龍圖閣元積中知府事。十一月六日，積	天下係籍義保甲民兵合七百一十八萬有奇。河大決，北流斷絕。十一月甲戌，郊。

天時	地域	官守	政事
		中移知洪州。十二月一日，司封員外郎、直昭文館呂嘉問知府事。	
元豐元年（戊午） 六月癸亥朔，日蝕。太史言，驗之不食。有大星裂於內階，東南有光燭天。大星出瓠瓜，聲如雷。		九月十六日，嘉問移知潤州。十月十五日，尚書都官員外郎孫昌齡知府事〔三五〕。	

天時	地域	官守	政事
二年（己未）雨土。		五月二十七日，昌齡移知潤州。七月十九日，以太常少卿、直龍圖閣元積中知府事，再至。	
三年（庚申）彗出太微垣。十一月己丑朔，日蝕。		六月二十三日，積中得請提舉杭州洞霄宮。八月十七日，尚書刑部郎中、充天章閣待制孫坦知府事，當月二十三日赴闕。十月初七日，龍圖閣直學士、朝請大夫、充集賢殿修撰劉庠知府事。	知諫院舒亶言：「中書檢正官張商英與臣手簡，並以其壻王溈之所業示臣。臣職在言路，事涉干請，不敢隱默。」詔商英落館閣校勘、監江寧府江寧縣稅。初，亶爲縣尉，坐手殺人，停廢累年。商英爲御史，言其才可用，乃得改官。至是反陷商英，士論惡之。蘇軾謫居黃州，後移汝州，過金陵，見安石甚款。軾曰：「大兵大獄，漢唐滅亡之兆。祖宗

天時	地域	官守	政事
			以仁厚治天下，正欲革此。今西方用兵，連年不解，東南數起大獄，公獨無一言以救之乎？」安石舉手兩指示軾曰：「二事皆惠卿所啓，安石在外，安敢言？」軾曰：「固也。然在朝則言，在外則不言，事君之常禮耳。上所以待公者，非常禮。公所以事上者，豈可以常禮乎？」安石厲聲曰：「安石須說。」又曰：「出在安石口，入在子瞻耳。」
四年（辛酉） 十一月癸未朔，日蝕。			

天時	地域	官守	政事
五年（壬戌）雨土。四月，壬子朔，日蝕。		三月十日，太中大夫、龍圖閣待制陳繹知府事。	發運司言：「江東轉運司去冬並不計置羅納糧斛〔三六〕，乞取問判官郟亶。」詔：「轉運司專以經理財用、供辦歲計爲職。今亶曠弛如此，宜令發運司選官劾罪。」先是，亶數上書獻均税圖，上以亶不修職事，專務求奇希功，久欲罷絀，故因劾之。
六年（癸亥）四月，雨土。九月癸卯朔，日蝕。		六月二十日，繹移知建昌軍。八月五日，以龍圖閣直學士、太中大夫王益柔知府事。六月，移知應天府。	陳繹免，除名勒停，追太中大夫，落龍圖閣待制，知建昌軍，子承務郎彥輔衝替。繹坐前作木觀音像易公使庫檀像，私用市舶乳香買羊〔三七〕，虧價爲絹二十八匹；彥輔坐役禁軍織木綿，非例受公使庫饋送，而報上不實也。

天時	地域	官守	政事
七年（甲子）		九月二日，端明殿學士、中大夫王安禮知府事。	集禧觀使王安石請以所居江寧府上元縣園屋爲僧寺，賜報寧爲額。
八年（乙丑）三月，神宗崩，太子煦立，廟號哲宗。		四月，安禮遷太中大夫。五月，改資政殿學士。	上聞王安石貧，命中使甘師顏賜金五十兩，安石即以金施之定林僧舍。師顏因不敢受常例，回具奏之，上諭御藥院牒江寧府取師顏常例。大赦。
元祐元年（丙寅）		十二月七日，安禮移知揚州。十八日，龍圖閣待制蔡卞知府事。	六月，罷吳革江東轉運判官。先是，判官三員，革替齊諶，而劉拯尚在任，有詔止除一員。司馬光爲左僕射，奏罷青苗錢。

天時	地域	官守	政事
二年（丁卯）			禁造箔金。
三年（戊辰）			安石既病，邸吏報司馬光拜相，安石悵然曰：「司馬十二作相矣。」命姪防取其《日録》焚去，防以他書代焚。後朝廷因蔡卞請，下江寧府王防家取《日録》以進。蓋卞方作史，乃假《日録》〔三八〕，減落事實，文致姦僞，盡改元祐所修神宗正史。安石在金陵，聞朝廷變其法，夷然不以爲意。及聞罷役法，愕然曰：「亦罷至此乎？」

天時	地域	官守	政事
四年（己巳）晝有流星出東北。		正月十一日，卞移知揚州。四月朔，以朝奉大夫、集賢殿修撰林希知府事。五月十三日，希赴闕。六月，以龍圖閣待制熊本知府事。	江寧府司理參軍、鄆州州學教授周穜上書，請以王安石配享神宗，正言劉安世、翰林學士蘇軾劾罷之。立縣令課績法。
五年（庚午）			
六年（辛未）五月己未朔，日蝕。		二月十三日，本赴闕。四月二十一日，左朝議大夫、直龍圖閣謝麟知府事。七月三日，麟赴闕。八月十一日，左朝	二月，上元縣修漢秣陵尉蔣子文祠，賜額惠烈。

天時	地域	官守	政事
		奉大夫、充天章閣待制黃履知府事。	
七年（壬申）		四月八日，履知鄧州。十月五日，左朝奉大夫、充龍圖閣待制陸佃知府事。	寬淮浙積逋。
八年（癸酉）		二月八日，佃丁母憂。四月二十八日，左朝散大夫、寶文閣待制曾肇知府事。	

天時	地域	官守	政事
紹聖元年（甲戌）三月壬申朔，日蝕。雲霧不辨。		二月八日，肇改知瀛州〔三九〕。	
二年（乙亥）		天章閣待制何正臣知府事。自正臣始，凡知府事皆兼江南東路兵馬鈐轄。	左司郎中張商英坐蓋漸交通，謫添差監江寧府稅務。
三年（丙子）		資政殿學士呂惠卿知府事。	六月庚申，從勅令所言，江寧府上元縣並行謁禁法。

天時	地域	官守	政事
四年（丁丑）六月癸未朔，日蝕。火入鬼輿。彗出氐，斜指天市垣〔四〇〕，光芒三尺餘，掃左星〔四一〕，未幾犯宦者，復犯帝座。		龍圖閣待制陳軒知府事。	九月一日，江寧府奉詔遣茅山道士劉混康詣闕。大赦。求直言。
元符元年（戊寅）地震。			王旊、王斿進狀，言父安國冤抑。詔元祐指揮更不施行，並令改正。王斿差監江寧府糧院。秦傳國寶出咸陽。改元。十一月甲子，郊。

天時	地域	官守	政事
二年（己卯）		朝奉郎、直秘閣呂升卿知府事。	
三年（庚辰） 正月，哲宗崩，弟佶即位，廟號徽宗。		叶濤除集賢殿修撰、知府事。七月，蔡卞授資政殿學士、知府事。十一月，蔡京授端明殿學士、知府事。皆不至。京、卞尋落職，提舉杭州洞霄宮（四二）。	
建中靖國元年（辛巳） 正月朔，有流星光燭地，自西南		鄧祐甫以直秘閣知府事。	女真阿固達立。

天時	地域	官守	政事
入尾，抵距星。是夕，有赤氣起東北方，亘西方，中出白氣二，將散，復有黑氣在旁。四月辛卯朔，日蝕。			
崇寧元年（壬午）		陳祐甫以直秘閣知府事。	
二年（癸未）		降授宣德郎朱彥知府事。	改淨相院額天寧萬壽禪寺。

天時	地域	官守	政事
三年（甲申）十月，雨雹。		顯謨閣待制王漢之知府事。	六月二十九日，監司薦江寧府進士侍其瑀經行爲鄉閭所推，詔乘驛赴闕。丙申，郊。
四年（乙酉）二月，雨雹。		徽猷閣待制徐勣知府事。	
五年（丙戌）正月，彗出西方，竟天。		正月，蔣靜以徽猷閣待制知府事（四三）。姚祐以顯謨閣待制知府事。	求直言。大赦。

天時	地域	官守	政事
大觀元年（丁亥）十一月壬子朔，日蝕。乾寧軍黃河清八百里，改乾寧爲清州。廬州雨豆〔四四〕。		祐移知清州，曾孝蘊以集賢殿修撰知府事。	御筆：「東南久安，兵寡勢弱，人輕易搖。或遇水旱，巨盜竊發，當謹不虞之戒。江南東路江寧府控山臨海，大水阻隔，山川鞏固，險不可近，屢經割據，昔人守之，久不能下，可以江寧府爲帥府。」十月，詔修句容茅山元符觀句曲真人祠，加號大茅君盈太元妙道冲虛真君，中茅君固定籙至道冲靜真君，小茅君衷三宮保命微妙冲惠真君，元符萬寧宮神祠封護聖侯廟，萬寧宮二使者祠封靈祐、靈護侯廟，溧陽縣史崇祠賜額顯惠廟。

天時	地域	官守	政事
二年（戊子） 五月庚戌朔，日蝕。		盧航以龍圖閣待制知府事。	十二月六日，詔江東轉運使家愿駁正大辟，特轉一官，減四年磨勘。
三年（己丑） 六月至十月，江淮大旱。冬，甘露降尚書省。		沈錫以徽猷閣待制知府事。七月，移知宣州。曾孝序以集賢殿修撰知府事。	吏部言：「尚書大選，合曉示親民闕凡五十處，見在部待次親民者二百四人。」詔將兩浙湖州、江南江寧府管界巡檢今後並差大使臣，仍替見任，人年滿闕。十月十五日，尚書省言：「知江寧府曾孝序奏，江寧府言：『夏秋相繼亢旱，民間高田一例不熟，已差官檢放。向去必大闕食，決至流移，除已出糶常平米數及依條措置賑濟外，契勘民間種田，每歲於收成之時，存留準備春種。今歲

天時	地域	官守	政事
			既旱飢，不足以充口食，欲將常平司見在諸色錢、諸司封樁錢趁時收糴稻種，候將來春種出糶與力田之人，不惟抑兼併厚邀高價之弊，庶使被災下戶來歲無曠土之患。或人戶無錢赴糴，有情願借貸之人，仍許官司量度，逐戶田畝稅數多寡借貸。並依常平斂散之法，候秋熟先次代納，庶幾稍寬民間闕歲之憂。」詔依所奏疾速施行。江寧府歲貢生白瓜子羅三百匹，是年勑減作二百匹。
四年（庚寅） 有星孛於中宮，		四年，孝序知潭州，薛昂以資政殿學士知府事。	十月八日，詔江南路走馬承受分在洪州、江寧府兩處駐劄，相去遼遠，凡有被受朝省文字，不能互知。自今後應有

天時	地域	官守	政事
長數丈，始出王良、造父間，遂歷閣道，逆行入紫宮，幾遍掃垣內外座。已退，俄又進掃帝座者再，前後三十餘日乃滅。有星如月，徐徐南行而落，光照人物，與月無異。			文字並雙封，降付兩處照會，庶免關報留滯。二月，禁然頂煉臂自毀者。求直言。大赦。
政和元年（辛卯）			

天時	地域	官守	政事
二年（壬辰）		八月，昂移知西京。	昂在府，刑不加峻而頑猾屏，百廢具舉，外戶不閉。
三年（癸巳）		吳拭以直龍圖閣知府事。	江寧府言：「王雱止一女，生三歲而雱卒。及長，適通直郎呂安中，生一女，而安中卒，年方二十七歲，歸宗守義，無能奪其志者。乞朝廷特加封號，以爲天下節婦之勸。」從之。
四年（甲午）		盧航以龍圖閣待制知府事。	
五年（乙未）			

天時	地域	官守	政事
六年（丙申）		蔡嶷以龍圖閣直學士知府事。	
七年（丁酉）		十二月，嶷以翰林學士承旨赴召。	
八年（戊戌） 五月壬戌朔，日蝕。女真阿固達稱帝。		俞䶮以述古殿學士知府事。	十二月朔，改元，大赦。
宣和元年（乙亥） 四月丙子朔，日蝕。一夕五鼓，西北有赤氣數十	王漢之以顯謨閣直學士知府事，再至。	盜發清溪，横潰四出，聲搖江東。起漢之知府事，其經術政理、文詞字畫當時皆號第一。郊。	

天時	地域	官守	政事
道亘天，犯紫宮、北斗，仰視，星皆若隔絳紗，坼裂有聲。又間以白、黑二氣，自西北俄入東北，延及東南，其聲不絕，迨曉乃止。			
二年（庚子）十月戊辰朔，日蝕。			十月二十三日，詔減省江寧府添差兵官人數。

天時	地域	官守	政事
三年（辛丑）八月，有眚，忽青黑無光，其中洶洶而動，若鉟金而湧沸狀；日旁有黑，正如水波周回旋轉，將暮而稍止。黑眚出洛陽。			睦州妖賊方臘反。正月十九日，詔金陵乃喉襟之要，當占據江寧，守把鎮江，次議討賊。時王稟已守楊子江口，劉鎮守金陵。童貫次鎮江，賊已陷崇德縣，又陷寧國府旌德縣。劉延慶卻守金陵，劉鎮移廣德軍，楊可世赴宣州，合兵討擊。五月六日，臣僚言睦賊猖獗，大兵奉行天討，已見平靖，慮班師之後，餘孽尚在。詔江寧府帶安撫使。閏五月八日，宣撫司奏：「江浙被賊，曾經焚掠去處，並合增修城池，無則創築。」詔修江寧府城壁，仍招置修城人兵三百人，專一修浚，不得別兼他役。又奏：

天時	地域	官守	政事
			「睦賊既平，民方還業，非屯戍兵鎮遏，無以潛消凶暴。今措置已於江南東路留戍兵七千九百六十人，分在江寧府等處，其軍並隸本路安撫司統轄訓練。」
四年（壬寅）		漢之除延康殿學士。	十一月，郊。
五年（癸卯）八月辛巳朔，日蝕。十月，雨木冰。金太宗烏奇邁立〔四五〕。		盧襄以徽猷閣待制知府事。	四月十一日，江南東、西路置提舉鹽事官，於江寧府置司。

天時	地域	官守	政事
六年（甲辰）			
七年（乙巳）十二月，徽宗傳位太子桓，廟號欽宗。三月朔，雨雹。		褒移知湖州。	九月二十二日，褒奏請罷丹陽、固城、石臼三湖爲圩田，及言開銀林河爲不切之務。詔陞顯謨閣直學士。御筆：「王安石輔相神考，建立法度，弟安國、安上、安禮亦曾被遇先帝。今其家聞頗零替，可特推恩二房見居長人，與除初等職名，王模、王棁並除直秘閣。」
靖康元年（丙午）十二月，欽宗與上皇及六宮皇族		曾孝序以龍圖閣學士知府事。四月，移知青州。五月，宇文粹中以資政殿學士知府事。	十一月，金人入侵。丙辰，京城失守。

天時	北狩。丙辰，太白、熒惑、歲、鎮四星聚張。壬戌，彗出紫微垣東北，長數丈，拂帝座，掃文昌。大風拔樹。雪霽，彗見，有白氣出太微垣。庚申，日出如血。
地域	
官守	
政事	

【校勘記】

〔一〕買：原作「置」，據《續資治通鑑長編》卷一、《十國春秋》卷一六改。
〔二〕江南國印：《宋史》卷四七八《南唐李氏世家》作「江南國主印」。
〔三〕朔：原闕，據《宋史》卷五二《天文志》五補。
〔四〕鄭：原作「杜」，據《續資治通鑑長編》卷一五改。
〔五〕櫂：《續資治通鑑長編》卷一五作「艦」。
〔六〕北：原脱，據《宋史》卷四七八《南唐李氏世家》補。
〔七〕浦：原作「蒲」，據至正本改。
〔八〕三：原作「二」，據至正本改。
〔九〕若：諸本皆做「苦」，據《九朝編年備要》卷二改。
〔一〇〕寨：《景定建康志》卷一三作「察」。按：《宋史》卷一七二《職官志》一二，都監寨「主在州監當及催綱撥發巡捉私茶鹽賊盜駐泊捉賊」諸事，據此作「寨」是。
〔一一〕劉：原作「鎦」，據《舊五代史》卷一三五《劉鋹傳》改。

〔一二〕是年兩：原脱，據南京本補。
〔一三〕二月：至正本作「三月」。
〔一四〕侍臣：至正本作「宰相」。
〔一五〕轉運使：原作「親民吏」，據《宋朝事實》卷九、《文獻通考》卷六一及至正本改。
〔一六〕赴闕：原作「奏報」，據《宋朝事實》卷九、《文獻通考》卷六一改。
〔一七〕荆湖江浙都巡檢：原作「江湖都巡檢」，據《宋史》卷三〇九《楊允恭傳》改。
〔一八〕留後：原作「副使」，據《宋史》卷四六三《劉知信傳》、《景定建康志》卷一三改。
〔一九〕六：南京本作「八」。
〔二〇〕敵：至正本作「虜」。下同。
〔二一〕五月丙申朔日蝕：原脱，據至正本補。
〔二二〕省：至正本作「書」。
〔二三〕此：原脱，據《景定建康志》卷一三補。
〔二四〕事：原本無，據至正本補。
〔二五〕矍然：原作「瞿然」，據至正本改。

〔二六〕該：原作「詠」，據《景定建康志》卷一三改。

〔二七〕玉：原作「王」，據《宋史》卷八《真宗紀》改。

〔二八〕二月：按《續資治通鑑長編》卷九九，王欽若知建康府在天聖元年十二月。

〔二九〕津：南京本作「護」。

〔三〇〕院：原脫，據《景定建康志》卷三補。

〔三一〕倚：原作「停」，據《續資治通鑑長編》卷一七二及《救荒活民書》卷上改。

〔三二〕索：原作「率」，據《續資治通鑑長編》卷一七二及至正本改。又《救荒活民書》卷上作「責」。

〔三三〕償：原作「隤」，據《續資治通鑑長編》卷一七二改。

〔三四〕資序人差充：「人」原作「之」，「充」原脫，並據《續資治通鑑長編》卷一七二及至正本改、補。

〔三五〕自「九月」至「知府事」，原脫，據至正本補。

〔三六〕斛：原脫，據《續資治通鑑長編》卷三三四補。

〔三七〕市舶：原脫，據《續資治通鑑長編》卷三四六補。

〔三八〕自前句「以進」至「日錄」，原脱，據至正本補。

〔三九〕據《宋史》卷三一九《曾肇傳》載，曾肇後「知瀛州，與兄布易地」，可知曾布嘗接肇出知江寧府，曾布之後任江寧府者方爲何正臣。此三人在江寧接任次序，亦可見雍正《江南通志》卷一〇一《職官表》。

〔四〇〕天市垣：原作「天帝垣」，據《宋史》卷五六《天文志》改。

〔四一〕左：原作「巴」，據《宋史》卷五六《天文志》改。

〔四二〕宫：原脱，據《景定建康志》卷一三補。

〔四三〕按：《宋史》卷三五六《蔣靜傳》稱蔣氏「以顯謨閣待制知壽州，徙江寧」，此處則稱「徽猷閣待制知府事」，二者不同。

〔四四〕雨豆：原脱，據至正本補。

〔四五〕烏奇邁：至正本作「吴乞買」。下同。